民生导向视野下
绿色发展研究

李桂丽 著

RESEARCH ON
GREEN
DEVELOPMENT

FROM THE PERSPECTIVE OF PEOPLE'S
LIVELIHOOD ORIENTATION

中国社会科学出版社

图书在版编目(CIP)数据

民生导向视野下绿色发展研究 / 李桂丽著 . —北京：中国社会科学出版社，
2021.4
ISBN 978 - 7 - 5203 - 7766 - 9

Ⅰ.①民…　Ⅱ.①李…　Ⅲ.①绿色经济—经济发展—研究—中国
Ⅳ.①F124.5

中国版本图书馆 CIP 数据核字（2021）第 018253 号

出 版 人　赵剑英
责任编辑　刘 艳
责任校对　陈 晨
责任印制　戴 宽

出　　　版　中国社会科学出版社
社　　　址　北京鼓楼西大街甲 158 号
邮　　　编　100720
网　　　址　http://www.csspw.cn
发 行 部　010 - 84083685
门 市 部　010 - 84029450
经　　　销　新华书店及其他书店

印　　　刷　北京明恒达印务有限公司
装　　　订　廊坊市广阳区广增装订厂
版　　　次　2021 年 4 月第 1 版
印　　　次　2021 年 4 月第 1 次印刷

开　　　本　710×1000　1/16
印　　　张　19.25
插　　　页　2
字　　　数　307 千字
定　　　价　108.00 元

序　言

　　虽然人民的物质文化生活水平在不断提升，但是我们发现资源环境对经济社会发展瓶颈制约却日益凸显，由于生态环境被破坏而带来的民生问题越来越成为人们关注的焦点。因此，绿色发展与民生问题不可分割的紧密联系在一起。民生问题就是人们的生存发展问题，这一问题广泛而深刻，必须要引起足够的重视并努力加以解决。从文明发展视角来说，现代化国家的发展首先离不开两个最基本要素的影响，一是社会的文明发展程度，一是生态环境状况。建设一个文明发展、环境优美的国家，让人民的工作生活不但富足而且绿色，这是绿色元素对民生发展的保障。马克思的民生思想与绿色思想是不可分割的两个方面，是我们积极应对当前制约经济社会进一步发展的生态问题，开辟绿色发展道路的当然选择，对于克服困扰民生福祉的诸多问题有着重要价值。

　　马克思民生理论的内涵丰富，对于解决和改善当前我们面临的生态问题，克服在绿色发展和解决民生问题过程中遇到的各种矛盾，分析其中存在的原因并试图找到解决问题的路径具有切实的指导意义。通过总结和反思我国经济社会发展过程中的历史经验和教训，并深度透视相关现实问题，发挥绿色民生理论在发现问题、解决问题，在解疑释惑、凝聚力量中的作用，有利于进一步推动生态文明建设，妥善解决我国的民生问题。当前，摆在我们面前的问题是：一方面经济社会发展不能停止，另一方面生态环境也要保护，确保在发展经济过程中真正做到代表最广大人民的根本利益。总览全局，我们发现加快推进绿色发展是解决当前经济社会发展与生态环境矛盾的较好途径，坚持绿色发展中的民生导向或民生原则也成为确保绿色发展成效和检验发展成果的试金石。因此，研究民生导向视野下的绿色发展问题对于促进我国经济社会的持续健康发展，对于提高人们的生活水平意义重大。

需要明确的是，民生问题并非只是涉及社会生活的某一方面，而是与政治、经济、文化、社会、生态等方面不可分割；也可以说，民生问题是与经济发展水平、民主政治程度、社会文明程度、文化素质水平、生态环境质量等联系在一起的整体样态。自然环境是人的生存发展的首要条件，对人类的发展有着直接作用。推进绿色发展、完善民生福祉是社会主义社会的必然要求，也是社会主义本身应有之义。理清两者之间的辩证关系，实现绿色与民生之间的恰当融合是缓解人与自然之间矛盾和冲突的重要途径。绿色发展要求人与自然的和谐相处，在人地和谐关系中受惠最大的是人类主体；而经济水平的提高使得人们有条件也有能力去追求更加高质量的生活，发展生产力，推进绿色发展，为社会主义社会创造出更多的物质财富，为人民群众的生活营造良好的宜居的自然环境。我们应坚持正确的发展路向，构建绿色化发展道路，坚持绿色生产和生活方式，以实现人民期望的美好社会，实现绿色发展与民生完善的完美融合。

与英美等发达国家相比较而言，我们在确保民生生存发展方面的经济实力还有较大差距，但要明确这不是制度本身完善与否的问题，而是经济发展过程中的操作层面使然。绿色发展理念的提出，为解决经济发展过程中经济与生态之间的矛盾冲突，促进社会主义公有制更好更快的发展提供了强有力的手段。

习近平总书记对于生态与民生问题非常重视，多次强调人与自然之间的整体性以及彼此影响的辩证关系。伴随着社会主要矛盾的新变化，人们的生存状态也发生着显著改变，从过去追求温饱的生活状态转而追求生态环保，开始"盼环保"、"求生态"。习近平生态文明思想是当前和今后我们建设社会主义生态文明，加快推进绿色发展、克服民生难题的科学指南。但很长一段时间以来，我国经济社会发展中存在着重经济轻生态的现象，"重"经济变成"唯"经济的情况并不少见，"发展是硬道理"在一些人思想中被片面理解为"发展是唯一道理"，造成了生态与经济之间的人为割裂，带来了经济发展与生态保护之间的尖锐矛盾。推进社会主义现代化建设，经济社会发展与生态资源环境之间的矛盾必须弱化，而不能加强，社会主义生态文明建设与政治建设、文化建设、社会建设等紧密联系在一起，不可分割。

推进社会主义事业的发展，要求我们始终坚持社会主义本质和属性，将国家调控与市场调节结合起来；将坚持公有制与多种所有制经济结合起来，大力发展社会主义市场经济。在加快绿色发展、建设生态文明过程中，不断实现技术和管理创新，加强环境保护，实施最严格的环境保护政策和相关法律制度等成为必须加强而不能弱化的方面，以确保每个人都有在良好的生态环境中进行生产生活的权利。当前全球化趋势不可避免，我国既要不断研究国内绿色发展的现实基础，总结我们在民生改善和绿色发展中的经验教训，并深刻理解两者的关系，将绿色发展与民生发展融会贯通；又要注意世界带给我们的各种挑战，吸取国外相关思想与经验，实现国内与国外发展的紧密结合。

不容回避的是，我国的生态问题已经影响到了民众的正常生产生活，危及到了民生事业发展。为了能够有效克服生态危机带来的民生隐患，我们提出了建设社会主义生态文明，不断推进绿色发展的理念。绿色发展理念是与世界生态局势相适应，与民众民生追求相吻合的重要发展理念，是确保社会主义现代化建设顺利进行的物质条件。推进社会主义民生建设，需要关注并把制度属性与市场经济相调和，充分发挥市场在资源配置中的决定性作用以及不断完善政府的服务功能，发挥社会主义制度在社会主义现代化建设中的引领作用，深刻认识社会主义对促进绿色发展的优势和优越性所在。在民生建设和绿色发展中我们应两手抓、两手都要硬，坚持运用多种手段，综合处理发展中的各种问题。

生态环境建设服务民生旨归。绿色发展是国家发展的重要战略，我们要科学看待经济发展和生态保护的辩证关系。马克思严厉批评了资本对自然的破坏性以及对人们生态权益的危害，指出资本主义农业的任何进步，都不仅是掠夺劳动者的技巧的进步，而且是掠夺土地的技巧的进步；这种所谓的进步不过是资本获取利润途径的进步，以及对自然界破坏的加速，是不可持续的"进步"。生态文明建设要和经济建设相融合，要加快经济发展模式的转型升级，大力发展循环、低碳、绿色的经济。为此，党的十八大报告明确提出，我们把生态文明建设"融入经济建设、政治建设、文化建设、社会建设各方面和全过程"。具体而言，生态文明建设要与政治建设相融合，以完善绿色考评体系建设，把政治体制改革推向前进；要和文化建设相融合，将绿色发展理念融入到社会主义文化建设中，以提高全民族的生态素质；要与社会建设相融合，加快绿色治理的力度和深度，建设更加宜居的环境，保障人们的生态民生权利。

人民群众是我国政治生活、经济生活、文化生活的主体，同样也是我国社会生活、生态生活的主体。发展经济、丰富文化、建设社会是为了更好的服务广大的人民群众，同样建设生态文明、搞好绿色发展也是为了更好地服务人民群众。从生态环境视角出发，服务人民就是要妥善处理好事关民众生存发展的、基本生活的众多生态问题。党的十九大报告把绿色发展放在突出的位置，作为解决生态问题、寻求幸福生活过程中的重要途径，将民生思想与绿色发展同等对待，凸显了民生导向视野下绿色发展的价值所在。

民生导向下绿色发展问题是一个复杂且深邃的现实问题，具有理论与现实的双重意义。在当前今后很长一段时间内，绿色民生问题都是我们必须密切关注而不能有丝毫忽视的重要内容，是实现中华民族伟大复兴的重要方面，值得认真对待。

目　　录

绪　　论

一　选题的重要意义

民生问题事关人民的生存发展，必须要引起足够的重视并努力加以解决，因为民生问题归根到底是与人民的根本需要和根本利益相联系的。自人类产生以来，民生问题就被摆在了各个历史发展时期的重要位置，特别是在生产力水平较为低下的时期，解决人民的衣食住行成为当权者和社会需要面临的重要考验。当今社会，人们的物质文化生活水平有了很大程度的提高，但这并不意味着民生问题已经圆满解决。随着资源环境对经济社会发展瓶颈制约作用的日益凸显，因生态问题而导致的民生问题越来越引起广泛的关注。党的十七大报告对生态文明建设的基本思想进行了较为详细的阐述，也构建了建设和谐社会、发展民生事业的基本理路。在党的十八大报告中生态文明建设上升为社会主义事业"五位一体"总布局中的其中一局，也提出了为人民的民生事业谋福祉，解决困扰民生的诸多问题，让人民过上更好生活的基本理念。绿色发展问题其实也是民生发展问题。建设一个文明发展、环境优美的国家，让人民的工作生活不但富足而且绿色，这就是绿色发展对民生的最大保障。但是，面对生态危机的威胁，如何站在唯物史观的立场上，在马克思主义民生思想指导下去探究当前困扰我们的生态问题，实现绿色发展，从而为发展民生提供更好的条件与环境，这是亟待分析和研究的问题。"民生"是一个颇具中国特点、中国元素的概念。虽然马克思恩格斯在其论著中尚未明确使用"民生"一词，但是马克思却经常论及与民生相关的理论和实际问题。深入研究马克思的民生思想与绿色思想，对于应对当前制约经济社会进一步发展的生态问题，开辟绿色发展道路；对于进一步推进我国民生事业的发展，克服困扰民生福祉的诸多问题有着重要价值。

选题的理论意义：绿色理念起源于西方发达国家，一开始主要研究经济问题，但是随着经济社会的不断前进，绿色发展所包含的内容和适用的范围也在慢慢扩张。西方的绿色思想从一开始的"浅绿"逐渐走向了"深绿"，研究领域也跨越了经济领域而深入社会领域、政治领域、文化领域等。但是国外绿色发展思想并没有形成系统的理论体系，其理论的政治色彩浓厚，而学术研究不足。就国内来说，虽然我们已经意识到绿色发展的极端重要性，也进行过一定程度的研究，但是绿色发展的概念、理论体系尚处于发展补充阶段，对于一些概念模糊不清，对于体制机制、基本原则、实践路径、政府管理的方法路径等方面的研究还不完善。以马克思主义民生思想为指导进行结构化、规范化的探讨，对于解决当前生态文明建设中的诸多问题，对于正确认识并积极推进绿色发展、建构融绿色与民生为一体的绿色民生理论，对于认清西方绿色理念的局限性和危害性，对于进一步推进我国绿色发展进程，妥善处理众多困扰我们的国计民生问题有着不容置疑的积极价值。通过对绿色民生理论的深入研究，进一步深化对马克思主义基本理论的认识，使其在当代视野中获得发展和创新。

选题的实践意义：绿色发展已经成为了衡量当今世界经济社会是否发展进步的重要特征，被誉为推进世界发展的"第四次产业革命"。中国作为世界上最大的发展中国家，要保持经济社会的持续健康发展，需要积极践行绿色理念和绿色发展。"十三五"发展规划把改善民生作为第一重要的事情来看待，同时提出要大力推进绿色发展的思想。通过对马克思民生理论的研究，促使我们在实践基础上自觉以马克思主义民生思想为指导，为解决和改善当前我们面临的生态问题，为当前我国在推进绿色发展与解决民生问题过程中遇到的各种矛盾和问题，分析其中存在的原因并试图找到解决问题的实践路径，具有切实的实践意义，可以帮助我们总结和反思我国经济社会发展过程中的历史经验和教训，并深度透视相关现实问题，以发挥绿色民生理论在发现问题、解决问题，在解疑释惑、凝聚力量中的作用，有利于进一步推动生态文明建设，妥善解决我国的民生问题。

伴随着经济社会发展中生态问题的日益凸显，与生态密切相关的民生问题摆在了我们面前。一方面经济社会发展不能停止，另一方面生态环境也要保护，确保在发展经济过程中真正做到代表最广大人民的根本利益。

绿色发展是当前解决发展与生态矛盾的较好途径，而在绿色发展中能否坚持民生导向或民生原则是确保绿色发展成效和检验发展成果的试金石。研究民生导向视野下的绿色发展问题对于促进我国经济社会的持续健康发展，对于提高人们的生活水平和质量意义重大。围绕"民生导向视野下的绿色发展研究"这一重大而迫切的时代课题，国内外理论界涌现出一批研究成果。

二　国内外研究概况

对于生态危机对人们生产生活的影响，国内外的学者进行了较为详细的论述，从政治、经济、社会等层面逐渐展开，并力图寻找到隐藏在环境问题后面的更根本的原因。

（一）国外研究概况

在国际学术领域中，"绿色发展"这一概念还没有形成统一的、一致认可的解释。对于"绿色发展"的分析一般是从经济社会发展与自然环境的相互关系中开始的，进行界定的相关词汇包括"可持续发展"、"绿色增长"、"低碳经济"等。从目前国外研究的情况来看，主要侧重对绿色发展或环境治理的经济学解读。随着19世纪工业资本主义而来的绿色革命，推动着国外环境治理的理论或实践逐渐从政府主导的公共治理发展到社会组织、企业为主体的社会治理。绿色发展最初关注的主要是确保经济持续发展的资源环境问题，但后来又发展为怎样才能形成在经济社会与自然系统之间的和谐持续状态。虽然在相关论述中都涉及了生产生活等诸多方面的问题，但是对于绿色发展与民生之间的辩证关系没有做出专门论述和论证。

1. 从问题发展的脉络来看

（1）生态问题的出现与绿色运动的发展。伴随着生态问题的出现，绿色运动逐渐进入到社会领域中。20世纪五六十年代，由于受到工业发展的负面作用影响，地球上出现了以"八大公害"为标志的地域性生态危机，从60年代开始，一些发达资本主义国家的人们开始了反对高污染企业的示威抗议活动，抗议它们只看重利润而破坏生态环境的行为，要求政府严厉处罚这些污染单位。大量民间性的、非政府性的环保团体开始出现，如著名的绿色和平组织。一些科学家也反对环境污染和公害事件。绿色环保组织或团体打出了"环保至上"口号,并积极参与了群众性的示威游行和抗议。60年代末,美国爆发了反对环境被污染的"五月风暴"运动,学生罢课、工厂罢工,绿色运动声势非常浩大。1968年,罗马俱乐部诞生,预示了绿色运动已经进入到一个新的阶段,这一运动也开始向全球扩展。1975年、1976年、1982年罗马俱乐部都召开了反对环境污染,倡导绿色发展的会议。1972年,联合国在瑞典举行了以人类环境为议题的首次会议,之后于1992年在巴西又举行环境与发展大会,这些都标志着世界性绿色运动的新发展。

(2)绿党的出现说明绿色运动从非政府组织到政府组织的巨大变化,推动着全球性生态保护的发展。1972年新西兰价值党出现在新西兰国会议会选举的舞台上;1973年英国成立的人民党是欧洲最早的绿党,后改名为英国绿党,以《为生存而奋斗的行动》作为其行动指南。瑞士绿党在1979年议会选举中进入国会,以一个独立性的代表绿色生态发展的全国性政党出现在人们面前。1979年德国绿党成立。1983年,绿党在德国议会选举中上升为议会党,到1987年大选时又变为具有一定政治影响力的政党。1993年,德国绿党已经演变为了众多政党派别中的第三大党。到了90年代中期,西欧主要国家都创建了绿党,一些国家的绿党还进入了全国议会,成为影响该国政局的重要力量。1993年,颁布了《欧洲绿党联盟指导性原则》,对绿党的政治主张进行了阐发。1996年,欧洲绿党联盟在维也纳召开了第一次会议,到1997年,欧洲绿党联盟已有29个成员国,苏联和前东欧的许多国家也加入到了欧洲绿党联盟的队伍中来,标志着欧洲绿党联盟的联合达到了新的发展水平。截至当前,欧洲绿党由欧洲各国的32个绿党组织和近1000名代表组成。绿党已经从西方发达国家蔓延到世界范围内,成为了绿色性、全球性的政治力量。澳大利亚的绿党也成为国家政治舞台上的关键角色,日本的绿色政党也在蓬勃发展中。一些发展中国家或地区像非洲、南美洲和西亚,也成立了绿党并投入到政治社会活动中。

(3)对相关理论的认识逐渐清晰和深入。"绿色经济"这一说法是由英国生态学家戴维·皮尔斯在1989年率先提出的,其重点内容主要是针对自然环境的稳定和安全。世界银行则在2001年指出,要确保经济社会发展的持续性,就要把自然资源与环境看作生产力的构成要素之一,并切实加以保护，使之可以既保值又增值。1991 年，雅各布斯通过对经济发展和生态保护政策的研究，指出了利用"绿色经济"来弥补市场经济的外部性问题，并不断加大生态治理的强度。里尔登（2007）则站在维护自然资源的立场上，把"绿色经济"的适用范围限定在了使人类福祉最大化方面。生态马克思主义者莱斯、阿格尔等人提出了"稳态经济"模式，即一种既能够满足人类需要，同时又不损害自然生态系统，最终达到人和自然的和睦相处、人和人之间的平等交往的经济模式。高兹主张用最少的资源能源，获得最多的绿色无污染产品。泰德·本顿从马克思主义自然思想出发，主张对历史唯物主义展开生态视角的分析和批判：认为应该重构"自然条件"的范畴和定义，把"自然条件"应用于社会生产过程中，使之变成生产力的构成要素，以实现经济发展和环境保护的统一，生产理性与环境理性的融合。在生产领域的批判方面，主要表现为把资本主导下的生产方式看作带来环境问题的最根本的原因；在思想理念的批判方面，主要表现为把环境危机看作人们控制自然和掠夺自然思想的结果；在消费领域的批判方面，主要表现为把异化消费看作破坏自然环境和产生生态危机的主体原因。①

（4）发达国家纷纷出台促进绿色发展的战略，看重生态保护和经济发展的比翼双飞。美国、澳大利亚、加拿大实施了行政干预生态的发展模式。奥巴马在 2009 年上台并推行所谓的"绿色新政"，其核心是大力发展绿色经济，重新铸造美国经济的全球霸主地位。这些国家在环境立法、执法上非常严厉，在城市的绿色规划与管理方面也颇为成功。1998 年开始到现在，生态现代化则成为德国社会民主党和绿党构成的"红绿"联盟协定的关键词语。荷兰阿瑟·摩尔教授认为在经济扩张和生态保护之间存在着一定的融合和互利，在政府和不同经济主体之间存在着作用和互动，经济张力和生态压力之间存在着分离和脱钩；还有就是全球生态治理原则、全球生态市场原则等。日本则多使用"公害处置"、"循环经济"、"可持续发展"等提法，其绿色经济技术研发与推广较为先进。2012 年 7 月，日本发布关于国家发展规划的相关议程，把"绿色发展战略"当作国家发展的总布局，尤其是注重对于可再生资源和节能减排为主要特点的企业和行业

---

① 参阅刘恩云《国内绿色发展研究前沿述评》，《贵州财经大学学报》2016 年第 3 期。

的支持，并准备利用 10 年左右的时间把环保型电池、汽车和海洋风力发电建设成为维持日本绿色发展的支柱行业。

（5）以印度、巴西为代表的发展中国家立足自身优势，在维持经济快速增长的前提下开始关注自然资源的可持续性，绿色发展逐渐变为这些新兴市场国家促进经济社会发展的可行道路。印度则把关注环境变化和社会发展的目标统一起来，并利用其劳动力丰富的特点大力发展可再生能源，以及推行使用节能灯等，以此来带动经济与生态效益的提升。巴西作为第三世界国家的代表，把建设生物能与新能源汽车作为其绿色发展的重点领域。其中，Barbier（2011）提倡要实施"低碳革命"，并把这一建议向全球范围内推广，力图以此来实现各个国家的经济复兴。Nataraja（2011）则强调，对于落后国家而言，必须要尽快从传统经济发展模式中脱离出来，走低碳高效的发展之路。①

（6）各种国际性的政府间和非政府间的组织，从关注绿色问题逐渐发展到实施绿色增长方面。2005 年，在联合国第五次亚太环发会议上，"绿色增长"作为应对生态危机的有效方法被提了出来，并把它作为推进经济社会持续发展的重要方略，指出维持生态环境的健康功能对于经济持续发展的重要作用。2009 年，联合国经合组织（OECD）颁布了《经济增长：超越危机》，倡议世界范围内的绿色增长，并且强调指出了绿色与可持续之间的辩证发展关系。2008 年 10 月，为了抗衡经济危机的不利影响，联合国环境规划署提出发展绿色经济的建议，要求将绿色化的要素融入经济发展过程中，建议各个国家尽快从传统经济模式升级为可持续性经济模式，以迎接来自经济社会和自然界的压力。2011 年，环境规划署又针对引起经济发展和贫困的各种因素颁布了相关报告，认为从现在开始到 21 世纪中叶，如果每一年都把世界范围内的生产总值的 2% 用于重点经济发展部门就能够更好地推进低碳绿色发展，推动经济发展的转型升级。"发展绿色经济"成为联合国发展大会 2012 年的重要议题。从而，对绿色发展的必要性、重要性和可行性的研究越来越深入，也引起了世界性的影响，并进入到了可操作阶段。在 2013 年，罗马俱乐部又发布了《2052：未来

---

① 参阅杨灿《国内外绿色发展动态研究》，《中南林业科技大学学报》（社会科学版）2015年第 6 期。

四十年的中国与世界》报告，针对生态环境、经济社会发展、城镇化建设、天气变化等方面，对将来几十年内全球范围的经济发展做出了科学预判，其结论令人警醒且鼓舞斗志。

2. 从相关的理论观点来看

（1）关于人与自然的关系及人的存在方式。

岩佐茂指出，人为了生存而进行生产活动。由于劳动的存在，自然被变革、被人化了，被纳入了社会。自然的变革与人化过程，自然与作为"人的无机身体"的客观存在，自然与自然的"人的本质"是紧密地联系在一起的。在马克思那里，并不单纯指涉纯粹的自然或者纯粹的人类，而是对自然的"人的本质"和人的"自然的本质"的融合，是自然的人道主义和人道主义的自然的融合。也就是说，人的"自然的存在方式"与"人的存在方式"是统一的。①卡逊认为，在人类出现后，自然界中才出现了能够主动改变生态环境的存在物。在人类产生之后的历史长河特别是在近半个世纪中，人类改造自然的能力和力量从过去的对自然的表层干扰，发展到了深层次的质的变化。在自然界发生的变化中，尤其是以大气、水源和土地的改变最令人害怕，因为对自然环境的破坏是致命性的，要想恢复自然的健康状态已经几乎没有可能，这种破坏不仅存在于自然环境中，也通过物质循环进入到了各种生物组织内，包括人。化学药物的发展速度的加快，使得未来人们的公共健康问题有可能成为严峻的问题摆在世人面前。②

佩伯在《生态社会主义：从深生态学到社会主义》（2005）中指出，人与自然的关系呈现出以人类为中心的原则与人道主义的融合。生态马克思主义则认为，资本的存在以及私有制关系带来了人（社会）与自然之间和人类社会内部能量交换的中断，导致自然生态整体系统的破坏。③有机马克思主义者认为，从整体性视角出发分析问题是有机马克思主义者研究生态问题经常使用的方法，这是由于当今社会人们越发感觉到自己的生存发展离不开自然界，必须要和自然界和谐共生，并把自然界中的万事万物

① 参阅［日］岩佐茂《环境的思想：环境保护和马克思主义的结合处》，韩立新译，中央编译出版社1997年版，第45—55页。

② 参阅［美］蕾切尔·卡逊《寂静的春天》，吕瑞兰译，吉林人民出版社1997年版，第80—90页。

③ 参阅刘仁胜《生态马克思主义概论》，中央编译出版社2007年版，第235—256页。

看作实实在在的生命存在，这些存在有益于人类生存而非有害于人类，这样就需要我们构建起经济社会与自然环境彼此影响与和谐共处的生态文明状态，建设在生态化绿色化基础上的系统整体。①

对于爱护自然、敬畏自然等问题，保罗·泰勒（Paul Taylor）在 1986 年的《尊重自然：一种环境伦理学理论》（*Respect for Nature：a Theory of Environmental Ethics*）中，从生物中心伦理出发进行了系统的完全的哲学论证，说明了为什么人类要敬畏自然。他首先指出所有有生命的物体都有其自身的善。用泰勒的话说就是，任何生命体都是生命之所以存在的目的，而其中的善就是存在于任何生命体中的附属的属性。在奥尔多·利奥波德著名的《大地伦理学》（1933）中表达了这样一种信念：环境问题在实质上最终是一个哲学问题，如果要想使保护环境有更多的希望，我们就需要提供某种哲学的方法。保护自然的本体论论证基本都属于美学和伦理范畴，而不是僵化的、形而上学的。保护自然的本体论论证不是要证明自然的存在，这里，自然的存在被设为前提，它是要说明人类有义务采取行动来确保自然，使自然以恰当的、自然的方式继续存在。②

（2）关于人们的生活方式和消费方式的意义。

岩佐茂指出，改变有利于生态保护的生活方式的价值在于：为人们利用平常生活去反思人与自然的关系提供了宝贵的机会，不建议人们把这种生活方式仅仅认为是个体德行的高低使然，而是从这一范畴中超脱出来，建构新的共同的生活方式，在共同的生活与合作中实现发展。③ 克莱夫·庞庭指出：人和自然之间关系的变化，是决定疾病是否影响人类社会的关键因素。减少传染性疾病发作的主要的影响因素是更好的饮食和环境的改善。④ 戴斯·贾丁斯认为，从 20 世纪 60 年代，人口因素的影响逐渐成为与生态问题相关联的重要问题而为越来越多的人所关注。保罗·罗尔里克

---

① 参阅［美］小约翰·柯布《论有机马克思主义》，陈伟功译，《马克思主义与现实》2015 年第 1 期。

② 参阅［美］尤金·哈格罗夫《环境伦理学基础》，杨通进译，重庆出版社 2007 年版，第 36—46 页。

③ 参阅［日］岩佐茂《环境的思想：环境保护和马克思主义的结合处》，韩立新译，中央编译出版社 1997 年版，第 124—135 页。

④ 参阅［英］克莱夫·庞庭《绿色世界史——环境与伟大文明的衰落》，王毅译，上海人民出版社 2002 年版，第 206—221 页。

在其 1968 年《人口爆炸》（*The Population Bomb*）中指出，急剧增长的人口数量要为不断严重的生态问题担责。①

巴里·科门奈尔在 1971 年的《闭环》（*The Closing Circle*）中强调，当社会发展受到消费的控制时，人们的生活方式与人口数量相比更具有破坏性。也就是说，只有当超过一定限度的人口数量时才会进一步破坏我们生存的生态环境，因为要维持如此庞大人口的生存本身就会产生众多的环境污染。人口数量的激增给生态环境带来了严重的负担，这些人口的生存发展需要大量的资源能源、粮食蔬菜、住房、工作等，而上述需要的满足过程就不可避免地带来对环境的污染和破坏。社会越是发展，人们所需要的资源能源就越多，大量人口带来大量消费在所难免。在西方发达国家，对生态环境的人均伤害要远远高于落后国家和地区，特别是美国，虽然人口不到世界的二十分之一，但却占有着全球范围内不可再生资源的近三分之一的消耗量，同时，由于第三世界国家的不断发展，人们对高质量的生活水平的追求也逐渐提高，这对生态环境而言并不是好事情。

而对于资源的循环利用，岩佐茂在《环境的思想》中指出，大量生产必然带来大量消费和浪费，对于人类社会和自然界来说都是不利的。如此丰富的产品在消费之后，其使用价值将会降低，如果无法及时加以回收，就成为了污染环境的垃圾，如此一来，生产活动就变成了潜在的生产垃圾的生产。如果只从这一角度思考，生产力的发展并不一定是好事情。在工业社会到来之前，人们的生活自给自足，产生的废弃物一般也会被重新利用，直接以垃圾的形式进入自然环境的较少，即便是进入了自然界中也会逐渐被自然界净化，又形成了新的物质循环系统。资本主导之下的社会在一定程度上也关注垃圾等的处理，一方面他们可以把部分废弃物作为新的能源投入到生产过程中而产生可观的利润，另一方面当垃圾影响到公共卫生时，他们会要求人们共同付出，共同解决污染问题。

有机马克思主义批判地指出，在进入近代社会之后，人类中心主义其实已经与资本"中心主义"不谋而合，成为隶属于资本逻辑的价值理念，直接带来了社会中的不平等现象，特别是弱势群体深受环境问题伤害的现

---

① 参阅［美］戴斯·贾丁斯《环境伦理学——环境哲学导论》，林官明译，北京大学出版社 2002 年版，第 178—185 页。

象。有机马克思主义认为，包括人在内的世界上的万事万物都是处于相互联系之中的，是有机的，人类和其他动植物一样都拥有内在价值，因此有必要用有机的共同的价值观来取代"人类中心主义价值观"。[1]

（3）关于环境权利、公平正义以及与此相关的人类福祉问题。

当公平正义问题进入生态环境领域之后，人们开始思考环境权益的责任和义务分配关系的合理性。如果社会无法保证公民正当的环境权益，则这个社会至少在表面上已经不公正了。世界银行首席经济学家萨默尔认为发达国家有理由往发展中国家倾倒垃圾，认为这是合理的和合乎现实的，这是在环境权益方面极不公正的典型例子。彼得·S. 温茨认为，当公正问题进入自然领域之后，就必须对生产活动及其带来的生态后果进行预判，以便社会及时做出调整，对涉及的环境权利和义务问题进行分配，并确保二者之间的一致性。杰里米·边沁认为满足人们的欲望偏好需求的理由在于促进人们的幸福和快乐。在夙愿得到满足时人们会很高兴，因为预期的幸福得到了，因此幸福和快乐才是至上目标。人类福祉有三种理解：神圣的救赎、偏好的满足以及快乐。与用减少酸雨的政策相关联的而显示的因素，似乎是以人类的最大化的幸福或者偏好满足为先决条件的。优美的风景、繁荣的旅游业、廉价的电力、可观的公司利润、就业率的维持，被认为是人类福祉的部分原因。人类福祉是与偏好满足的统一，将为这些假定提供支持。[2]

岩佐茂指出，环境权问题作为一项最基本的人权被提上了日程，每个人都有为自己的生存而争取较好的环境的权利，追求在安逸舒适的环境中工作生活的思想得到进一步的普及，但他同时也提高了对环境评价的法制化要求。约翰·巴斯摩尔在《人对自然的责任》（1974）中指出，生态环境没有它自己的权利，它的价值是通过对象性的人所体现出来的，即谁爱护自然、尊重自然，谁就会发现自然的价值。人们关心爱护自然，其实最终的出发点仍然是人类自身的利益。威廉·布莱克斯通则把人类的需求和权利进行了对比，得出人类需求的满足需要构建新的人类权利，即拥有对

---

[1]　参阅王雨辰《生态学马克思主义与有机马克思主义的生态文明理论的异同》，《哲学动态》2016 年第 1 期。

[2]　参阅［美］彼得·S. 温茨《环境正义论》，朱丹琼译，上海人民出版社 2007 年版，第 264—274 页。

"生活环境的权利"。彼得·辛格坚持强调，人们把动植物挡在人类道德关怀的大门之外的做法与当初将黑人挡在大门之外的做法如出一辙。汤姆·里根则直接认为动物同样拥有和人类一样的权利，我们不能够忽视它们的正当权利，而应该赋之以适当的道德义务。

克莱顿宣告了有机马克思主义的三个信条：资本主义的正义是值得商榷的；自由市场受制于众多的规则；生态危机中受到伤害最严重的是穷人。① 为此，有机马克思主义提出了问题的解决思路和方案，涉及一般性的原则、关键性的决策、具体的实施方案。其中，一般性的原则是：第一，为了共同福祉；第二，研究有机生态思维；第三，关注阶级不平等问题；第四，利用长远性、整体性的观点。② 小约翰·柯布也认为，马克思主义作为中国的指导思想有利于对抗西方世界资本的强权，为人民群众谋求更多的福祉。③

（4）关于生态问题产生的根源问题。

马尔库塞在《反革命和造反》（1972）中指出，资本的逐利本性使得大量生产和大量消费成为常态，无产阶级在这种生产和消费模式中被剥夺得一无所有。同时，资本还通过技术理性把自然界纳入它的商业帝国中，自然也变成商品化的自然，致使生态系统平衡被打破，生态问题大量出现，在伤害自然的同时也伤害到了人类自身。

生态马克思主义认为，被异化的消费模式是引起环境危机的重要原因。异化的劳动导致了异化的消费，使资本控制之下生产加速，以维护资本的利润率。在资本占据垄断地位的情况下，马克思生产领域的危机理论正在向消费领域倾斜。为了维持工业的稳定增长，不得不提供超越人类真正需求的异化消费品。生态马克思主义还把交换价值看作促进资本不断积聚，以及带来环境危机的重要原因。奥康纳的"双重危机"论、克沃尔的"革命的生态社会主义"、福斯特的"马克思的生态学"等都对交换价值

---

① 参阅杨志华《何为有机马克思主义——基于中国视角的观察》，《马克思主义与现实》2015 年第 1 期。

② Philip Clayton & Justin Heinzekehr, *Organic Marxism: An Alternative to Capitalism and Ecological Catastrophe*, Claremont, CA: Process Century Press, 2014.

③ 参阅［美］小约翰·柯布《历史性的一步——评中国的生态文明建设》，任平主编《当代中国马克思主义哲学研究》，中央编译出版社 2013 年版，第 25—32 页。

及其作用进行了细致的分析，甚至看作引起环境危机的根本动因。之所以有如此论断，原因在于，他们发现了在自然和社会、生产和资源之间有限性和无限性的矛盾，并指出生产相对于消费的决定性作用，消费必须与生产相适应的思想。① 生态马克思主义代表人物奥康纳认为，判断物种是不是正在逐渐消失，自然系统是不是正在被破坏，这是生态学问题，同时也是社会的、思想的、文化的问题。因为资本"忽略"了自然资源本身的价值，所以能够触动自然系统承载力上限的，也只能是经济危机及其作用。经济危机与生态危机之间并不分离，并且反过来使企业更加漠视工人生存状况，漠视公共卫生及其公共环境，也不关心城市建设基本条件是否可持续等。②

有机马克思主义者小约翰·柯布从过程哲学的基本立场出发，并结合辩证法思想，指出任何事物都不是孤立存在的，而是"内在关联"的，人的生命与自然环境之间存在着一种不可分离的、纷繁复杂的内在关系，生态灾难的根源就在于人们忽略、割裂和破坏了这种内在关系。③ 克莱顿认为，资本主义是全球生态危机的主要原因，由于资本追求利润的永无止境带来了过度的生产与消费，所以现代性是引发全球性环境危机的更关键的思想原因。④ 有机马克思主义代表人物大卫·格里芬指出，不加控制的碳排放使得世界性的气候变暖也变得失控，如果地球变暖无法得到遏制，人类将从地球上消失。⑤

（5）关于生态问题的解决方法或途径问题。

从对科学技术的认识和使用上的差异性出发，我们把绿色理论分为浅绿色（Shallow Green）与深绿色（Deep Green）两种情况。其中，浅绿理论认为，只要科学技术足够发达，我们可以克服生产过程中遭遇的任何问题，包括经济危机和生态危机，也不管是资本主义还是社会主义。并特别

---

① 参阅刘仁胜《生态马克思主义概论》，中央编译出版社 2007 年版，第 145—156 页。

② 参阅［美］詹姆斯·奥康纳《自然的理由：生态学马克思主义研究》，唐正东、臧佩洪译，南京大学出版社 2003 年版，第 15—28 页。

③ 参阅贺来《辩证法与过程哲学的对话——科布教授访谈录》，《哲学动态》2005 年第 9 期。

④ 参阅［美］菲利普·克莱顿《菲利普·克莱顿有机马克思主义理论研究》，杜梅等译，《国外社会科学》2016 年第 1 期。

⑤ 参阅［美］大卫·格里芬《生态文明：拯救人类文明的必由之路》，《深圳大学学报》（人文社科版）2013 年第 6 期。

强调了太阳存在的重要性，认为只要太阳不消失，我们就有可能把太阳能转变为供人类使用的能源。而深绿理论则认为，即便是科技能够克服某一个或某方面的生态问题，也无法从根本上彻底解决困扰经济社会发展的生态危机。生态危机中技术问题的本质不是技术本身的问题，而是工业化发展模式的运行机制问题，因此我们应该对传统的价值理念和生产模式进行改造，才有希望真正克服生态危机。

　　生态社会主义认为要有效克服生态问题，就要推行集体所有的基本原则；个体包括其家庭在内，他们用于生存发展的必需品要归集体所有，由集体统一调配。要始终把计划与市场结合起来进行生产与分配，这里的分配与马克思所设想的未来社会的按需分配不同，是处于按需分配与按劳分配之间的分配形式，更注重使用价值的分配而不是交换价值的分配，而分配的对象侧重于精神而非物质。生态马克思主义者莱斯与阿格尔则尝试利用"希望破灭的辩证法"来克服资本带来的环境危机，奥康纳尝试利用所谓的资本不可能通过其自身需要的生态条件，而是通过经济危机的方法来降低生态危机的可能性。克沃尔认为必须建立以公有制为前提的劳动者的自由联合体才能从根本上消除人与自然之间的矛盾。

　　萨拉·萨卡认为，我们需要技术性的环境保护。就技术性的环境保护而言，还是能够在特殊的生产地点取得减少污染物的成效的。生态凯恩斯主义者认为，在克服环境问题时也要克服就业问题。但是，不能够仅仅靠市场的力量。鲁道夫·希克儿指出，污染付费的原则并不能提供一种切实可行的方法来解决无节制的有毒废弃物的堆积问题，这是所有发达的工业社会的重大问题。他们主张通过大力推动生态技术及其产业的发展，来吸纳社会上的诸多劳动力就业。①

　　福斯特强调了实施社会制约的必要性，认为世界性的环境危机任何国家都无法摆脱，必须利用非资本主义性质的理性制约才有希望解决。② 奥康纳认为，无论何种性质的国家，包括社会主义在内，他们都面临着资源能源的困境，许多资源已经消耗殆尽，在环境污染和资源减少方面，社会

---

　　① 参阅［印］萨拉·萨卡《生态社会主义还是生态资本主义》，张淑兰译，山东大学出版社2008年版，第74—79页。

　　② 参阅［美］约翰·贝拉米·福斯特《生态危机与资本主义》，耿建新译，上海译文出版社2006年版，第108—121页。

主义国家也是困难重重。所以，奥康纳认为，不能把眼光紧盯在经济发展的社会制度属性带来的环境问题上，而应该深入分析工业化发展、城市化推进、技术的非道德使用、经济至上等方面的影响。

有机马克思主义非常看重中国道路和中国模式在发展经济和解决生态危机方面的重要作用，认为在全世界几百个国家中，社会主义的中国最有希望领导生态文明建设走上可持续发展道路。与之相对比，作为发达国家的美国不可能以领导者的姿态引领世界性的生态文明建设，而其他的国家就更不用说了。有机马克思主义认为社会主义中国走上了正确的持续的发展道路，即所谓的中国特色社会主义道路，这条道路会引导中国的生态文明建设，也会引导其他国家的生态危机解决和建设生态文明之路。[1]

（二）国内研究现状

国内对绿色发展与民生问题的研究大致可以分为两种情况：一是专门研究我国的绿色发展问题，主要是针对我国经济社会发展过程中资源环境的约束性作用日益加强的情况而研究的问题，这一类的文章和著作相对较多；二是专门研究生态与民生的关系问题，这一类的文章和著作相对较少。

1. 对于绿色发展的相关研究情况

从促进经济社会稳定发展的视角论述绿色发展的含义与内涵。刘思华在2001年就使用"绿色经济"定义："以生态经济协调发展为核心的可持续发展经济。"[2] 夏光（2010）认为绿色经济应该包括加快经济发展的新领域的培育，这些新领域涉及绿色农业、绿色旅游、新能源的生产、第三产业的发展和绿色技术的支持等。[3] 辜胜阻（2012）则从绿色经济相对于传统经济的特色方面加以论述，认为应该包括低碳、高效、社会的包容等几个层次的内涵。[4] 还有专家指出，在我国未来的发展中能否具有绿色元素，将是我们在经济社会发展中的巨大挑战。

从制度或体系视角关注我国经济社会发展进程中绿色发展的作用。王

---

① 参阅［美］菲利普·克莱顿、贾斯廷·赫泽凯尔《有机马克思主义：资本主义和生态灾难的一种替代选择》，孟献丽译，人民出版社2015年版，第159—174页。

② 参阅李雪《论生态文明、绿色经济、和谐社会发展关系》，《经济师》2011年第1期。

③ 参阅夏光《怎样理解绿色经济概念》，《中国环境报》2010年6月3日。

④ 参阅辜胜阻《让绿色发展成为经济转型的引擎》，《中国经济和信息化》2012年第17期。

玲玲和张艳国（2012）[①] 认为，绿色发展是指在自然生态系统的承载力范围之内，通过生态系统的持续性而实现的经济发展的持续性状态。绿色发展是包括了众多子系统的大系统，包括生态环境、经济建设、政治发展、文化发展等方面内涵的绿色化。石翊龙（2015）[②] 认为，推进绿色发展的体制机制是由多种机制相互融合而成的系统整体，包括市场、计划、环境、伦理、法治等机制，并且认为制度建设在绿色发展中具有不可替代的重要性。胡鞍钢和周绍杰（2014）[③] 把绿色发展分解为三个方面的内容：一是强调了经济社会与生态环境之间的共生性；二是强调了转变经济发展模式的重要性，要求经济发展的绿色化；三是强调了解决生态问题的全球性原则，要求各个国家共同付出努力。还有专家认为，因为生态环境与经济社会发展之间的相互作用，所以应该努力构建各种循环系统之间的良性互动机制，避免恶性循环的出现。

从注重人、依靠人、为了人的出发点对绿色发展进行分析。牛文元（2004）[④] 认为所谓的可持续发展其实就是对人和自然、人和人关系的妥善处理，以实现和谐相处、共同发展的状态。王如松（2013）[⑤] 从人的重要性出发，指出推进绿色发展与实现生态发育过程的一致性，认为绿色发展其实就是要实现人的绿化。张念瑜（2014）[⑥] 从如何处理矛盾或关系的视角论述了绿色发展的发展路径，认为处理好经济与环境、经济与气候的关系至关重要，而处理的方法可以从技术、制度、变革等方面加以考虑。黄志斌、姚灿（2015）[⑦] 从发展展现出的良好状态出发，指出在绿色发展背景下，无论是人和自然的关系，还是经济的发展状态，或者是人们的幸福感都将会有明显的提升。当然，经济发展是主题，民生幸福是旨归，绿色

[①] 参阅王玲玲、张艳国《"绿色发展"内涵探微》，《社会主义研究》2012 年第 6 期。

[②] 参阅石翊龙《中国绿色经济发展的机制和制度研究》，《时代金融》2015 年第 27 期。

[③] 参阅胡鞍钢、周绍杰《绿色发展：功能界定、机制分析与发展战略》，《中国人口·资源与环境》2014 年第 1 期。

[④] 参阅牛文元《可持续发展导论》，科学出版社 2004 年版，第 28—36 页。

[⑤] 参阅王如松《生态整合与文明发展》，《生态学报》2013 年第 1 期。

[⑥] 参阅张念瑜《绿色文明形态——中国制度文化研究》，中国市场出版社 2014 年版，第 109—123 页。

[⑦] 参阅黄志斌、姚灿《绿色发展理论基本概念及其相互关系辨析》，《自然辩证法研究》2015 年第 8 期。

因素是载体。

从人类文明的历史高度强调了绿色发展的重要性及其功能。孔德新（2007）[①] 把绿色发展与生态文明放在一起进行论述，认为二者是推进可持续发展的必然选择，也是对经济社会发展过程中经验教训的总结。傅晓华（2013）[②] 认为中国传统文化为绿色发展提供了思想渊源，西方生态建设理论也为绿色发展带来了理论养分。还有专家认为，绿色发展是生态文明建设的有效方式，加快绿色发展可以更好地推进生态文明社会的到来。在绿色发展视域中，生态环境不再是外在于经济社会发展过程的因素，而是其必然的内生因素，要把发展经济与保护环境相协调，以实现未来社会的全面发展，包括生产生活全过程和各方面的绿色化。

从解决生态问题，实施绿色治理上提出推动经济社会发展之路。诸大建（2009）[③] 认为，在发展循环经济过程中要注意导向的变化，要从生态治理逐渐转向绿色发展，特别是深绿色生态理念的出现将会带来完全不一样的绿色发展时代。蒋南平和向仁康（2013）[④] 认为在绿色发展过程中要注意协调资源与经济、人和自然、利用和保护之间的关系，尽快转变人们的思想认识，爱护自然环境，节约利用资源能源，完善生态环境补偿机制和标准，尽可能减少资本带来的破坏性，并充分利用科技力量来实现生态保护，这是推进绿色发展的有效途径。李伟（2015）[⑤] 指出，要实现经济发展转向绿色化，必须进行深刻而全面的体制机制改革，包括在发展理念、消费模式、生产模式等方面的改革，以实现发展过程的绿色化与低碳化。党的十八届五中全会指出，要推进绿色发展的顺利进行，必须实现资源能源的节约利用，爱护自然环境，实现在经济生产、社会生活、生态环境方面的良好与持续状态，对社会主义国家而言，我们要加快建设"两型社会"，以促进人和自然之间和谐相处局面的形成，绿色发展的顺利推进

---

① 参阅孔德新《绿色发展与生态文明》，合肥工业大学出版社 2007 年版，第 251—274 页。

② 参阅傅晓华《可持续发展之人文生态》，湖南人民出版社 2013 年版，第 210—228 页。

③ 参阅诸大建《循环经济 2.0：从环境治理到绿色增长》，同济大学出版社 2009 年版，第 14—27 页。

④ 参阅蒋南平、向仁康《中国经济绿色发展的若干问题》，《当代经济研究》2013 年第 2 期。

⑤ 参阅李伟《同心协力，共同促进全球绿色可持续发展》，《中国经济时报》2015 年 6 月 29 日。

将有利于现代化建设新格局的形成，有利于美丽中国的建设，对世界性环境问题的解决也将有所贡献。

2. 对生态和民生问题的研究

对于生态与民生，绿色发展和民生导向关系论述的文章较少，主要集中在以下几点：

（1）从民生建设和生态文明的相互作用的辩证统一关系上加以论述。沙占华和赵颖霞（2015）①指出，应该把民生和生态联系起来考虑而不能各自分割，因为生态和民生之间并不只是外在关联的关系，更具有内在的一致性，所以生态也应该成为民生视野中的关注对象。并且，民生发展和生态文明之间呈现出了彼此影响和制约的关系，民生发展成为了推进生态文明的动力来源，而生态文明建设的最终落脚点也是在人民的生存发展上，特别是生态文明建设带来的教育进步、就业改善、收入增加、医疗卫生提升等，都是民生发展的内容。

（2）从社会主义事业"五位一体"总布局的视角论述生态文明建设在其中的重要性。单孝虹（2013）②认为民生发展反映着社会主义现代化建设的程度和水平，与生态文明不可分割地联系在一起。随着经济社会的发展进步，人们对于追求高质量的生态环境也提上了日程。生态理念正日益深入人心。当前，主体功能区建设已经基本到位，人们的生态素质不断提升，民众的幸福指数也呈现出上升的态势。妥善处理人类社会与生态环境之间的矛盾，有利于人民群众的生存和进一步发展，对于民生事业的推进有着积极作用。黄娟（2012）③指出，我们应该把生态与民生紧密结合，并且上升为民生事业发展的重点内容，在推进生态民生过程中实现教育、科技、就业、医疗等方面的发展。

（3）从社会资本理论视角下探讨生态民生建设之路。李咏梅（2015）④

① 参阅沙占华、赵颖霞《民生建设与生态文明建设的耦合与互动》，《南方论刊》2015 年第 5 期。
② 参阅单孝虹《民生视阈下的中国特色社会主义生态文明建设》，《湖南社会科学》2013 年第 2 期。
③ 参阅黄娟《生态民生化与民生生态化》，《鄱阳湖学刊》2012 年第 4 期。
④ 参阅李咏梅《社会资本理论视角下的生态民生建设之路》，《吉首大学学报》（社会科学版）2015 年第 2 期。

指出，虽然民生发展和生态建设离不开国家的指导和支持，但是也要关注社会性资本的积极作用。社会性资本的介入可以有效解决国家在资金、技术、人力等方面的不足，特别是在当前社会转型时期更要关注社会性资本的积极引导，使之发挥有利于经济社会和生态环境保护的积极一面。当然，也要注重不同主体之间的角色定位，政府的指导性作用不能失去。同时要加强生态价值观教育，提升民众的生态素养；要完善环境方面的法律法规，提升执法水平；要充分利用民间组织的优点，避免其不利的一面；等等。

（4）把生态与民生相结合作为解决当前社会主义民生问题的途径之一。曹燕丽（2011）[1]指出，生态民生其实是对民生问题的生态问责，也就是说，我们需要对人们的生产生活、生存发展等问题进行生态化、绿色化的剖析和建构，其最终目的还是要满足人们对生态环境、对生存条件的不断变化的要求。钱燕、徐小稳（2014）[2]认为，民生视域中的生态建设并不仅仅是自然环境的保护，还包括了与经济发展相协调的内容，要求从生态问题与民生建设的结合上推进社会主义社会的发展，生态与民生的结合既是解决生态问题的基本理路，也是解决民生问题的新方法。

（5）从政治视角分析生态与民生之间的关系。李咏梅（2013）[3]指出，当生态危机影响到人们的基本生存之后，自然环境、民生福祉、民主政治建设之间就紧密联系在一起，政治生活中加入了民生和绿色的内涵。从生态政治的视角来看待民生问题有助于从整体上剖析与解决民生问题。所以，在解决民生问题的过程中，要加强服务型、生态型政府的建设，使生态民生化能够与民生生态化相统一、相融合。

三 主要研究内容

在充分借鉴以往优秀研究成果的基础上，本书运用多种研究方法对民生导向视野下的绿色发展问题进行了历史的、逻辑的、现实的思考。主要内容如下：

---

[1] 参阅曹燕丽《生态民生：一个历久弥新的民生视角》，《新东方》2011 年第 2 期。
[2] 参阅钱燕、徐小稳《生态民生：社会主义民生建设的新视角》，《学理论》2014 年第 29 期。
[3] 参阅李咏梅《社会资本理论视角下的生态民生建设之路》，《吉首大学学报》（社会科学版）2015 年第 2 期。

（一）基本思路与逻辑结构

本书共分为八部分，主要由当代我国民生导向视野下绿色发展的唯物史观基础、认识过程、理论来源、面临问题、基本原则、实现路径等部分构成其基本逻辑结构与思想流程。

绪论部分，主要是对本书选题的原因、背景、意义、研究现状、所遇到的困难、可能的解决办法、本书的研究方法等问题展开论述。

第一章是本书的基础部分，该部分主要回答的是民生导向视野下绿色发展的理论渊源。主要涉及在唯物史观视域中包含的绿色内涵和民生思想。关于自然本体论的基本思想，物质循环理论以及物质变换理论为我们研究绿色发展提供了理论基石。马克思主义关于人的全面发展思想、关于人的需求的理论等都要求我们妥善处理民生问题。关于唯物史观中绿色与民生的融合，将从绿色发展的生产力基础、公有制基础、人民基础以及未来社会的绿色构想等部分展开。

第二章主要回答民生导向视野下绿色发展的世界进程及其批判。对绿色发展的世界性历史过程进行论述，包括绿色运动的发展、绿色政治的出现、绿色经济及其绿色思想的演变等内容。对此，我们要学会透过表面现象看到后面隐藏的本质问题。在西方国家绿色发展的表象之下，是生态殖民主义的行为以及资产阶级思想家为资本牟利的合法性辩护的内容，而被人们给予厚望的绿党政治也成为资本获取利润的新手段。

第三章主要回答民生导向视野下绿色发展的现实基础和历史进程。实践观点是唯物史观的基本观点，物质生产实践奠定了解决绿色民生问题的物质基础，精神生产实践优化了解决绿色民生问题的思想观念，社会实践塑造了解决绿色民生问题的主体，政治生产实践为人的解放提供了条件。关于我国绿色发展的历史进程可以从三个方面来分析，一是中国传统文化中的绿色思想，二是中国共产党绿色发展的历史过程，三是绿色发展理念与生态文明的关系。

第四章是对民生导向下的绿色发展所遭遇的多重问题进行分析。物质生活层面上绿色民生的发展困境，这里需要对生存环境、生活资料、生产资料的污染和破坏展开论证；在精神生活层面绿色民生的发展缺失，需要进一步完善精神层面的绿色内涵；在社会生活层面绿色民生的发展缺乏，需要进一步加强社会建设；在政治生活层面绿色民生的发展缺位，需要把绿色民生纳入政治生活视野中。

第五章将对民生导向下绿色发展的基本原则展开分析。在绿色民生发展过程中应该坚持人民主体和全面发展原则，为了大多数人的共同福祉，为了人的全面发展，坚持以人为本的基本原则。还要坚持社会主义基本制度之下的市场调节的原则，实施专项治理和整体推进相结合的原则。坚持多种手段的综合利用，对于城乡和区域要坚持协调共进的原则，不能顾此失彼。对资源环境的产权以及资源的有偿使用进行探索，加快技术和管理的创新，鼓励群众积极参与和坚持综合决策相结合的原则。

第六章将对民生导向下的绿色发展的路径进行分析，从经济、文化、社会、政治四个方面展开。民生导向下的绿色经济要关注农业、工业的绿色，要发展绿色服务业，扶持绿色企业，大力发展绿色科技，并实施绿色发展的供给侧结构性改革。民生导向下的绿色文化要从绿色基本常识做起，进而培育人们的绿色发展理念、绿色消费理念、绿色价值理念等内容。民生导向下的绿色社会建设要求我们建设绿色城市、绿色农村，发展绿色旅游，倡导绿色出行。化解因为环境问题而引发的群体性事件，合理分配资源和利益，并加强绿色管理和绿色治理。民生导向下的绿色政治建设要求我们加强相关的体制机制建设，完善相关法律，坚持对干部的绿色GDP考核，并在金融方面对绿色项目大力支持。

最后是结语，将对民生导向下的绿色发展进行前景展望。对本书所能达到的基本要求和希望实现的美丽期许做出预测，指出当代中国绿色发展的民生旨归。

（二）研究中的问题及解决办法

虽然对绿色发展问题的关注从 20 世纪中期就开始了，但是从民生角度对绿色发展展开系统研究还是比较新颖的。无论是国外的理论研究，还是国内的学术探讨，大多数专家学者是从绿色发展基本理路或者从民生建构的基本理路进行专门研究，因此把二者结合起来，在民生视野下探讨绿色发展的相关问题还具有一定的难度。如何做到二者之间的恰当融合，既对绿色发展展开研究，又与民生问题相互关联，避免在研究过程中形成绿色发展与民生理论研究"两张皮"现象的出现，具有挑战性。这就对研究者自身的知识结构与研究视野提出了较高的要求。有鉴于此，笔者注意加强理论修养，利用唯物史观鉴别国内外各派理论、观点，之后以此为基础对资料加以选择。但是，仍然感觉需要提升和集中的内容颇多，希望得到该研究领域相关专家学者的指导。

（三）本书特色与创新之处

本书尝试运用多学科交叉的视域及多种研究方法，系统化、结构化地阐释民生视野下的绿色发展问题，在研究视角和方法论上具有新意，在内容上也有创新之处。

（1）在理论与客观实际相结合的基础上，寻找解决现实问题的办法。在考察唯物史观关于绿色发展理念及其民生理论的过程中，论证实践对于实现绿色发展及解决民生问题的重要作用，在中国特色社会主义生态文明建设的现实语境中寻找绿色发展的实施路径。

（2）将民生理论与绿色发展的结合作为唯物史观的新的理论生长点，以指导绿色发展以及解决民生问题，并对这种新的理论内涵产生的可能性与合理性、认识过程和理论来源、辩证发展、科学的发展理念及人的价值存在方式等进行论述。

（3）将民生视野下的绿色发展放置在复杂现代性条件下加以探究，以开放心态努力发掘多元复合的思想资源，坚持传承、批判、整合、创新的价值取向，提出解决问题的基本原则以及体制机制，在当前中国特色社会主义现代化建设进程中寻求构建民生视野下绿色发展的现实路径。

（四）拟采取的研究方法

本书始终坚持马克思主义的辩证唯物主义与历史唯物主义的基本立场，立足于我们面临的现实问题，并综合运用下列方法：

（1）文献研究的方法。文献研究法是一种普遍、严谨的研究方法。本书文献研究法中所涉及的文献既包括马克思主义经典著作的原始文献，也包括辐射原始文献的相关文献以及探究绿色发展和民生理论的各种国内外文献。通过文献研究的方法，克服时空界限的障碍，拓展本书的研究视域。

（2）历史与逻辑相统一的方法。历史是逻辑的基础，逻辑是历史在思维中的抽象与再现。本书拟将我国绿色发展和我国社会发展现实结合起来考察，从解决民生问题的视角把握绿色发展建构的理论基础和历史进程。

（3）比较研究的方法。为了深入探讨民生视野下绿色发展的建构问题，本书拟将对马克思的绿色理念、生态马克思主义基本观点、生态社会主义思想、有机马克思主义观点等进行比较分析，以此对当前社会主义生态文明建设中的相关争议做出必要的回应，在对话、交流和碰撞中吸取精华以建构我国绿色发展，深化生态文明建设。

（4）多学科综合研究方法。鉴于"绿色发展"、"民生问题"的复杂性，本书在马克思主义理论的框架下，兼收哲学、政治学、经济学、社会学、历史学等多学科的研究方法，多角度、多层面分析与辩证探讨相关问题，形成学科交叉优势。

第一章 民生导向视野下绿色发展的理论渊源

在唯物史观中包含着丰富的思想内容，其中马克思关于自然、关于人与自然关系、关于系统整体等理论的相关论述，为绿色发展理念的提出提供了可靠的理论来源。民生，顾名思义就是指与民众的生存、生活、生产等密切相关的问题，特别是其中民众生活问题更是民生问题关注的重点内容。但是，由于我们受国内外条件的制约，在长期的社会发展过程中过分强调经济而忽视了其他方面的同步发展，忽视了马克思关于"生活的生产"这一思想的丰富内涵，导致了经济至上、消费主义、物质主义等现象的发生，使得人与人、人与自然的关系也变得日益紧张。改革开放40多年来，我们在不断摸索与解决民生问题，也取得了一些成绩。但是目前，社会主义建设事业已经进入新的历史发展时期，面临着新的任务和新的要求，我们必须深刻认识当前在政治、经济、文化、社会、生态领域中的各种矛盾，并尽可能加以解决。

马克思在《德意志意识形态》一文中指出，历史科学包含着人类史和自然史两个部分，这两个部分紧密联系在一起。由于人及其能动性的发挥使得自然和人类社会相互交织，同时也相互制约，因此研究自然史与研究人类史都是对历史科学发展过程的认真探究。马克思在《资本论》中又进一步指出，不管是经济的发展还是社会的进步都是对自然进化过程的不同反映，"不管个人在主观上怎样超脱各种关系，他在社会意义上总是这些关系的产物"①。马克思把经济社会发展过程与自然发展进程相统一，并认为二者都具有物质性、过程性及客观性等特征。但也应该看到二者的不同

---

① 《马克思恩格斯全集》（第42卷），人民出版社2016年版，第16页。

之处，在唯物史观视野中的人类社会发展受制于自然发展过程，我们在描述人类历史的发展过程时，对于自然界的变化发展也要给予充分关注，因为正是自然界的基础性作用才导致了人类社会发展的各个不同时代的不同特点。当前，在世界性生态危机面前，在生态问题严重制约经济社会发展的大背景下，我们在看待经济发展模式、传统生活习惯、人们的思想观念等内容时，也要考虑自然界的发展变化带来的广泛而深刻的影响，特别是以自然规律形式作用于人类身上的各种自然现象。本部分主要探讨唯物史观视野中民生思想与生态文明建设之间的辩证关系。

第一节 唯物史观中的绿色思想

马克思为科学社会主义理论的发展做出了两个历史性贡献，即唯物史观和剩余价值理论。唯物史观是科学社会主义的理论基石，是建构科学社会主义大厦的坚实基础。唯物史观的内容庞大而丰富，特别是关于如何认识自然界、如何认识人与自然关系、如何理解系统整体等理论，为绿色发展理念的提出提供了可靠的理论来源，绿色思想也逐渐成为我们正确掌握马克思主义理论的重要方面。唯物史观是把自然、人、社会等基本要素作为一个相互联系的系统整体来看待的理论形态，是对自然的、社会的、人的发展规律的深刻总结和理论抽象，特别是关于人与自然的相关论述中包含着丰富的绿色思想。唯物史观中的绿色思想要求实现人和自然之间物质变换的合理化调节，希望达到人和自然、人和人、人和社会之间的和谐与协调发展，创造出一个适宜人类生存与发展的生态环境。

一 自然本体论是绿色发展的逻辑起点

关于"本体论"的争议古来有之，"本体论"之争也一直是哲学思想领域中争论的一大焦点，能否厘清"本体论"问题对于一个哲学体系能否立身有着重要意义。马克思主义从历史唯物主义的基本立场出发，对形而上学的思想观点不断展开批判，阐明了自身理论体系中的本体论断。在当前生态环境日益恶化的现实条件下，绿色发展理念更是凸显着强大的生命力，如果追本溯源，这一命题仍然会回到关于"本体论"的论争中，可以说，自然本体论是绿色发展的逻辑起点。

（一）马克思的自然本体理论

马克思的自然本体理论主要回答了世界发展的本原问题，阐明了马克思主义理论的基本态度，也是指导我们正确认识世界和改造世界的理论武器。

1. 本体论的来源及内涵

本体论并不是马克思的原创，而是产生于旧有的哲学理论体系中。"本体论"一词最早出现在德国郭克兰纽与法国杜阿尔的思想中，之后被德国的沃尔弗接受并加以利用，现在哲学领域中仍然被广泛使用。不管是在哲学视域还是宗教教义中，"本体论"都是标识世界是什么、来自哪里等问题的学说，包括唯物主义的物质本原和唯心主义的神灵本原等内容在内，都是对世界本质的自我论证和逻辑阐释。

关于本体论的问题，古希腊哲学家们就已经进行了深思、追问和研究，这也是人类突破固守的"神话思维"的最初表现。从沃尔夫（Christian Wolf，1679—1754）开始，本体论就开始作为思想领域中一门基本的也是相对独立的学科登上了历史舞台。

黑格尔（Georg Wilhelm Hegel，1770—1831）对沃尔夫理论中的本体论思想做出评价，认为沃尔夫的本体论主要是讨论"有"的理论，是具有抽象性与一般性的范畴，并且沃尔夫把"有"看作善与唯一，"其中出现了唯一者、偶性、实体、因果、现象等范畴"。[1] 从通常意义上来说，本体论主要是研究"存在"者何以存在、如何存在的一门学说，它的研究内容主要是"存在"所具有的本性和规定。简单来说，本体论就是以某一个方面作为切入点，对事物存在的根本依据进行深入探究。需要格外指出的是，人类对本体论的研究与人们的阶级立场、利益分配、价值理念等密切相关，特别是在变化莫测的当今世界，人类为了对世界进行终极化的解释和说明，给予自己心灵上以慰藉或满足政治上的需要，对世界的最终依据一直在苦苦寻找。从深层次上来说，关于世界本原的争论从来就没有停止过，本体论的内涵也在不断的丰富和扩展中。自古希腊至今，出现过多少哲学理论派别，就有多少对本体表述的内容。出现过多少不同性质的社会，就有多少种对世界本原的解释。不论是从思想逻辑还是从政治立场出发，本体都是某一种特定的精神、特定的物质、特定的逻辑或者是一种特

---

① ［德］黑格尔：《哲学史讲演录》（第4卷），贺麟等译，上海人民出版社2013年版，第194页。

定的实践，这些都是一种本体理论区别于其他本体论的本质表现。

2. 马克思的"自然本体论"

关于马克思主义中的本体论内涵，不同的思想家也有不同的理论观点，大体上可以分为两种类型：一是物质本体论，二是实践本体论。当然除此之外也有其他观点如卢卡奇的"社会存在本体论"等，但也有不少学者强调马克思哲学的非本体论性质（如 A. 施密特）。马克思在《巴黎手稿》中指出："人的感觉、激情等等不仅是（本来）意义上的人本学规定，而且是对本质（自然）的真正本体论的肯定。"① 也就是说，人类的实践活动就是一种"自然"行为，马克思明确地使用了"自然"一词来界定其本体论证的逻辑方法和服务对象；因此，在一定意义上说，唯物史观视域中的本体论其实就是关于"自然本体论"的进一步展开和论争。

唯物史观视域中的"自然本体论"思想主要解决了两个关键问题：一是马克思批判了以黑格尔为代表的客观唯心主义者把世界的本原归为某种意识和观念的唯心主义本原论的错误性。黑格尔认为，绝对精神独立于世界之外，而展现在我们面前的这个世界中的各种事物包括人们的思想意识，也包括花草树木、飞禽走兽等都是绝对精神的自我展开。马克思指出，黑格尔的"绝对精神"只能存在于哲学家们的虚幻世界中，并且它也不是现实世界的产生来源，而是恰恰相反的。不是精神产生了物质，而是物质产生了精神。二是马克思用自然科学的成果反驳了作为宇宙之基的实体或本原的形而上学观点。亚里士多德的实体是指第一性的与独立存在的范畴，实体之外的所有范畴都依赖于实体产生并依靠实体而存在。自然哲学家们只看到了质料而没有看到形式，也就是只看到了内涵而没有看到本质，因为本质在于形式而非质料。而在马克思看来，世界的本原是物质的，物质与意识相比较是第一性的存在，物质并不依赖于意识产生而是正好相反，意识只是物质发展变化的产物。细胞学说、能量守恒、生物进化等的发现并不表明他们在自然界中原来并不存在，而正是因为它们是自然界中既存的自然存在物，只是人类主观能动性使然的结果。而在解决这两大问题的同时，马克思也提出了关于"自然本体论"的基本论断：世界的统一性在于它的物质性；物质生产是人类社会发展的基础。

---

① 《马克思恩格斯文集》（第 1 卷），人民出版社 2009 年版，第 242 页。

在《政治经济学批判》（序言）中，马克思指出唯物主义本体论可以在社会发展的过程中找到众多的表现形式，认为人们的实践活动是与人们所处的一定历史发展阶段的物质生产关系相联系的，这种联系是必然的、客观的、不以人的意志为转移的。其中"一定的历史阶段"是标识社会发展到某一状态的客观现实存在，而非抽象的观念综合。一个国家既存的占统治地位的生产关系形成了国家发展的经济基础，政治上层建筑、思想上层建筑等都建立在经济基础之上并为之服务。社会的物质生活方式决定了国家的政治、精神与社会生活，生态危机的现实威胁也决定了一个国家生态生活的状况和水平。所以，"不是人们的意识决定人们的存在，相反，是人们的社会存在决定人们的意识"[1]。唯物主义理论认为，在物质生产达到一定程度之后，就会与其中包括的生产关系的各方面发生冲突，此时的生产关系不再与生产力发展相适应，而成为了生产力发展的桎梏。当前，随着经济社会的不断发展，经济与生态之间冲突加剧，人与自然的关系越来越紧张，由此导致了生产资料生产、劳动力生产的异化和变质，成为了限制生产力继续前进的阻力。只有去除这些障碍性因素，才能解放并发展生产力。生态资源环境对经济发展的制约性逐渐加强，要求我们改变对待自然环境的基本态度，也以此来改变生产力发展需要的自然环境。

列宁认为，在对社会现实问题的历史考察中，唯物史观与唯心史观等理论的根本区别在于，其他的历史理论过于关注人们实践活动的思想动机，却忽视了或根本没有关注人类活动动机背后的深层次原因是什么，也没有去研究人们在实践活动中结成的社会关系有什么样的规律性，更不会看到这种规律性背后的物质生产水平。同时，其他的历史理论过于关注理论自身的历史演进，而把人民群众及其历史作用置于一旁，"只有历史唯物主义才第一次使我们能以自然科学的精确性去研究群众生活的社会条件以及这些条件的变更……揭示了物质生产力的状况是所有一切思想和各种不同趋向的根源"[2]。列宁从社会实践角度分析了关于本体论和其他社会存在的辩证关系，丰富了马克思主义唯物史观，也厘清了马克思主义本体论与其他本体论的区别所在。

---

① 《马克思恩格斯选集》（第2卷），人民出版社2012年版，第2页。
② 《列宁全集》（第26卷），人民出版社2017年版，第59页。

马克思主义本体论表明了世界的起源、人类思想的本质和一切社会生活的根源，是对有限和无限、本原和本质、部分和整体辩证统一关系的正确理解，即是对物质本质和意识本原关系、自然本质和社会本原关系的合理解释。具体来说，这一理论从人们的实践活动出发，借助科技力量，利用辩证唯物主义基本方法，对自然界的运动、变化、发展规律进行了探索，揭示了事物运动的绝对性和静止的相对性，驳斥了非马克思主义本体论关于世界起源的说法。同时也表明了自然界整体系统中物质演化发展的过程性和规律性，一物既是他物生存发展的本原，同时它自己也是他物生存发展的基础。但是在人类历史领域中，物质生产带来了一切社会现象，同时也推动着历史的向前发展。世界发端于物质，世界本身就是物质存在的条件和原因，物质本身就是物质存在的基础。由此，唯物史观视野中的本体论实质上从属于物质世界的本质论与社会生活的物质生产本原论，是本质与本原的同一和融合。

（二）马克思本体论中的自然范畴

研究视角、方法和目的的不同，决定了人们即便是对相同事物的认识也总会产生一定的差异。作为马克思主义理论所专门设定的研究对象的自然范畴，同样也是如此。在马克思主义哲学视角里，在认识事物时不仅要从事物或事件所反映出的表面现象去观察，更要认识其产生的本源，认识事物的主体方面，还原事物或事件的本来面目，而在自然这个基本范畴中，人和自然及其辩证关系成为了理解自然范畴的主线。

对于人和自然的辩证关系，包括二者存在和发展的全部过程在内，都属于"自然界的和人的通过自身的存在"[1]，这种判断反映着人和自然之间的相互作用和辩证发展。如果说自然界和人都是抽象的判断是成立的，那么我们仍然面临着如何回答"谁是本原"的问题，甚至还需要在"无"的基础上证明"有"的存在，这是根本无法实现的。"自然界的创造问题"和"人的创造问题"在近代形而上学体系中被加以"抽象化"，其实就是一种在"设定它们（或其中之一）不存在的前提下要求证明它们的存在"[2]。因而，

① 《马克思恩格斯文集》（第1卷），人民出版社2009年版，第195页。
② 吴晓明、王德峰：《马克思的哲学革命及其当代意义——存在论新境域的开启》，人民出版社2005年版，第196页。

马克思也曾明确地告诫说：如果把包括人在内的自然界全部加以抽象，世界也就失去了它的真正价值。

无论是自然界还是生存于其中的人类，它们都是从自身出发又回到自身、利用自身存在才获得存在的存在物，即自然界中的万事万物都是对象性的存在物。那种"非对象性的存在物"① 只是想象出来的存在物，也就是说，非对象性存在物并没有被纳入人类认识世界和改变世界的范围之内，对于人类社会而言是不存在的。马克思认为：人本身即是对象性存在物，是以"类"为生存特征的存在物，具有不同于其他动物的感性特点，作为对象而存在的"人"是其自然性和感性的存在形式与表现形式。对象性存在使得人具有了把自然界改变成人的无机身体的可能，也可以说，人和自然之间的关系存在于其对象性属性中，双方互为存在，其中一方是另一方存在的条件，这种关系印证了人的存在、世界存在的原初性和它们之间的辩证关系。

马克思在《巴黎手稿》中指出，对作为对象性的存在物而言，假如其本质规定并不是作为其他存在的对象而存在，那它就不再是对象性存在物，也无法开展对象性活动。之所以强调对象性的重要性，是由于任何对象都被其他对象所规定，因为对象本身就属于自然。故而，"并不是它在设定这一行动中从自己的'纯粹的活动'转而创造对象，而是它的对象性的产物仅仅证实了它的对象性活动，证实了它的活动是对象性的自然存在物的活动"②。所谓的对象性的活动并不是单个对象产生对象的活动，而是众多的对象性存在物之间相互验证对象性的活动而已。唯物史观中关于对象性理论的解释是对黑格尔绝对精神与宗教教义关于造物主的内容的批判，也从另外一面表明了在处理人与自然关系的过程中，人和自然都是作为对象性存在的客观现实，人和自然之间的关系也标识了这种对象性活动与对象之间的本原性关系。人们通过自身的实践活动作用于自然界，这种实践活动反映出对自然的本质与人的本原的本体论证。实践活动之所以能够反映自然与人之间的对象性关系，首先在于它的本体论意义，这也是对人与自然的现实存在关系的本质设定。

---

① 《马克思恩格斯全集》（第3卷），人民出版社2002年版，第325页。
② 《马克思恩格斯文集》（第1卷），人民出版社2009年版，第209页。

二 物质循环理论是绿色发展的理论依据

马克思的物质循环理论具有丰富内涵，包括了自然系统循环、社会系统循环、自然与经济之间的系统循环等内容，每一循环系统都以各种物质能量交流、信息变换与价值实现的方式促进着世界的不断向前发展。作为唯物辩证法的一个重要观点，物质循环理论不仅在人类社会发展中有着重要指导意义，同时也为当前的绿色发展提供了理论依据。

（一）马克思物质循环理论

1. 马克思物质循环的基本内涵

自然界中的万事万物皆呈现出永恒的运动、变化与发展，世界就是由这些变化、发展所构成的物质世界，并始终表现为一种循环往复的运动状态。这种对于物质世界的看法是马克思唯物辩证法的重要内容。自然存在物并不是单一的线性的对象性存在，而是可以重复循环使用的，如果某一自然存在物在原有的对象性实践活动中消失了，它必然会以另一种新的形态呈现在与原来系统相关的新系统中，并被再次利用，这也是在自然科学领域中被证实的"能量守恒定律"的观点。自然存在物总是处于运动、变化与发展的过程之中，这一变化发展过程就称为"物质循环"，是涉及物质、能量和信息变动的自然生态系统与社会发展系统的统一性活动。[①] 由此看来，自然系统主要涉及生命与环境两个子系统，表现为系统整体内部各子系统的共同作用与各子系统内部的相互作用。而在经济社会发展视域中，系统则包括了从生产到消费一系列实践活动的分化组合，在经济结构系统中则包括了不同的所有制成分及它们之间的相互关系，通过从生产到消费的一系列过程来实现物质、能量、信息的交流。

从人类社会和自然之间的物质变换过程来看，物质循环基本上包括三个方面：一是相对纯粹意义上的自然系统的物质循环，主要表现为各物质要素在自然系统中的彼此影响、制约与作用的发展状态，其中自身物质形态的经常变换是最基本的表现。二是社会领域中的经济系统循环，主要包括了物质资料从生产到消费的一系列过程。三是上述两者之间的交叉循环，即自然与经济系统的物质循环，虽然人类社会具有相对独立性，但是

---

① 刘思华：《生态马克思主义经济学原理》，人民出版社 2006 年版，第 306 页。

仍然属于庞大的自然生态系统的一部分，二者并非绝对独立的两个系统，而中间的纽带就是"人"。自然界为人的生存发展提供了大量的生产生活资料，与人类社会进行着物质和能量的交换，改变着人类社会；同样人类也通过自身的实践活动，反作用于自然，以自身的主观能动性参与到自然界的发展过程中，为自然界输送了大量的物质和能量，二者之间不断发生这种物质能量的变换，从而构成了生态与自然之间的循环系统。

2. 自然经济系统的物质循环

第一，自然系统内部的物质循环。恩格斯认为自然界中的东西，无论是大如恒星还是小如沙粒，无论是人类还是其他生物，"都处于永恒的产生和消逝中，处于不断的流动中，处于不息的运动和变化中"[①]。恩格斯在这里揭示了自然界的两大基本属性，即整体性和运动性。整体性主要是指自然的有机统一性，运动性主要是指自然的运动、变化、发展状态。"整个自然生态系统都处于一种由低级向高级、由简单到复杂的、周而复始的循环发展状态中。"[②] 自然整体是囊括人类在内的自然系统的演化发展过程，物质、能量和信息处于不断的循环变换之中。纵观人类历史的发展演变，从宏观整体角度看，物种的不断进化、繁衍、灭绝到新物种的进化、繁衍就是一种周而复始的循环；从微观的生物学角度来看，植物吸收空气、土壤中的化学元素后发芽生长，枯萎后再次分解为化学元素也是一种周而复始的循环，即我们所说的自然界的物质循环，自然环境中的生产者、消费者与分解者之间相互作用，物质由此从一种形态转变为另外一种形态。

第二，社会经济系统内部的物质循环。自然领域中的物质在不断地循环运动，社会领域中的物质也在循环运动发展中，在经济领域中更是如此。对此，马克思进行了深刻的分析和批判。在通常情况下，产业资本过程包括买、产、销三个方面，并且这三个方面都具有不同的职能形式。在购买过程中，资本从货币职能方面展现其作用，包括购买劳动力和生产资料等，为生产过程提供条件。在生产过程中，资本从生产资本方面展现其作用，包括产品的生产和再生产。在销售过程中，资本从商品方面展现其

---

① 《马克思恩格斯选集》（第 3 卷），人民出版社 2012 年版，第 856 页。
② 刘思华：《生态马克思主义经济学原理》，人民出版社 2006 年版，第 304 页。

作用，包括出售包含了剩余价值的商品。在资本循环过程中，资本依次从前一形态发展到后一形态，从一种功能转变成另一功能，同时在其每个阶段中也产生着自身内部的循环：货币资本的循环、生产资本的循环、商品资本的循环。① 所以说，资本循环既是生产与流通相统一的循环，也体现了这种统一发展的过程向度，无论是在空间还是在时间上都表现出了并存或继起的特点。"任何一个单个产业资本都是同时处在所有这三种循环中。"② 资本形态的这种往复循环，与社会生产的不断循环往复是同一过程以不同的程度和方式的展现，即再生产过程的不断实现。也可以说，任何生产都是生产运动全过程的其中一部分。"不管生产过程的社会形式怎样，生产过程必须是连续不断的，或者说，必须周而复始地经过同样一些阶段。"③ 人类社会的正常持续发展离不开消费，而消费的持续不断也要求生产活动的连续性。故而，生产过程本身其实也是再生产过程，这种生产与再生产的不断更新构成了经济领域的循环运动。

第三，自然经济系统中的物质循环。自然经济系统是自然系统和经济系统相互融合而发展的结果，二者之间有着必然的联系。在自然经济系统中，自然循环和经济循环除了自身内部的不断循环之外，同时受到实践活动的影响，将循环的外延拓展到了对方的循环系统中，使物质、能量等都进行不断的流转和交换、传播和转化。作为自然界产物的人类具有自然和社会的双重属性，人们通过自身的实践活动不断从自然界中获取大量的物质和能量，以促进人类自身的发展和社会的进步；但同时也生产出大量的废弃物并排放至大自然中；或是在需求和发展的前提下，主动向自然界输送物质和能量，但无论这些物质是否"有用"，都会渗入到自然循环中并产生影响。在物质循环的形态变换之后，再次转变为维持人们生产生活所需要的物质与能量，如此循环往复形成了一个闭合的循环过程。

（二）物质循环与生态建设

人类社会的延续需要资源能源的支撑，为人类生存发展提供物质产品的生产活动同样需要能源资源的支撑，因此，社会发展的第一步就是要从

---

① 刘思华：《生态马克思主义经济学原理》，人民出版社 2006 年版，第 306 页。
② 《马克思恩格斯文集》（第 6 卷），人民出版社 2009 年版，第 117 页。
③ 《马克思恩格斯全集》（第 42 卷），人民出版社 2016 年版，第 581—582 页。

自然界中获取可用的物质资料，然后经过实践活动，将资源改造成为人类预期的"产品"，以满足自身的需要，促进社会的发展。但在这一过程中，除了"产品"生产，同时还会产生出一些废弃物，例如废气、废水、废渣、不可用的副产品等，这些废弃物通过一定方式进入到自然循环系统之中，进而影响着生态系统的正常运转。当废弃物处于自然可以降解的范围之内时，自然生态系统就得以维持，同时也保障了经济的可持续发展；但当废弃物的排放超过了自然降解的能力，而人类又不能对这些废弃物加以干预时，生态环境就会遭到破坏，这不仅直接影响到人类和其他物种的生存，反过来也会制约经济的发展。长此以往，污染问题的不断积累致使自然环境恶化、人类生活得不到保障，就如同一个恶性循环，人类在品尝自己制造的恶果。因此，要实现生态系统的平衡，实现人类社会的可持续发展，就必须尊重自然、敬畏自然、保护自然，确保生态系统功能的正常发挥，构建良性循环的物质系统，实现自然系统和经济系统的协调发展。

由于我国经济建设的基础差、起点低，为了解决人民的生活问题，长期以来我国的经济发展方式都比较粗放，造成了大量的资源浪费，为生态系统带来了严重的负担，也产生了严重的生态问题。目前，生态资源环境问题已然成为制约我国经济进一步发展的瓶颈，这其实就是废弃物排放量远超自然降解能力以及物质循环链条被破坏的表现。要构建经济建设和生态文明建设的双赢局面，就要坚持可持续发展路径，促进人与自然之间良性循环的形成。

实现物质的循环利用是促进资源永续发展的重要方法。我国人均可以占有的资源在世界范围内居于中低水平，而在资源的开采与使用上却粗放简单，资源能源的综合利用效率较低与浪费严重的现象并存，这就是我国生态资源状况的最大表现。经济的快速发展带来了资源能源需求量的增加，假如传统的粗放式、攫取型的发展方式不能改变，自然环境还会进一步遭到破坏，因此，物质的循环利用对于节约资源能源、促进社会的持续发展具有重要的支撑作用。

实现物质的循环利用，是推进绿色发展、建设社会主义生态文明的重要途径。物质的循环利用对生态文明建设的影响主要有两个方面：一是从节源节能、废弃物回收利用方面减少了对生态环境的污染，也提高了资源能源的利用率，进而减轻了自然的负担，例如当我们对固体垃圾的利用效率每上升1%，一年就会大约降低1000万吨的垃圾产生。二是开流放流。坚持物质的循环利用，节约使用资源能源，要求以清洁生产、低碳生产、循环生产为原则，这也倒逼着资源的综合利用以及科学技术的发展进步，进而实现能源利用、资源利用的清洁绿色化，这是生态保护的有效方法。

促进物质的循环利用也是创新生产发展方式的基本要求。近年来，绿色、循环、低碳、共享等新型经济发展模式逐渐兴盛，也获得了大量的市场份额和消费者的认可，其遵循的原则就是生态保护优先、绿色先行、循环低碳，在绿色发展理念下实现物质的循环利用。经济发展模式的生态化、绿色化不仅为经济发展提供了新业态，同样也促进了生态循环系统的良性运转，从而为经济发展提供了资源和动力上的支撑。

三　生态系统理论是绿色发展的哲学基础

马克思的生态系统理论与前面所述的物质循环理论存在一定的相通和交叉之处，系统论作为马克思主义理论中的重要内容，是指导人们认识世界和改造世界的方法论原则，具有普遍适用性。在践行绿色发展的道路上，我们要以马克思主义生态系统理论作为其发展的哲学基础，以生态为底色，以发展为根本，以和谐为境界，不断进行科学实践，走绿色发展道路，以实现经济、社会、自然之间的共生共荣。

（一）马克思主义中的系统理论

哲学视域中的联系主要是指在事物之间、现象之间、事物与现象之间的彼此作用、彼此影响的关系。马克思主义认为，世界是普遍联系的辩证发展过程，是一个相互联系的系统整体，即世界是处于普遍联系的关系之网中的有机整体。任何事物都无法单独存在，而必然与他物或现象之间存在着直接或间接的关系，也都是这张有机关系网上的一个点或一个环节。

马克思主义系统论观点认为，在构成整个世界的万事万物中，无论是数量还是质量，无论是庞大的还是渺小的，也无论是物质的还是精神的，都以系统的形式存在着，并构成有机统一体。但是任何一个系统整体都不具有最终的属性，都只是更大的巨系统下面的子系统，充其量是作为其上一级系统的一个构成要素而存在。同样，在该系统下面也包含着众多的子系统和子子系统，即其本身又可以分化为多个下属分支。因此，在认识自然与改造自然的进程中，首先就要以系统的观念来看待自然、认识世界，找出其内部的必然联系，并揭示其发展的一般规律性。此外，在同一子系统内部的各要素也不是彼此孤立的，而是彼此联系和发生作用的矛盾统一体，系统中任何要素的变化都会导致其他元素相应的改变，即系统内部诸要素之间的联系与作用是普遍存在的。

马克思主义中的系统理论以具体科学为基础，但又高于一般性的具体科学，是对这些科学的高度总结和概括。马克思主义系统理论体现着人们认识世界的基本观点，也体现着人们改造世界的方法原则，无论是在自然领域还是在社会领域，无论是在物质世界还是在精神世界中，系统理论都有着积极的指导作用，因而具有强大的普遍适用性。

（二）马克思主义中的系统与自然

马克思认为，自然界作为一个整体包括众多的物体及其之间的相互联系和作用，正是因为这些联系和作用，才带来了事物的运动变化，"这些物体……是相互作用着的，而它们的相互作用就是运动"[①]。而世界其实就是这些事物及其运动所构成的集合体，是整个世界的全部内容，"世界不是既成事物的集合体，而是过程的集合体"[②]。马克思主义理论中的"过程"思想是"系统"的最好阐述，此处的"集合体"与"系统"表达了相同的内涵，是对事物发展变化过程的形象描述，而"过程"也正是"系统"中众多构成部分之间的联系与作用、发展与变化的体现。

马克思眼中的自然是以系统形式存在的有机结构，是由许多彼此联系、彼此作用、彼此制约的要素构成的，并且以一定的形式组合成有机整体，这些要素主要包括自然、人化自然和社会化的人。自然的重要性就在于它为人类社会的存在与发展提供了大量的自然资料以供其使用，因此，马克思所研究的自然并不是抽象意义上的自然，而是活生生的物质的自然。在他那里"被抽象地理解的，自为的，被确定为与人分隔开来的自然界，对人来说也是无"[③]。

纯粹意义上的自然界即非人化自然对人类而言是不存在的，人化自然即已经纳入人类视野中的自然界对人类而言才具有价值或意义，但无论是

---

① 《马克思恩格斯全集》（第26卷），人民出版社2014年版，第590页。
② 《马克思恩格斯全集》（第28卷），人民出版社2018年版，第352页。
③ 《马克思恩格斯全集》（第3卷），人民出版社2002年版，第335页。

人化自然还是非人化自然都是自然系统的构成要素。物质的观点是唯物主义自然观的基本观点，自然界的物质性存在是人类实践活动得以进行的前提条件，在这一点上与唯心主义自然观正好相反。唯心主义自然观认为自然界的物质性是从自然的本质中产生，并表现自然的本质，即物质是意识世界的产物或"先在"之后的"后在"。那种纯粹意义上的自然界对人类而言是无法想象的，也不可能成为实践活动的对象，只有那些被纳入人类社会视域中的自然界才可能成为人们认识和改造的对象，"只有在人被看做是某种与自然界不同的东西时才有意义"①。马克思批判了费尔巴哈所关注的纯粹的自然，因为这个自然对于费尔巴哈而言同样是不存在的，同样是远离了人的实践活动、远离了现实世界的自然。也可以这样说，唯物史观中的自然界只是那些由实践活动所建构起来的成为对象而存在的"自然"，即"现实的自然界"或者是打上了人类烙印的自然界。在人类产生之前，自然界并不具备所谓的对象性或人化特点，人化自然是与人的实践活动、与自然界被纳入人的世界的活动相联系的，随着人类对自然改造的范围不断增加，与此相对应的自在天然的自然界在不断减少。"每当有了一项新的发明，每当工业前进一步，就有一块新的地盘从这个领域划出去。"② 因此，我们所生活的和所认识的自然界并不是亘古不变的，而是在不断运动变化和发展的，是与人类密切相关的世世代代活动的产物。

人作为自然界变化发展的产物，本身兼具自然性和社会性，是"自然化和社会化的人"。人的自然属性决定了其生存发展的局限性，即人一刻也无法离开自然而存在，自然界为生存于其中的人类提供必需的资料，使人类得以繁衍生息，自然界也因此成为了人的"无机的身体"。由此，人类把从自然界中获得的物料用于实践活动中，生产出所需要的生产与生活资料；而如果缺失自然界这一重要载体，那么人类也只能是"巧妇难为无米之炊"，什么东西都创造不出来。从另外一个层面讲，自然界不但为人类提供了物质方面的物料，也为人类提供了精神方面的物料。"从理论领域来说，植物、动物、石头、空气、光等等……是人必须事先进行加工以

---

① 《马克思恩格斯选集》（第 1 卷），人民出版社 2012 年版，第 157 页。
② 同上书，第 177 页。

便享用和消化的精神食粮。"① 人类依靠无机的身体即自然界得以存活，才得以保持自身的生活及其与自然界的亲密联系。

人的生存发展离不开自然界，同样也离不开社会。"社会是人同自然界的完成了的本质的统一。"② 人是同时具有自然性和社会性的存在物，而社会性则是衡量人之所以为人的内在规定性。人们通过实践活动结成了人与人之间的相互关系，社会就是人与人之间形成的众多关系之网所构成的集合体。人类通过实践活动与自然界产生关系，实践活动因此成为了联系社会与自然的纽带，人与自然在实践基础上实现统一。人类唯有生存于社会中才能够凸显其区别于动物的社会属性，自然界也唯有通过社会才能表现出其作为人的存在的基础，才成为人的现实存在。同样，离开了一定的社会环境，自然的存在将失去作为人的存在的前提，自然界也就与人相分离。对这一问题的不同理解，对于人类社会在人与自然之间作用的态度的不同，也正是唯物主义自然观与唯心主义自然观相区别的标志。

（三）生态文明建设与系统性原则

生态文明建设必须遵循系统性原则，一方面要把生态文明与政治、经济、社会、文化等方面的建设统一起来，从系统整体出发进行各方面的深化改革，而不是将生态文明建设孤立起来；另一方面要从系统结构的功能与有序性出发，不能只关注生态文明建设的种种表象，还要探究生态危机背后的原因，从更深的层次上分析矛盾产生的根源，并抓住主要矛盾进行重点解决。

生态文明建设与系统性原则的融合可以从以下几个方面分析：一是从社会主义发展的整体性上分析，要逐渐完善有助于减少资源能源使用、保护生态环境的生产模式与生活模式，并对经济、社会与生态发展的空间进行合理布局，推进绿色发展，建设生态化的城市与农村。二是从产业结构布局和生产发展方面分析，我国产业结构要实现科技、能耗、污染方面的优化配置，尽可能减少损耗，提高效率。在发展生产方面，要大力推进绿色发展，在产品的设计、生产、销售以及再生产方面实现绿色化，不但要培育新的绿色发展的增长点，还要尽可能实现绿色发展的从点到线、从线

---

① 《马克思恩格斯选集》（第 1 卷），人民出版社 2012 年版，第 55 页。
② 《马克思恩格斯全集》（第 3 卷），人民出版社 2002 年版，第 300 页。

到面的发展，实现生产的产业化、集约化经营。绿色产业可以为生态文明建设和绿色发展提供技术基础和产业支撑，同时也可以为经济发展做出巨大贡献。三是从广大民众的立场和根本利益出发，在生活方式与消费模式上做文章，在全社会范围内形成节约、生态、文明的生存方式，要积极促进传统生存方式向现代化、绿色化生存方式的转型升级。四是要在全社会培育并树立绿色自然观和价值观。作为社会主义国家的公民应该具有高度的热爱自然的绿色意识，并把绿色发展意识融入到社会主义理论框架中，培育公民良好的绿色习惯，形成社会主义生态文明新风尚。

第二节　唯物史观中的民生思想

民生问题历来都是统治阶级十分关注的政治问题和社会问题，在当今面临生态危机的威胁下，民生问题也成为了社会普遍关注的问题，成为了与资源环境密切相关的问题。民生问题与民众的生存、生活、生产等相联系，特别是其中民众的生活问题成为民生问题的重点内容。但是，民生问题也并非只是涉及社会生活的某一方面，而是与政治、经济、文化、社会、生态等方面不可分割；也就是说，民生问题是与经济发展水平、民主政治程度、社会文明程度、文化素质水平、生态环境质量等联系在一起的整体样态。在马克思主义理论中，人的因素是极其重要的因素，马克思的全部学说也都是围绕着人类的解放和发展而展开的，因此在一定程度上，马克思主义理论也是关于人的发展与历史的学说。马克思关于维持人类生存的、处于历史第一位的"生活的生产"的重要论述，揭示了民生问题的极端重要性。"从直接生活的物质生产出发阐述现实的生产过程。"① 马克思非常重视"生活的生产"对于生产力与生产关系的基础性作用，把人类历史的合目的性与合规律性相联系，进而得出"生活的生产"是唯物史观关键范畴的结论。

一　关于人的需求理论

马克思的需求理论是科学社会主义理论体系的重要组成部分，也是对

---

① 《马克思恩格斯文集》（第 1 卷），人民出版社 2009 年版，第 544 页。

人的认识深化的关键环节，具有重大的理论意义。对于每一个时代的人来说都有其存在和发展的理由与需要，也必然与当时的社会现实问题之间发生这样或那样的联系。马克思关于人的需求的理论作为观照现实、观照人的基础性理论，有能力也有必要与新鲜的实际问题相结合，并为分析和解决这些问题提供科学的理路与方法，下面就从几个方面来介绍马克思关于人的需求理论的基本内容，并对这一理论的现实价值展开论证，以便我们在应对生态危机的过程中认清问题并正确解决问题。

（一）马克思人的需求理论的基本内容

马克思关于人的需求的理论主要包括人的物质生活的需要、人的精神生活的需要、人的自由全面发展的需要等内容。

1. 物质生活的需要

马克思在《德意志意识形态》中特别强调了物质生活的重要性，认为物质生活是确保人类历史得以发生、展开的前提条件，因为物质生活让生命个体、个体的生存环境和生活条件等有了实现的可能。所以，我们首先就要搞清楚人类的局限性及其与自然的关系。人要维持自身的肉体生存就要不断生产出肉体新陈代谢所需要的物质生活资料，而恰恰是在这个生产过程中人们结成了一定的社会关系，也逐渐形成了人的物质生活本身。可以看出，人们物质需要的满足与生产物质生活资料的实践活动联系在一起，并影响着人类社会的存在与发展。

所谓的物质生活需要，主要是指人为了满足自身的生存发展需要而对各种物质资料的消耗。用来满足人们生活需要的物质资料具有特定的使用价值，物品的使用价值是维持人、人类社会存在发展的前提和基础，任何个体的存在首先要消耗一定的物质资料，都不可能脱离物质生活而成为"纯粹"的存在。物质资料是看得见、摸得着的客观物体，这些资料包括人们直接从自然界中获取的，也包括经过生产过程加工形成的，都是用来维持人的生命的基本物质。在生产力高度发展的当代世界，相对于自然界物质资料的直接消耗而言，人们越来越多地追求那些经过加工或创造的物质资料，以满足人们不断变化升级的各种物质需求。人类社会的发展与人们对物质产品的需要相吻合，并且这种吻合的程度和水平还在不断上升，物质产品变得丰富而多样化。人类社会在不断进步发展，人们的需求层次也变得丰富多样。从最初的追求维持自身肌体的生存发展及其后代延续的需要，即只需要食物、水源、居住地等，进而发展到除这些需要之外的其他方面的各种需要，并且人们越来越离不开这些带有了科技和智慧在内的产品，如通信设备、交通设备、娱乐场所等。物质生活需要是确保人的其他方面需要得以发生的前提，也是以"类"为基本存在特性的人的发展条件，是人之所以为人而不是他物的原因。

2. 精神生活的需要

精神生活需要是指人们对德行、感悟、观感、美学、哲学、信仰等精神领域资料的追求和消耗，是客观世界作用于人的感官及神经系统的主观体现，感觉、知觉、表象是其主要的表现形式，表征着人的主观认识和客观对象之间的辩证发展关系以及人类的实践活动在情感与认识形成过程中的媒介作用。人不但需要物质产品，也需要精神产品，这是人之所以为人的重要性所在。也正是由于人有了精神层面的追求，才有了让这个世界丰富多彩的文学艺术、宗教哲学、道德伦理、风俗习惯、科学技术等。人的精神生活需要的不断产生并满足的过程，以及大量精神文化产品的出现，一方面为经济社会发展提供了精神力量，另一方面也在推动着人类文明的前进发展。人的物质生活需要是感性的、主观的，也是物质的，而人的精神生活需要则更具理性、非物质性、非直观性特点；但无论如何，物质生活和精神生活都是人类不能离开的，并且马克思认为人类社会越是发展，人们对精神生活的需求就越强烈和多样化。尤其是到了共产主义社会，那些可以促进人的自由全面发展的精神产品将会成为人们孜孜以求的更高层次的需要，人们的物质生活越是高级和丰富，人们对精神生活的追求也就越迫切和重要。

3. 人的自由全面发展的需要

人的物质生活需要和精神生活需要是人类生存发展的基本条件，除此之外，人类还有更高层次的需求，那就是人类对自由全面发展需要的追求，并且这才是人类生存的最终目的所在。人的自由全面发展是在物质生活和精神生活之上的更加充分的发展，是忽略了物质和精神对人的发展的制约性的发展，也是马克思所设想的共产主义社会的发展形态。作为具有主观能动性的高等生命，人的需要的满足不会因为条件的限制而停止，而是随着条件和时代的变化而不断地革新和升华。马克思认为人的自由全面发展在共产主义社会中具有实现的可能性，人们将会实现"从必然王国进入自由王国的飞跃"①。在马克思那里，个体的自由全面发展是所有人即社会整体自由全面发展的前提，社会整体的发展则为个体提供了发展的空间和可能性。相对于人的基本生存需要而言，人的发展需要是更高级的、更丰富的需要，是与人的本性需要更加接近的高层次需要。人的主观能动性在人的需要发展和满足过程中起到了媒介或桥梁的作用，这一特性使人与动物相区别。虽然受制于社会生产力的发展水平，但是从人成为人的那一刻开始，人的生命追求就已经超脱了基本的生存需要，而是在满足了基本生存需要之后，又在不断地产生新需要与满足新需要的活动中向前发展着。人对自由全面发展的需要的追求是人的本性使然，这也是每一个正常的人的权利。

（二）马克思人的需求理论的时代拓展

马克思人的需求理论的时代拓展，主要是指人的生态需要的满足。在渔猎文明和黄色文明发展过程中，人们的需要主要表现为对一般物质产品的使用价值的需要，因此需要的内涵与外延也就是社会生产的内涵与外延；但是由于生产力水平的落后，人们生产的范围仅限于自给自足。在这一时期内的人类活动还没有对自然界产生伤筋动骨的影响，人与自然的互动也是有序的。② 之后，工业文明发展带来了人们对自然界大范围、更深层的破坏性开发和利用，这种发展模式现在一般称为黑色发展模式，工业化发展带来了世界性的气候异常、自然灾害增加、物种数量锐减、荒漠化、森林消失、雪山融化、海面上升等灾难。

1. 人的需要过度膨胀而导致生态失衡

第一，人的生存发展一刻也离不开自然界，人的需要的满足程度和自然界的发展状况相联系，离开了自然界这一客体，人是不可能生存的，这是引起生态环境问题的根本原因。自然界对于人类社会非常重要，但是人类社会的发展却在不断损害着自然机体，破坏着生态环境，并且这些受到损害后的自然环境仍然对人的生存发展产生着影响，因为人的生存发展及其各自需要的满足都依赖于自然环境与各种资源能源。自然环境是人的生

---

① 《马克思恩格斯选集》（第3卷），人民出版社2012年版，第815页。
② 参阅刘洁《马克思人的需要理论及其当代价值意义》，博士学位论文，东华理工大学，2017年。

存发展的必要条件，对人类的发展有着直接作用；人类社会的科学技术和生产力水平越发展，人类自身的活动能力越强，给自然界带来的影响也就越深刻。如此一来，在人类与自然界之间形成了一种二律背反的现象，即人类越来越依靠自然环境而生存，而同时对自然环境的破坏也日益加剧，煤炭、石油、滩涂、草地、森林、水源等都不同程度地受到破坏或耗损，由此而产生的自然灾害、生态危机问题对人自身和子孙后代的生存都产生了极大的负面影响。虽然人们的绿色意识、健康理念在增强，但现实的生态环境状况却和这种高质量的需求相矛盾或相出入，为了解决这一问题，人们不得不去探索、去寻找解决之策，在探索寻找中付出了大量的心血，也得到了不少的经验教训。

第二，传统的社会生活方式是诱发环境危机的现实原因。人们在满足了基本的生存需要之后，就会转而追求物质层面的享受，来满足人的各种需要，提升生活水平。食物是人的生存需要中的最基本层次，在满足了这一基本需要之后，人们就开始寻求美味与品种的搭配，健康与营养的结合；衣服在满足了御寒或防热等基本需要之后，人们就开始追求衣服样式、色彩花纹、个性张扬、时代意蕴等元素。人类的需求不仅仅是为了生存和繁衍，作为以"类"为存在特征的人来讲，还要去追求更能彰显人之所以为人的那些本质规定性，即人的需要的满足是确证人的本质力量的前提。当然需要承认的是，人的生存发展的任何要求的实现都离不开特定的物质条件，这些物质条件在人类进入工业化发展模式之后出现了极大改变。工业化发展模式带来了丰富的物质财富，人们的基本生存需要已经不是首先要关注的问题，转而开始追求的是享受和发展的需要。享受需要涉及物质与精神两个层面，但精神层面的需要也要借助物质载体才能实现，因此在分析享受需要时人们会更加关注物质层面。物质层面的享受比较客观现实，主要体现在质与量两个方面并以此来推进物质生产的增加。从人作为"类"而存在的视角而言，人的发展方面的需要更多体现在社会实践活动中，不断认识自然和利用自然成为人的本质力量提升的目标和确证本质力量的途径。上述内容只是在简单阐述人的不同需要的满足，除此之外，我们还要正确理解在人类需要不断得到满足过程中产生的各种生态问题。一方面，人们对物质产品需求的增长使得资源能源的消耗加快，生产过程中也是问题频发。住房、汽车、手机、电脑、空调、冰箱、洗衣机等物品成为人们享受需要的基本对象，与之相联系的土地、矿石、水源、天然气、电力等不得不大幅度供应并大量消耗，一些自然资源因此而变得稀缺甚至消失。同时，物品的大量使用给人们的生存环境带来了威胁，包括生产生活垃圾、废气、废水等被排放到自然环境中，直接影响着人们的生存与健康。也就是说，与大量使用相对应的是大量生产，大量生产使得自然资源的储量急剧下降，并且在开采过程中不断地破坏着自然环境，加大了资源、生态、环境的承受压力，发展到今天就是世界性的生态安全问题。

第三，非理性的消费理念麻痹了人的真实需要。在市场经济浪潮中，所有物品似乎都被纳入了市场的运行机制中，人们不但可以消费物品的使用价值，还可以消费附着在物品上甚至物品之外的"价值"，消费主义文化影响到人们生活的方方面面。首先，大量被生产出来的商品只有被消费之后才能够实现其价值增值。传统社会中的勤俭节约美德，在消费主义者眼中似乎已经成为贫穷或落后的代名词，认为只有通过多种手段来刺激并促进消费，才能带来经济的不断发展。人们不仅可以消费大量的物质产品，还能够利用消费来满足自身的各种欲望，因此持有消费主义价值理念的人并不在少数，消费也因此成为许多人的价值实现方式和存在意义。其次，通过不断制造消费而催生消费者的消费行为。西方生态学家如奥康纳认为，当消费主义理念占据人们的生活时，人们的消费欲望会快速暴涨，而社会要维持供求平衡状态就要增加生产，但是却带来了资源与环境问题。最后，膨胀的消费观念容易带来极端的社会行为，引起众多的生态问题。特别是对于自然界中的野生动物、珍稀植物等被搬上餐桌的行为应该持批判的态度，因为如此异常行为的结果就是导致物种的锐减以及生态系统的失调，最终带来对自然环境的深层次伤害。

2. 以正确的需要导向引导社会生产

人的需要是物质生产的必然条件，对生产起着重要的导向作用，人们需要的合理性与正当性是社会生产的合理性与正当性的前提。经过若干次的工业化浪潮之后，人类社会的经济结构、科学技术、生产模式、消费结构等方面都有了明显改变，有些领域如钢铁、水泥、电解铝等都出现了产能过剩的情况，致使在生态环境和能源方面都遭到了破坏，个别地区的生态问题已经危及了人身安全。故而，我们应该用合理的需要来引导经济发展。

从人类社会的长远目标来看，发展必须具有绿色、循环、低碳等优势才能够维持这种发展的持续性。生产的本来目的是要满足人们各种各样的需求，但是人们的需求呈现出持续性特征，这也决定了生产本身必须展现出可持续性特质，而要实现这一目标就要降低对生产资料的不合理消耗，调整生产结构和生产方式，并把对必需品的生产放在重要位置。有别于工业化发展模式，绿色经济是一种平衡经济社会与自然环境的发展模式，在保护环境、合理利用自然资源方面独具优势。绿色经济坚持在全部生产领域中均实现绿色化这一原则。一是要适度利用自然资源，特别是对不可再生资源的使用要审慎。在经济发展过程中，我们既要维持当代社会的正常需求，也要为未来世代的持续发展考虑。一方面要提高自然资源的使用成本，特别是对于那些生产效率低下、消耗过多资源能源的企业要给予经济上的制裁，以约束这种不合理的生产行为，把对生态环境的影响尽可能降低。另一方面，要在人力物力财力方面给予绿色科学技术以倾斜，不断提升科技在生态治理中的优势，提升生态环境的自身净化与修复能力。二是走新型工业化道路。秉持高效高质的发展理路，优化经济发展结构，严控生产单位的污染行为，并建立健全相关监督和问责机制等，争取用尽可能少的生态成本换取尽可能多的经济效益。三是积极推进循环经济。要在生产资料的循环利用、生产过程的绿色化方面加大力度。在对原材料的使用和再使用方面，要坚持低开采、高利用原则，不断重复使用，避免在生产生活领域中用完即扔的现象再次出现，把人对自然的影响降到最低。

对公民个体而言，要养成健康向上的生活方式。中国传统文化中艰苦朴素、勤俭节约的风尚并没有过时，还有丰富的时代价值。我们一方面要加强优秀传统文化的普及工作，另一方面要用这些具有中国特色的文化理念来抵制西方消费主义的不良影响，强化民众对消费主义行为带来的生态后果的认识，树立节约光荣、浪费可耻的消费理念。同时，人民的消费理念要健康合理。健康合理的消费理念有利于人们的正常发展和需要的满足，人们只有在获得了合理的物质方面消费和精神方面消费的满足之后，即只有在基本需要获得适度而健康的满足之后，才可能创造出越来越多的推动人类社会发展的文明成果。所以，我们在追求物质生活和精神生活的同时，坚决反对消费主义、拜金主义、享乐主义等不良习惯的影响，也反对丢弃正常需求的禁欲主义，而应该养成积极向上的消费理念，追求消费的质量与品味。

二　关于人的全面发展思想

人的全面发展是一个有着丰富内涵的理论范畴，也是马克思主义所追求的根本价值取向，这一思想在马克思主义理论中具有十分重要的地位。虽然当前经济社会发展成果显著，但是人的全面发展问题也逐渐成为显性问题呈现在我们面前。如何以马克思主义人的发展理论为指导，为实现人的全面发展提供支撑，是经济社会发展过程中摆在我们面前的重要课题，坚持唯物史观中人的全面发展思想对当前经济社会的发展具有重要理论和现实意义。

（一）马克思关于人的全面发展思想

实现人的全面发展是马克思恩格斯的最高价值追求，也是人类逐渐摆脱自身束缚走向自由发展的历史过程，是崇高理想与客观现实的统一。马克思恩格斯一方面从前人那里吸取了关于人的思想学说，另一方面又创造出他们自己的科学理论，论证了人的全面发展的实质与实现途径。关于人的全面发展的论述是马克思恩格斯创立科学社会主义理论的基本出发点，他们把人的全面发展看作未来共产主义社会的明显标志，也是区别于资本主义社会的优越性之所在。马克思关于人的全面发展学说内容十分丰富，我们要科学把握这一理论。

一方面，全面发展的人首先是具有主体性的人。此处所指的发展主体并非社会整体，而是指个体。在历史唯物主义理论体系中，人包括了三种存在状态即"类"、"群"、"个体"，可是全面发展的人的主体是指"个体"，而非"类"与"群"。当然，作为"个体"而存在的人并不是脱离了"类"与"群"的抽象个体，而是活生生的现实的个体，是隶属于一定"群"中的结成了复杂关系之网的实践的人。全面发展的主体所指向的个体也并非特指哪一个人，而是作为个体而存在的任何人。因为"类"、"群"与个体之间是元素与整体、单元与系统的关系，个体是其中的单元或元素，由众多的单元组合成为"群"与"类"，所以，追求人的全面发展首先就要确保每一个个体的全面发展。当然，个体的发展也需要"类"与"群"的大环境支持，没有了社会大环境，个体也无法存在。所以，马克思眼中的全面发展的人既是作为共性存在的一般概念，也是作为个性存在的社会现实。社会现实中的个体是处于一定社会关系之网的人，是从事着实践活动的感性的生命个体。

另一方面，全面发展的人是有着丰富内涵的人。首先，全面发展的人的需要是多方面的。人是自然界进化发展的产物，具有与其他自然物相同的自然属性，人的生命肌体、生理需要与其他动物相比并无二致。但是，作为从自然界中进化升华的产物，人还有着丰富的社会性需要，人的社会性需要既包括基本生存，也包括进一步发展的需要；既包括物质方面的需要，也包括精神方面的需要。在前面我们已经论述过马克思关于人的需要的三种类型，即人的生存、人的享受和人的发展需要。马克思指出，"你自己的本质即你的需要的物化"①。人的需要既从深度上体现了从低到高的逐渐发展的特性，也从广度上展现了需要的多样性。从衣食住行上的自然需要，到政治、情感、生态等方面的社会需要，人的需要是多层次、多内涵、多方面的需要的集合体。其次，人的全面发展包括了人与人之间关系的全面发展。人们在生产生活中形成了各种各样的社会关系，人的本质由此表现为人的社会性的全面展开。马克思认为，每个人既为复杂的社会关系的形成做出了贡献，同时也成为了这种社会关系的承受者和体现者，人的社会性决定了人必定在社会中生存与发展，必定是特定社会关系的承载者。由此看来，人的发展既隶属于同时也推动着特定的社会关系的发展。人们在相互交流中互通有无，包括心理、情感、信息等内容，以求不断发展自身。而社会的发展则为人的发展提供了物质上与精神上的、时间上和空间上的条件与可能，从而使社会关系之网越来越紧密，个体和社会相互依存关系也愈发明显。再次，人的全面发展包含着个性的充分发展。无论是作为"类"存在的人的发展，还是对以"群"为存在的社会发展，都需要个体的人的个性全面发展。从一个侧面来说，物质生产水平和不同层面的社会关系都是为了每一个人的自由发展而做准备。个性的发展是指人的本能、感情、德行、理念、精神等的发展，涉及了人的精神道德与个体意识的发展，也涉及了人的主动性、创造性的发展。个体的自由发展是个体从众多的制约性

---

① 马克思：《1844年经济学哲学手稿》，人民出版社2000年版，第180—181页。

的条条框框中解放出来，去追求自身特有的人格、德行、理想、能力等的发展。① 马克思认为，当每一个个体的"自由个性"都获得了解放之后，全人类的自由全面发展才具有了实现的可能性。

（二）制约人的全面发展的主要因素

社会主义现代化建设虽然遭遇过一些曲折，但是人们的物质生活水平在稳步上升，与此相适应的精神文化建设也成绩斐然。但是，我们也要看到其中带来的一些问题，看到这些影响和制约人的全面发展的要素对人的发展的不同影响。

第一，政治方面的限制性因素。虽然社会主义制度下的民主与资本主义制度下的民主相比有了极大程度的提高，人民成为了管理国家和社会事务的主人，但是我们也要重视政治文明发展中的诸多问题，如权力寻租问题、法治建设问题、民主权利完善问题、以权谋私问题等，这些方面存在的问题影响着人的全面发展的顺利进行。其中，特别需要指出的是权力寻租问题。在发展社会主义市场经济过程中，由于某些权力部门掌控着大量可以带来经济效益的资源，从而赋予了这些政治权力以经济的内涵，这使得在社会上逐渐形成了以"权力"为辐射中心的商品化效应。同时，在政治体制改革中一些需要完善的漏洞也需要尽快补齐。如果政治权力从服务于民众的政治角色，逐渐转变为了附带着经济色彩的寻租平台，给钱办事、权钱交易、权色交易的情况屡见不鲜，那么就会给国家的形象抹黑，也不利于社会的稳定发展与人民群众向心力的凝聚。权力寻租问题践踏了社会的公平正义，也伤害了社会主义国家的道德根本，不利于清正廉明的社会风气的形成，容易导致人的发展的畸形。

第二，经济方面的限制性因素。我国仍然是发展中国家，生产力发展水平总体上不高，这对人的全面发展的影响是巨大的。因为高度发达的物质生产水平可以为人的全面发展提供坚实的物质基础，经济基础的力量在任何时候都居于基础性位置。富足的物质生活资料可以为人的肌体发展和才能的发挥提供实现的可能性。虽然我们离全面建成小康社会还有短短的两年时间，但是我国生产力总体水平与劳动效率仍然不容乐观，人们对丰

① 参阅赵靖《马克思人的全面发展理论和大学生全面发展教育研究》，博士学位论文，山西师范大学，2013 年。

富的物质生活与精神生活的追求还无法得到充分满足，人们的多样性需求与现实不能满足人们的需求之间还存在着矛盾。在全面推进社会主义经济体制改革，建设社会主义市场经济的过程中，我们还要直面市场经济带来的负面效应。在市场经济影响下，"适者生存"成为基本法则，受市场竞争法则的影响，人与人之间也带有明显的市场色彩。任何的市场主体都有权利去追求并实现自身经济利益的最大化，这种行为的最直接结果是为社会发展提供坚实的动力与发展空间；但是也具有明显的不足，主要体现在受经济利益的诱导，人的发展也趋向片面化，这是市场经济发展不可避免的负面影响。同时，我们也要关注市场经济体制不完善带来的问题，特别是对于就业问题、生态问题等带来的不利影响。社会主义市场经济的发展面临着工业化发展模式与绿色发展模式之间的矛盾，也面临着消费主义、拜金主义、利己主义、地方保护主义等的影响，这些方面都是与经济社会的可持续发展相背离的社会现象，所以，人的全面发展还受到物质利益或与物质利益相关联的社会现象的阻碍。

第三，文化方面的限制性因素。虽然我国是人口大国，但是我们还不是人力资源强国。我国的教育事业发展之路还很漫长，人们受教育的程度与欧美等国家还有很大差距。文化知识水平是实现人的全面发展的必要条件，但是我国目前的教育总体状况一般，且区域性分配差异较大，尤其是农村、偏远山区的教育力量薄弱现象并没有得到很好的改观，云贵川等偏远山区的教育条件更需要社会的关注和帮助。一些地区连九年义务教育等都难以保证，更不要说接受专业技术教育或者高等教育了。虽然城市的教育质量和条件相对较好，但也只是与我国落后地区相比而言的，而与国外发达国家的教育水平还是无法比拟的。我们从20世纪末就着手教育体制改革，扩大教育规模。但是，单纯的教育规模扩大并没有带来社会整体的快速发展，反而带来了一系列问题，如教育质量、学生就业、师资力量、资金投入等问题，这些方面都是影响到人的全面发展的文化教育问题。

第四，生态环境方面的限制性因素。虽然我国的经济发展迅速，但是确保经济发展的资源能源却快速减少，资源环境问题已经成为遏制我国经济社会发展的重要因素。人们正常生存发展的空间被严重压缩，生产环境和条件也在发生着变化。我国的生态环境在短短几十年时间内出现如此大的变化与我国传统的经济发展模式相关，经济效益与能耗污染相伴而来，我们还没有来得及享受经济发展带来的物质成果，却要承担由此带来的生态危机。当前，影响我国的生态问题不胜枚举，如工业"三废"污染、森林砍伐、土壤沙化、耕地污染、雪山融化、稀土锐减、粮食蔬菜污染、水源大气污染，等等，这些生态问题对人的生存发展的影响是直接的也是深远的。人是自然界的产物，自然是人的无机身体，自然环境的破坏与人的无机身体的破坏是一致的，最后也必然影响到人自身肌体的正常发展，包括子孙后代的繁衍。所以，生态问题已经成为影响人的全面发展的焦点问题，迫切需要解决。人只有生存于良好的生态环境中，才可能有健康的身体、愉悦的精神，也才可能创造持续的经济发展与稳定的社会大环境。

（三）实现人的全面发展的条件

在唯物史观视域中，人的全面发展的水平是衡量人的价值的重要标准，也是社会主义国家区别于资本主义国家的重要标准。对于如何才能促进人的全面发展，我们仍将从政治条件、经济水平、文化教育与生态环境四个方面展开论述。

第一，生产力水平的不断提高是实现人的全面发展的根本条件。生产力理论在历史唯物主义理论中居于重要地位，生产力被看作是推动人类社会发展的基础性力量。马克思认为，"人们为了能够'创造历史'，必须能够生活。但是为了生活，首先就需要吃喝住穿以及其他一些东西。因此第一个历史活动就是生产满足这些需要的资料，即生产物质生活本身"①。那么，生产活动就演变成人类社会的第一位的历史性活动，因为人类必须在维持身体正常机能之后，才能够从事其他类型的活动，所以生产力的状态和水平成为确保人的全面发展的基础性条件。如果连最基本的物质生活也无法保障的话，人类维持生存的某些机能甚至还不如动物。"当人们还不能使自己的吃喝住穿在质和量方面得到充分保证的时候，人们就根本不能获得解放。"② 因此，唯物史观视野中的生产力被看作是人类社会发展中的最具革命性的因素，是决定社会发展乃至人的发展的最终力量。如果生产力落后，民众的基本生活都无法保障，物质文明也自然处在低端水平；如果生产力落后，也会影响到社会新生事物的出现和成长，人们的思想观

---

① 《马克思恩格斯选集》（第 1 卷），人民出版社 2012 年版，第 158 页。

② 同上书，第 154 页。

念、交往方式等都将受到影响；并且生产力的落后还会影响到劳动者个体的可自由支配的时间的长短。从一定程度来说，人的全面发展水平与他的可支配的自由时间相联系。经济越发展，个体维持基本生存耗费的时间就越少，就有越多的空余时间、空间支配。我国是发展中国家，还应该积极发展我国的经济，提升人民群众的生活水平和质量，为人的全面发展奠定坚实基础。

第二，体制机制的不断完善是实现人的全面发展的重要保障。要促进人的全面发展就需要大量的物质财富，但处于一定社会关系的经济发展又需要体制机制的保障。一个国家体制机制的完善对于社会关系的规范、民众权利和义务的分配、人民群众的实践活动的协调维护具有积极作用。我国的体制机制建设涉及政治、经济、文化、社会、生态等几大领域，相对于其他几个方面的体制建设而言，生态文明建设体制机制还需要进一步完善。虽然经济发展水平从根本上决定着人的全面发展，但是体制机制在人们的生产生活中直接影响到人的发展。人的社会性是人之所以为人的特性，处于一定社会关系中的人也必然为这个社会的体制机制所约束，而社会的体制机制又为人的全面发展提供了制度保障。在阶级仍然存在、社会分工仍然起重大影响的范围内，先进的社会制度可以为人的全面发展保驾护航。

第三，教育水平的提高是实现人的全面发展的重要方式。要想不断推进人的全面发展，提高教育水平是必要条件。马克思认为，私有制下的旧式分工造成了人们的片面发展，而教育可以作为消除人的这种畸形发展的有效途径为促进人的全面发展而服务。从人类社会历史进程中我们发现，教育水平的提高有利于提升人们的认识、知识、技能，有利于传道授业解惑，也有利于养成人们的创新精神，提升人们的德行与文化素养。总的来说，教育水平是文明进步和社会发展的前进动力，它提升了人们关于世界的认知，有利于人的全面发展的不断完善。社会的教育方式和手段能够唤起人们思想深处的无限潜能，激起人们的求知欲，培养人们的创新精神和实践能力，激励人们学习成长的自主性。在现阶段，我们在推进文化建设方面的一个重要战略就是要大力发展教育事业与产业，提升社会成员的综合文化素质，推进人的德、智、体、美等各方面的发展，以此来实现人的全面进步。在全面建成小康社会过程中，我们要确保国家在经济发展、民主政治、思想文化、生态保护等方面的协调，以为人的全面发展提供优秀的社会大环境、充足的物质财富、健康向上的文化生活等。

第四，优美的自然环境是人的全面发展的物质前提。人要推进自身的全面发展首先应该具备一个关键条件，即形成人和自然之间的和谐状态，坚持与自然的共生共荣，这也是社会健康发展的重要保障。良好的生态环境有利于人与社会关系的和谐、健康、稳固发展，这体现了生态平衡在其中的重要作用。在社会主义事业发展中，我们要重点克服人和自然的矛盾问题，坚持可持续发展战略，为人们的生存和发展创造健康、安稳的生活环境。当然，为了人们"全面发展"的实现，社会有必要为人们提供优良的生态环境。虽然人类的科学技术在不断发展，但是自然界作为人类唯一家园的事实却无法改变，要保护家园的美好就要爱护生态环境、合理开发资源，既保证人们的发展需求，又不破坏人们的生存环境。在优美的生态环境中，人们可以愉快地工作生活，也可以愉悦身心，培养积极向上的价值理念和健康的生活方式，最终推动着人类自身的向前发展。

第三节　唯物史观中绿色与民生的融合

从唯物史观视域出发，将绿色发展与民生发展紧密结合，符合辩证唯物主义看待世界的基本理念和处理问题的基本方法，是对唯物史观内容的时代阐述，体现了唯物史观的本质属性与科学内涵。当前，推进绿色发展、完善民生福祉是社会主义社会的必然要求，也是社会主义本身应有之义，我们应该厘清两者之间的关系，并尽可能实现绿色与民生之间的恰当融合。考察唯物史观视域中的绿色和民生，需要分析绿色与民生相融合的坚实的生产力基础、稳固的制度基础、强大的人民基础，以及未来美好的绿色构想，为推进绿色发展体系的构建、实现社会主义现代化建设和中华民族的伟大复兴服务。

一　绿色发展的生产力基础

生产力是标识人与自然相互关系的尺度，表明人类在实践活动中与自然界的作用与反作用，人的主观力量在多大程度上改变着自然界，自然界又在多大程度上反馈给人类社会。一个国家的生产力发展水平直接决定着这个国家的物质基础，也影响到人民群众的生产生活水平。但是推进绿色发展并不是一朝一夕的事情，可能需要很长的时间。绿色发展离不开各方面的支持和保障，其中由生产力发展带来的物质财富是建设绿色发展大厦的坚实基础。因此，我们要对绿色发展的生产力基础进行全面而深刻的认识，这也是新时期中国特色社会主义发展的必然选择。

（一）社会主义社会生产力发展的时代内涵

社会主义社会生产力发展的主要内容，除了传统的工业社会中生产力的基本内涵之外，即除了为经济发展提供必要的物质条件外，还包括推进生产力发展的必要手段和方法。当前，大力推进我国生产力发展，既要保持经济科技发展的正常水平，还要积极应对我们面临的生态问题，克服资源能源对于经济社会发展的不利影响。生产力发展中的绿色内涵为生产力的快速发展注入了新的活力，也为解决与生态、经济等相联系的民生问题提供了可能性。

一方面，解放和发展社会主义生产力是历史唯物主义的基本要求。纵观社会历史发展的长河，我们不难发现在生产力与生产关系、经济基础与上层建筑之间经常出现作用与反作用的现象。当现实的生产关系适应生产力的发展水平、上层决策适应经济现状时，才会不断推进生产力的向前发展，即在国家制定发展规划时要符合国家的基本现实条件，才可能推动生产力的解放，不被其他条件束缚并获得发展。而当生产力发展到一定阶段之后，生产关系中的某些方面的滞后性则容易成为生产力发展的障碍，这时必须要通过改革的办法来调整生产关系，以克服不利于生产力发展的因素，促进生产力的发展。同时执政党的理论与实践是否吻合或正确，最终的判断标准也要看其是否有利于生产力的发展。推进绿色发展是执政的中国共产党从历史唯物主义和辩证唯物主义的基本理论出发，根据我国的实际情况，对阻碍生产力发展的生产关系方面进行改革，对约束经济社会发展的客观生态条件进行治理，坚持经济社会发展的可持续和绿色，以促进人和自然矛盾的解决，走既生态又文明的发展道路。

另一方面，不断解放和发展社会主义社会生产力，也是社会主义的本质要求和应有之义。邓小平认为，所谓的社会主义社会必须要体现出相对于资本主义的优势，无论是在物质生产，还是在其他方面的生产上。作为一种更加优秀的社会制度，其最终的生产力发展水平一定要也一定会高于以往的社会形态。故而，社会主义要"解放生产力，发展生产力，消灭剥削，消除两极分化，最终达到共同富裕"。① 而这其中当然包含着解放与发展生产力的自然物质条件，也包括人们对共同富裕内涵的丰富即富裕不单单是物质的富裕、精神的富裕，也要有生态的富裕。生态问题是当今全球性的问题，资本主义国家也同样面临着这一难题。在解决生态问题上，资本主义国家和社会主义国家之间具有明显的区别，主要在于出发点的不同，追求的目标也不同。社会主义国家在促进生产力发展的过程中努力解决生态问题，其最终目的是要实现共同富裕。而资本主义国家解决生态问题则是为了追求更好更多的利润。尽管两种类型的国家在处理生态问题时，可能会技术相同、手段相同，但是目标却相异。按照马克思主义关于社会形态的理论观点，不同的社会形态之间不仅在生产关系和上层建筑方面直接相区别，还从根本上与生产力水平相区别。所以我们应充分利用制度的优越性，走绿色发展道路，坚持绿色化的生产方式，不断提高百姓的生活质量。

（二）社会主义社会生产力发展的紧迫性

马克思指出，表征着人类认识与改造自然能力的生产力水平是衡量社会进步与否的根本标准，生产关系是人们在生产活动中形成的关系，生产关系的发展受制于生产力的水平；但是，生产关系对于生产力、上层建筑对于经济基础又具有反作用，上述两组关系的辩证发展是推动人类历史进程的基本矛盾。大力推进社会主义社会的生产力，不仅是现在经济发展的需要，也是未来发展的一项重要任务，具有现实迫切性与长远战略性。但是，生态危机的到来使得生产力赖以存在发展的物质基础发生了变化，劳动者也因为受到生态污染的影响而降低了自身的劳动能力。我国提出大力发展绿色经济，建设社会主义生态文明，目的就是要解决我们面临的经济发展和生态保护的难题，调整那些影响到生产资料质量、危害劳动者身体健康的环节和方面，让生产关系各层次与生产力发展要求之间不断地调整和适应，进而去除那些阻碍生产力发展的条条框框，推进生产力的发展，也使社会主义市场经济变得更具生机与活力。也可以说，调整生产关系中影响生产力发展的生态环境因素，有利于生产力的发展；而生产力的发展又决定着生态文明建设的程度和水平。

---

① 《邓小平文选》（第 3 卷），人民出版社 1993 年版，第 373 页。

目前，我们建设中国特色社会主义伟大事业的任务艰巨，而现实条件又变得更加苛刻。如果不能及时并妥善处理好经济发展与生态环境之间的失衡关系，我们还将为经济发展付出更大的生态代价，生态问题已经成为经济社会发展中的最明显的短板，这一短板有可能还会继续下去。资本主义发达国家也曾为经济发展付出过高成本的环境代价，这一点应该引起我们的重视。但是在经济发展过程中我们已经对生态环境造成了严重伤害，生态问题成为了制约经济发展和影响人们生活的大问题，生态治理刻不容缓，绿色发展已经成为全球共识。绿色发展要求人与自然的和谐相处，在人地和谐的关系中受惠最大的是人类这一历史发展的主体。而经济水平的提高也使得人们有条件也有能力追求更加高质量的生活，发展社会主义社会的生产力，推进绿色发展，可以持续为社会主义社会创造出更多的物质财富，也可以为人民群众的生活营造良好的、宜居的自然环境。要坚持正确的发展方向，构建绿色化发展道路，坚持绿色生产和生活方式，实现共同富裕，不断达成人民共同期望的美好社会，实现绿色发展与民生完善的完美融合。

（三）社会主义社会生产力发展的重要意义

社会主义社会生产力的发展与完善，对于解决我国经济社会发展过程中遭遇的现实问题具有重要意义。当前人民日益增长的美好生活需要与不平衡不充分发展导致的不能满足这种需要之间出现了矛盾，特别是随着人民群众物质生活水平的提高，高质量的生态需求不能得到满足的情况更是矛盾的集中体现。努力克服我们现阶段的主要矛盾，对于把社会主义伟大事业不断推向前进有着重要的理论和实践价值。

首先，不断提高社会主义社会的生产力水平是历史唯物主义始终坚持的指导思想，也是我们改革开放与建设实践的经验。一百多年前，马克思恩格斯在《共产党宣言》中表达了无产阶级发展生产力的历史任务的思想，认为无产阶级夺取政权后，要把发展生产力看作无产阶级的重要任务，不断增加生产力总量。列宁更加重视生产力的重要性，认为当无产阶级上升为统治阶级之后，"它的最主要最根本的需要就是增加产品数量，大大提高社会生产力"①。新中国建立之前的一段时间，毛泽东多次论及了

---

① 《列宁选集》（第 42 卷），人民出版社 2017 年版，第 380 页。

生产力发展对我国经济恢复的积极意义，指出党的中心工作就是要利用一切可能的力量恢复并发展生产力，并认为这是一切任务中的关键。之后，邓小平又指出："我们一定要根据现在的有利条件加速发展生产力，使人民的物质生活好一些，使人民的文化生活、精神面貌好一些。"① 在我国改革开放以来，各届政府都在为社会主义社会生产力的发展而不懈探索，并取得了可喜成就；在推进社会主义生产力进步的同时，实现社会主义各方面事业的繁荣发展，以促进国家的全面发展，为社会主义事业跨入新时代奠定坚实的物质基础。其次，不断推进社会主义社会生产力的发展，有助于克服当前面临的主要问题，解决主要矛盾。我们已经进入了社会主义建设的新时代，社会的主要矛盾有了重大改变，人民日益增长的对美好生活的需要与不平衡不充分的发展之间的矛盾成为当前的主要矛盾。主要矛盾的发展变化决定了我们必须要大力发展生产力，要与绿色发展同时并举，提升人民生活质量，改善人民生活。再次，不断推进社会主义社会生产力的发展，是中华民族复兴的需要，也是最终战胜资本主义的必然要求。社会主义之所以优越于资本主义，除了制度属性使然之外，还在于社会主义可以创造更多的生产力，提高劳动生产率，使经济建设的速度更快、效率更好、水平更高，使社会主义社会的"潜在"优势转变为现实优势，不断壮大我们的经济实力和综合国力，为现代化建设奠定物质基础，使社会主义生产力的优点得以展示和发挥，提升制度的吸引力，坚定对未来发展的信心。从而消灭社会差别，促进人类自由全面的发展，努力建成物质文明、社会文明、生态文明等方面都高度发达的社会，实现共产主义的最高理想。而绿色发展是实现这一宏伟目标的关键一步，在未来更加和谐的社会状态中，人民生活更加富裕，社会文明、生态文明、精神文明更加发达，可以追求更加全面和自由的生活，有更高的精神境界，更加有利于民生发展和人民幸福指数的提升，实现人民生活的绿色化。

二　绿色发展的公有制基础

在探求绿色和民生的关系的过程中，社会主义制度属性决定着民生的本质，在所有制的性质与民生的发展、表现及其规律之间具有高度的一致

---

① 《邓小平文选》（第 2 卷），人民出版社 1994 年版，第 128 页。

性。资本及其生产关系带来的异化、分化等现象使得资本主义社会中的民生与经济之间相分离，而社会主义制度下的民生与经济之间则以共享和普惠的特点展现在人们面前。与发达国家相比，我们在确保民生的经济实力方面还有差距，水平也较低，但这不是制度本身的问题，而是经济发展过程中的实际操作问题。绿色发展理念的提出，就是为了解决经济发展过程中经济与生态之间的矛盾，是促进社会主义公有制更好更快发展的有力手段。我们有必要深化民生导向下的公有制改革，推进绿色发展与民生改善的相互融合。

（一）公有制保障生产力健康发展

公有制是社会主义经济制度的基础，也是促进生产力不断发展的最具优势的制度属性，是显现社会主义国家的创新性和生命力的最显著因素。习近平多次强调，要始终坚持公有制经济在我国社会主义经济体系中的地位不变，逐渐扩大公有制经济的比重，并把这一点看作确保人民群众可以共享发展成果、解决民生问题的制度保障。在社会主义发展过程中，公有制的主体地位不能动摇，这是涉及基本立场和发展前途的大问题，必须要保持清醒的头脑。

社会主义公有制与社会化大生产相协调，有利于巩固中国特色社会主义制度，调整生产关系中不适应生产力发展的内容，推进社会主义生产力的快速发展，特别是当前我们为缓和生态与经济矛盾而提出的绿色发展就是具体表现之一，为解决民生难题提供了强有力的制度基础。社会主义公有制的出现是历史和人民的抉择，巩固、发展、壮大公有制力量是现实和人民的选择，是民生保障和改善的现实需要。邓小平认为："如果不搞社会主义，而走资本主义道路，中国的混乱状态就不能结束，贫困落后的状态就不能改变。"① 公有制的主体地位不但不能减弱，还应该进一步强化，以提升社会主义生产力水平，尤其是在社会主义事业"五位一体"总体布局之下，要把生态文明建设与其他各方面建设统一起来，加快完善绿色发展体系，推动社会的全面发展。

民生事业的发展受到一定阶段的生产关系及其社会关系的影响，所有制的性质在其中起着根本性作用。我国是坚持公有制为主体的国家，应该

---

① 《邓小平文选》（第3卷），人民出版社1993年版，第63页。

根据经济社会发展的现实需求及时调整与生产力不相适应的方面，以推动民生福祉发展。民生不是纯粹的抽象存在，而是活生生的社会现实，有着具体的目标指向和物质载体。一般意义上的民生问题是人民群众对维持自身的生存发展资料的占有程度、分配比例以及如何使用等问题的概述，具体表现为现实生活中的民生产品的消费及其幸福指数。民生是百姓对吃、穿、住、用、行等方面需求满足的程度和质量的评价，也是对满足百姓需求的产品的综合代称。因此，要克服民生问题，就要实现物质产品的丰富发展，提高产品的质量和效益。而在资本主导下的社会形态中，私有制性质决定并影响着社会产品的分配及其消费，社会各种矛盾和冲突不断。不仅在处理民生问题上捉襟见肘，还不断恶化着民生问题、社会问题和环境问题。一方面，资本的逐利性使得生产规模越来越大，由此带来的产品分配和利润问题越来越多，民生问题从潜在走向显在，从一点扩展到全面，成为非常棘手但又必须要解决的重要问题。另一方面，私有制与劳动属性的冲突使得劳动者不再是纯粹的劳动者，产品也不再是纯粹的产品，民生与资本相异化的现象普遍存在，即便是在发达国家中也仍然大量存在着产品极其丰富，但民众依然贫困的异化悖论现象。

（二）公有制确保社会的公平正义

在社会主义国家中，坚持公有制主体地位不动摇与人民当家作主是一致的。社会公平正义与人民主人翁地位的一致性，有利于巩固生产力发展的制度基础，也有利于扩大生产力发展的阶级基础。作为社会主义国家的主人，人民群众可以充分发挥其积极性、主动性，并创造出比私有制社会更高的效率，为绿色发展提供有利条件。虽然私有制可以增强人们对资产的关切度，因而也有利于提高效率。但受资本剥削下的工人要么不占有生产资料而无从关切，要么仅持有小额股票而不足以影响企业的性质与决策，遇到经营状况不佳时还会成为牺牲品而抛出股票，因此也不可能对资产有太大的关切度。少数资产拥有者虽然会自我关切，但却往往是以多数人丧失生产资料作为前提或者代价。这就使工人阶级的积极性受到压制和束缚，甚至完全失去了发挥积极性的物质条件。公有制可以从根本上消除这种不合理状况，使劳动者成为自己的生产的主人，不仅拥有平等的劳动、休息和接受教育等权利，还可以通过各种途径参与国家、集体事务的管理，这就为劳动者的积极性和主动性提供了广泛的发挥空间。一般情况下，人的劳动积极性直接取决于他的劳动状况及其切身利益关系的紧密程度，而发展社会主义生产力，增强公有制经济的控制力，实行按劳分配产品的原则等，有利于调动人民的积极性。

同时，随着国家绿色发展体系的建设与人们自身素质的不断提升，劳动者主人翁意识在不断增强，人们主动参与社会管理的意识也在觉醒，这为共同治理国家，为国家创造辉煌成就奠定了强大的群众基础。在公有制占主体地位的社会中，人们拥有平等劳动和享有劳动成果的权利，人民群众的根本利益虽然有差别但是总体上是一致的，这就确保了社会主义国家民生的性质及其发展走向，并且这一特点始终贯穿在民生事业和绿色发展的过程中。民生问题是事关社会全体成员的大事情，不是少数人的专利，因此社会大多数人的福祉才是民生问题的最终旨归。绿色发展是惠及全体劳动人民的事业，是人民最普惠的民生福祉，民生发展与绿色发展密不可分。

除此之外，社会主义公有制使生产目的、分配方式与人的需要相统一，为人民群众的共同富裕提供了实现的可能性。人们进行不同层次、不同方面的实践活动，以维持自身和家庭的基本生存与进一步发展。按照马克思主义基本理论来分析，社会生产、分配与人们的需要之间应该相一致，但是在生产与分配行为发生之前，人与生产资料的所有制关系才是当然前提。但是在资本主义社会中，劳动者与生产资料之间是分离和对立的，劳动者只拥有可以出卖的劳动力。这样一来，在生产、分配与主体之间，在目的、方式和需要之间就出现了异化问题。无论是资本本性使然，还是资本家的人为因素，生产行为的发生与利润的占有是直接挂钩的。为了能够顺利实现资本的增值，资本家们也会遵从市场规律和基本要求，甚至为消费者提供周到而详细的服务，但是这并不能说明资本的目的在于民生，只不过是为满足自身利益而采取的一种对被剥削者的安抚。所以，社会主义公有制的建立及其优势的发挥，是实现社会产品公平、社会利益平等的坚实基础，有利于促进社会各方协调共进，实现社会成果的共享。我们要坚持正确的发展方向，使民生在更加光明的道路上前进，这是最终实现共产主义的正确选择。

（三）公有制彰显强大现实生命力

在面对复杂多变的国内外局势以及生态危机威胁下，社会主义公有制随着时代变化而不断丰富和创新，更是展现出强大的生命力。作为一种极具优势的社会制度，公有制不可能丧失其存在的必然性，因为它和人民的根本利益是联系在一起的，具有其他所有制无法比拟的力量，这是马克思主义理论的革命性、创新性和与时俱进的现实体现，也彰显着人民的制度自信。公有制是人类社会发展的必然，也是人民群众所向往和孜孜以求的目标。而在私有制社会中，人们之间的利益是对抗性的，社会充满着敌对和竞争，不可能建设和谐的大同社会。只有建立在公有制之上的社会才能为人与自然的真正和谐提供可能的实现条件。还有，我国人民对公有制有着深厚的感情，对公有制的重要性也有着充分认识。只有始终坚持公有制的主体地位不动摇，才能把社会主义推向理想的彼岸，并发挥好社会主义的优越性。同时公有制的影响巨大，特别是对经历过国际性金融危机的社会主义国家的人们而言更是有着强大的感召力，是未来时代发展中社会主义能够战胜资本主义的力量所在。

在世界性生态危机的威胁下，我国为了解决生态环境对经济社会发展的制约，及时提出了发展绿色经济、建设生态文明社会的目标，并从人民群众最迫切需要解决的问题入手，为人民的生存发展着想，在解决生态问题与经济问题的过程中，把我国的民生事业不断推向前进。社会主义公有制的发展，为我国小康社会建设提供了重要的制度支撑，有利于坚定我们的制度自信，并形成民族自信；有利于发展中国特色的社会主义道路和制度，形成中国特色的理论体系；也有利于将绿色发展与民生发展更好地落实到新时代现代化建设的每一个步骤中。

三　绿色发展的人民基础

人民观点是马克思主义理论中具有明显阶级属性和社会属性的理论观点，马克思把人民群众置于历史发展的主体地位，认为人民不但是物质财富和精神财富的创造者，也是推动人类历史发展的决定性力量，是人的全面发展的价值所在。我们在革命、建设、改革过程中始终坚持人民的主体性并取得了一次次的胜利；在生态文明建设中也要坚持人民的主体性，充分发挥其主人翁意识，激发他们参与到社会主义建设的各项工作中，共同推动社会主义事业的发展。在推动绿色发展和民生建设过程中，人民群众发挥着举足轻重的作用。

（一）推动历史的发展进程

人民群众的实践活动推动着历史发展的进程。正如马克思恩格斯指出，"历史活动是群众的活动，随着历史活动的深入，必将是群众队伍的扩大"①。人民群众在实践活动中创造出这个社会发展所需要的物质、精神的物料，促使社会形态的发展不断实现由低级到高级的更替。社会主义现代化建设事业的发展需要人民群众的积极参与，其中绿色发展和民生建设是现代化建设的主要内容，也是与人们生活息息相关的事业，这一事业的发展离不开人民的支持，无论任何事业或建设，如果缺失了人民主体的力量都不可能达到理想状态。同时，国家各项方针政策也必须经由广大人民群众来制定，并通过人民群众的参与才能够顺利实施；离开了人民，社会主义建设事业就会成为无源之水和无本之木。坚持唯物史观指导下的绿色和民生的融合是当前现代化建设的一项重要任务，也是解决我国现有生态环境问题的关键举措，是推动社会主义事业走向巅峰的必然选择。

在唯物史观视域中，人民群众的社会历史作用从来不容忽视，他们的实践活动才是各种财富的源泉。人民群众可以通过对国家的发展状况、对社会进步的情况进行深入了解并形成自己的判断，通过自身的实践活动来助推国家的各项建设事业，因此社会历史的发展进程与人民群众的实践活动进程是统一的，人民群众是创造历史的力量。推进绿色发展、建设社会主义生态文明离不开人民群众的参与和支持，否则社会主义生态文明建设将失去前进的动力，也失去了奋斗的目标。加强绿色发展有利于解决现存的民生问题，完善民生事业，最终实现人民利益的最大化。

（二）共享国家的发展成果

人民既然是国家的主人，当然有资格成为发展成果的共享者，这也是社会主义的本质要求和应有之义。全面小康社会不只是部分人的小康，也不可能是某一方面发展的小康，而是人民共享发展成果、全面发展进步的小康。全面小康也不仅仅是经济发展的小康，也是社会建设、思想文化、生态文明的小康；是否拥有良好的生态环境是衡量人民生活质量高低，也是衡量小康社会建成与否的重要标尺。但目前我国的现实情况是，环境污染和资源短缺成了实现全面小康社会的明显短板，制约着小康社会的健康

---

① 《马克思恩格斯文集》（第 1 卷），人民出版社 2009 年版，第 287 页。

发展。而绿色发展的提出也是为了解决小康社会建设中出现的环境保护与经济发展之间的突出矛盾，是推进民生发展、解决民生问题的主要途径。

习近平指出："良好生态环境是最公平的公共产品，是最普惠的民生福祉。"① 民生问题是与人民群众联系最紧密、最直接、最现实的利益问题，生态环境问题已经与人们的吃、穿、住、用、行紧密联系在一起，自然成为了人们普遍关注的焦点。所以要解决好生态环境问题，就要在国家发展规划中既考虑当前利益，也要为后代子孙谋取更多的可持续发展条件，以实现国家的长治久安。绿色发展为我们保持可持续发展，为当代人和子孙后代谋取福祉提供了一个较好的发展模式，这也成为解决当前所遭遇的生态危机的重要措施。我国向来是一个注重人民利益的国度，按照自己的发展方式为人民的美好生活去努力探索，创造更多的发展成果，发展成果由人民来共享，并实现利益的最大化和公平化。

（三）国家建设的主体力量

在推进绿色发展中，人民群众作为创造历史发展的主体作用也体现在为经济发展提供一大批创新型人才方面，以此来推动现代化建设的步伐。马克思认为，"环境的改变和人的活动的一致，只能被看做是并合理地理解为变革的实践"②。人们通过实践活动改造着自然界，而自然界的变化也引起了人本身的变化，在这一过程中自然的改变和人的改变都以实践活动作为基础。人自身的发展也随着社会实践而不断展开，又从实践中总结出一套理论来丰富自己，提升自己的价值观，形成对客观事物的新的认识。人们通过努力尽可能从多个方面提升自身，也为国家的全方位建设出谋划策，为国家发展贡献一份力量。

人民群众是实现人和自然的和睦相处、构建和谐社会的主体力量。能否把民众生存发展、把民众的利益置于重要位置，能否从人民立场出发，是评价社会结构是否合理、发展目的是否正确的评价尺度，影响到经济的发展和社会的稳定。人民群众生活安宁，社会才可能和谐发展。因此，国家发展政策和规划方针的制定要充分体现人民的利益，反映人民的意愿，

① 中共中央文献研究室：《十八大以来重要文献选编》（上），中央文献出版社 2014 年版，第 629 页。

② 《马克思恩格斯选集》（第 1 卷），人民出版社 2012 年版，第 138 页。

兼顾不同群体的要求，带领人民奔向共同富裕之路。人民是历史的主人，也只有人民才是推进绿色发展、建设社会主义生态文明的主体力量，人民群众的实践活动成为确保社会主义事业顺利发展的基础。实现人与自然的和谐共生需要坚持绿色发展道路，加快建设生态文明社会，推动全民共同参与到绿色发展的行列中，共同为解决国家发展和环境相统一问题而不懈奋斗，建立一个和谐而美好的社会。

为了有效解决生态环境与经济社会发展的矛盾，我们提出绿色发展基本战略，可以说是生态文明建设在当前的具体实施，也是近年来我国关注生态问题并努力解决生态问题的积极回答。生态环境问题不仅严重制约着国家发展，也影响着人们的基本生存，给人们的健康甚至生命安全带来了严重威胁，所以这是事关民生发展的大问题，是急需解决的问题。生态问题的解决不仅仅需要国家的主导和支持，也需要广大人民群众的积极参与，人民才是解决生态问题、推动绿色发展的主力军。群众路线是我们党的工作路线，也是我们一贯坚持的执政理念，因为人民是国家生活的重心，人民的满意度是衡量国家工作的标准，所以国家各项工作的开展要以人民意愿为基准。这就一方面反映出中国共产党和人民的鱼水之情，另一方面也是作为执政党的奋斗目标所在，即要依靠群众，也要为了群众。绿色发展作为一种最普惠的福祉，事关人民的切身利益，推进绿色发展，我们要充分发挥人民群众的主体力量，任何时候都不能改变这一思想。

四　未来社会的绿色构想

面对生态危机的威胁，绿色发展逐渐成为世界各国都孜孜以求的发展方向，但是真正达到经济社会发展的持续与绿色还需要一个很长的历史时期，我们有必要对未来社会进行绿色建构，设想其光明的发展前景和可能会达到的理想状态。走进新时代，我国社会主义建设更要为了实现马克思所设想的人与自然之间和解的共产主义社会而努力，不断推进全面小康社会建设，坚持贯彻五大发展理念，始终朝着绿色发展的方向前进，开拓我们更加光明的未来。

（一）绿色发展的美好未来

党的十八届五中全会提出了创新、协调、绿色、共享、开放五大发展理念，这是我们对人类社会发展规律的归纳和提升，也是社会主义现代化建设的科学指南。绿色是人类社会发展到今天的时代色彩，是在经历了黄色发展和黑色发展之后出现的与自然界最贴近的色彩，也是中华民族伟大复兴的中国梦的色彩。因此，绿色标识的是人类文明发展的新阶段，是实现我国近期发展目标和长远发展目标的一个必然过程，未来社会中的绿色构想就是对这种短期目标和长期目标的合理规划。我国正处于经济社会发展的关键阶段，全面建成小康社会是我们近期就要实现的目标，而绿色发展在全面小康建设中起到引领经济社会进一步发展的关键作用。也可以说，绿色能不能实现是小康社会能否预期实现的关键一环。在生态文明建设的重要性上，我们从社会主义建设总布局之一逐渐上升到五大发展理念之一，从理论到实际，又从实际到理论，理论与实际的紧密结合，标志着在绿色发展问题上我们又前进了一大步。习近平在不同的场合针对不同的问题，都阐述过关于人与自然的基本思想，关于如何保护生态环境和如何治理环境污染等一系列问题，使得我们关于生态文明建设的认识不断深化。从人民的基本立场出发，紧紧抓住当前的主要问题，解决威胁人民民生发展的生态危机，我们有理由相信未来的社会一定是经济发达、社会和谐、生态宜居的社会。当前我们面临着经济发展的新常态，发展模式的整体转型升级等问题，绿色理应成为新常态与转型升级的应有颜色。我们要用绿色来引领经济的转型升级，要把绿色放到建设小康社会的战略布局中、放到中国特色社会主义事业的布局中、放到中华民族伟大复兴的中国梦的布局中，甚至放到世界格局中、人类文明的格局中，充分认识生态文明作为一种具有生命力的新型文明的重要意义。

社会主义发展已经进入了新时代，未来社会发展一片光明前景，绿色化社会的美好未来也可以预期。在政治上可以将国家和人民的思想完美统一和融合，统筹规划国家的政治建设，政府领导人民共同处理国家各项事务，充分体现人们在政治上的主体性。在经济上坚持可持续发展模式，发展绿色经济、低碳经济，建设绿色健康的社会主义社会。在文化上要普及绿色发展理念，宣传绿色文化知识，树立绿色价值观，共同推进绿色发展。在社会发展与构建中要建立一个人和人、人和社会、人和自然和谐相处的社会。在生态方面要将绿色发展贯彻到底，坚持走绿色发展道路。总而言之，在未来社会中，绿色构想是综合国家发展现状与未来社会发展的畅想，是对国家全方位建设的一种理想规划。当前，我们需要把握的是，将理论付诸实践，不断推进绿色发展和民生完善，为社会主义生态文明建设打下坚实基础。

（二）共产主义的最终目标

共产主义是社会发展的高级阶段，是未来社会的理想状态。对未来社会的绿色构想就是实现人、社会、自然之间和谐共处的共产主义社会，因为"社会是人同自然界的完成了的本质的统一，是自然界的真正复活，是人的实现了的自然主义和自然界的实现了的人本主义"①。马克思穷尽毕生精力创作科学社会主义理论，指导国际工人运动，从对资本的深刻批判和许多天才理论家那里继承、发展并革新了共产主义的思想内涵。总体而言，马克思眼中的共产主义涉及政治、经济、文化三个方面的主要内容。一是生产力高度发展给共产主义发展奠定坚实的物质基础。共产主义是让"集体财富的一切源泉都充分涌流"②的社会。在当今这个经济高度发展的时代，经济要想健康持续下去，离不开绿色化这一因素。因此，我们要坚持绿色的生产方式，走低碳道路，发展循环经济，生产健康安全的绿色食品，让人们都能够进行绿色消费，以推动国家绿色经济的发展。二是在政治上要强制性消灭分工与私有制，使未来社会的政治面貌发生彻底改变。那时一直主导社会发展的政治斗争消失了，作为阶级统治的暴力机器伴随着阶级也一起消失了，清明政治和廉洁政府真正得到实现。人人都具有平等的机会和权利，可以自由参与到国家各项事务中去。国家的发展规划和最终目的始终以人民的利益为本，代表着人们的意志，真正为人民而服务。三是在思想上，伴随着未来理想社会中经济政治的巨大变化，人的思想观念也会出现实质性的改变，主要体现在劳动在人们生存发展中的作用上。虽然未来理想社会仍然只是一种理想，但是其中包含的看待这个世界的基本观点和方法却是值得我们借鉴使用的，特别是共产主义理论中关于人与自然关系和解的思想，对于当前社会主义生态文明建设仍然具有一定的指导价值。要确保我国绿色发展和民生事业的顺利开展，首先就要进行意识形态领域的变革，革新人们的思想认识，掌握更多的绿色发展基本常识，树立正确的绿色价值观。特别是要积极关注民生问题，将绿色发展与民生完善结合起来，实现两者的相互依存与相互作用，共同推进社会主义社会的发展。在未来的理想社会中，绿色元素应该成为社会

---

① 《马克思恩格斯全集》（第 3 卷），人民出版社 2002 年版，第 300 页。
② 《马克思恩格斯选集》（第 3 卷），人民出版社 2012 年版，第 365 页。

发展的重要元素，是与政治、经济、文化等方面共同支撑理想社会形态的基本元素。

　　综上所述，绿色发展反映着马克思主义唯物史观的基本内涵，也反映着现实对经济、社会与生态的基本要求。在推进绿色发展过程中，我们要全面贯彻落实马克思主义思想的指导地位，走中国特色的发展道路，在不断创造丰富的物质产品的同时，也要保护好人们赖以生存发展的生态环境，实现物质财富、社会财富、生态财富都丰富的社会状态，满足国家发展的各项需求，带领人民走向更加富强的社会主义社会。

第二章　资本导向视野下绿色发展的世界进程及其批判

　　随着封建社会的肢解，资本主义逐渐走上历史的舞台，并以日新月异的速度提升了社会生产力，变革了社会生产关系，成为了世界政治领域、经济领域和意识形态领域的主导者。在资本主义发展过程中，掠夺式、粗放式的野蛮发展模式使资本主义国家在短时间内就积累了大量物质财富，但同时积累了大量的生态难题。从 19 世纪后半叶开始，一部分西方有识之士就已经认识到了这一问题的严重性，并不断发出声音要求还世界以"绿色"的本来面目，他们的理论观念也获得了越来越多的人的响应，甚至在有的国家还逐渐发展为生态运动，包括组建政党参与到国家事务的管理中等，这些现象的出现对社会的进步和发展起了重要的推动作用。但在以私有制为主导的资本主义框架中，绿色发展也只能是徒有其表或者充其量是为资本服务的，绿党政治虽然作为新生事物一出现就引起了世界瞩目，但是随着经济发展和权力更迭而逐渐被架空，这样一来，即便是他们采取了一系列所谓的改革措施来缓解经济社会发展与生态环境之间的矛盾，但是这些措施终究是为资本而服务的，是为了资本的进一步发展和扩张市场而开辟道路、扫清障碍物，所以他们所坚持和贯彻的绿色发展在新一轮的全球化经济发展浪潮中也成为了为资本牟利的伪善外衣。在资本主导之下，生态危机的解决只是使危机状态得到一定程度的缓和而已，并没有得到彻底解决，因为西方国家实施的生态危机解决之道的落脚点在于资本，而不是人与自然。

　　在引起生态危机的原因方面，资产阶级不承认其制度属性带来的根本性影响。生态马克思主义者把自然环境看作资本得以运行的外部条件，生态危机就是资本运行的外部环境产生了危机，这种外部条件的危机影响、阻碍或加深了资本主义经济危机；为了减缓经济危机的影响，资本主义国家又采取扩大生产和消费的办法来刺激经济，虽然在一定程度上可以缓和经济危机，但大量的生产消耗了大量的资源能源，也带来了环境污染；大量消费加剧了资源能源的消耗和自然环境的破坏，进而又加剧了生态危机。生态危机不仅仅是生态环境出现了问题，更是资本控制下的经济社会发展与自然环境之间的关系出现了问题，如果看不到生态危机背后的制度因素，看不到生态背后的经济诱因，也就难以真正解决生态危机，即便是生态环境一时好转，充其量也只是表面现象，而不是彻底地克服了生态与人之间的矛盾。因此，生态危机不应排除在经济危机之外，而应该在经济危机之中。

第一节　资本导向视野下绿色发展的世界进程

西方绿色发展的出现经历了一个相对漫长的历史过程，这一过程也是源于资本主义发展所产生的一系列问题，如自然环境的恶化、技术进步导致的生态问题、消费观价值观的转变等，这些问题引起了社会各界人士的关注并产生了一系列利益诉求和价值诉求，继而这些诉求在实践中不断升华为理论，理论又进一步用来指导运动。从 20 世纪六七十年代起，绿色运动在西欧国家开始出现，一开始主要是对与资源环境相关联的民主权利、地区战争、经济发展模式等的抗争与批评，之后又从生态领域发展到政治领域并成为社会性运动。在绿色运动推进过程中，大量社会团体逐渐出现，特别是以政党身份出现的绿党成为政党历史发展中的大事件。与世界性的生态危机和经济发展困境相联系，绿党出现之后发展势头猛烈，利用 20 多年的时间就完成了从反对性团体到参与竞选党派的转变，成为欧洲政坛上的新生力量，并在国际性生态政治舞台上发挥着重要作用。绿党从其党派宗旨和性质出发，利用其特有的生态视角来审视经济社会发展，并在一些国家议会中占据重要议席，力图把绿色政党的宗旨与政府的执政理念相融合，用生态环境保护的基本理念来影响政府的决策及其实施。

一　绿色运动

随着工业文明的不断发展，到了 20 世纪后半期，在世界范围内出现了比较严峻的经济危机，与此同时，在自然资源环境方面积累的问题也逐渐显现出来，这些问题和危机引发了西方世界的新社会运动的高涨，今天我们把这种运动称为"绿色革命"。"绿色革命"的形式丰富多样，如自然环境保护、生态女权运动、动物保护运动等，涵盖了环境、政治、经济、思想、外交等诸多领域。"绿色运动"的参与者主要是新兴中产者，新兴中产者具有一定的经济实力，教育文化水平也较高，容易接受经济社会生活中出现的新事物，特别是他们拥有的后现代价值取向在其中产生了很大影响。"绿色运动"的参与者们呼吁人们放慢追求物质财富和消费物质财富的脚步，从自然环境视角出发去反省既有的生存方式，其目的是要改变人们在工业文明发展过程中形成的对待自然环境的高高在上的态度，实行温和的政治经济发展新模式。

时代的发展和社会的变迁推动着历史的车轮不断向前，国情世情也都处于不断变化之中。经济的发展大幅度地提高了人民的生活水平，在一定程度上降低了人们在物质需求方面的矛盾。但我们也要看到，随着技术水平的提高，经济快速发展，在时代变迁中生态环境的恶化、人口矛盾的突出、人们价值观的改变等都对绿色运动产生了巨大影响。

（一）自然环境的恶化和生态危机的警告

欧洲的社会运动历来风起云涌，绿色运动大致兴起于20世纪70年代，从最初的社会精英参与逐渐发展到群众参与，参与人员涉及范围广泛，政治影响比较深远，甚至成为了一些西欧国家中参与政权角逐的政党团体。绿色运动之所以迅速崛起，是与自然环境的变化以及群众对绿色运动的认可紧密联系的，因此，环境质量的下降及其对人们生存的威胁是绿色运动高涨的最明显诱因。20世纪后半期，科技的突飞猛进带来了生产力的快速发展、生产效率的大幅度提高以及资本投入的日益增加，工业文明进入了发展的黄金期。但是，也正因为所谓的上述"发展进步"使得人们有能力与自然界展开深层次的对话，对自然资源的开发、使用和浪费等也变本加厉，致使生态问题频发，直接威胁到了人们生产生活水平的提高。

时至今日，不管是国内还是国外，因为生态危机而导致的环境群体性事件越来越多，环境群体性事件的发生不仅仅加剧了生态环境领域的矛盾，也使得其他领域的各种矛盾变得更加错综复杂。关于这一问题，后面将做详细论述。越来越多的人知道，他们生存的这个世界已经为全球性的生态问题所包围，因为世界各个国家都在做着相同的事情：消耗能源与破坏生态；生产生活中大量使用农药化肥等导致许多昆虫与动物的消失；由于安全生产事故频发如农药厂泄漏等而引起的对人们生存与生态环境的威胁；汽车时代的到来使得尾气污染更加恶化了大气质量状况；因为酸雨等灾害破坏了花草树木等自然环境；等等。上述生态问题只是环境被破坏的部分表现，尽管如此也已经引起了广大有识之士的关注和参与，包括环境NGO 等在内的各种环保组织与社会团体纷纷出现，尤其是在经济发达的欧美地区更是明显。我国的环保类组织近几年也成长迅速，但是与欧美等发达国家相比仍然处于落后状态。这些环保组织利用示威、游行、谈判等形式向相关部门提出抗议，企图借用政府的力量来实施生态环境保护。

人们的生活和生态环境的关系千丝万缕，在人类社会发展历史上由于生态环境改变而发生重大变化的国家不在少数；而变化的方式和国家的命运也经常受制于自然环境被破坏的状况。无论是人类历史还是现实生活，都已经对生态环境的恶化发出警告，破坏生态环境将最终导致国家的兴衰存亡，这是绿色运动得以兴起的直接诱因。

（二）科学技术和社会生产力的飞速发展

生产力是指人们认识和改造自然的能力，这一传统界定方法本身即包括作为客体的自然与作为主体的人之间的一种辩证发展关系。进入经济视域的生产力还包括生产再生产过程中各物质要素与技术要素的综合，如此一来，生产力水平就当然地表现为处理人与自然关系的能力以及改造物质世界的力量。生产力水平越来越高，人们改造世界与物质产品的能力就越来越强，而施加给自然和物质世界的力量也就愈发壮大，当然也就可以创造出越来越多的物质财富，进而更好地满足人们在生产生活中的需要，最终推动着社会进步。反之，当生产力发展陷于停滞状态时，社会发展就会因为失去了动力而止步不前。

科学技术作为生产力中的第一要素，其作用的发挥有利于推动社会生产力的发展，提高生产过程中资源能源的利用率，节约生产成本，提升投入和产出的比例，进而推动经济的突飞猛进。纵观人类社会发展历史，科学技术的发现、发明和使用才带来了如此发达的物质文明，从这一点来说，科技的作用已经"超越"了资本和人的因素对经济社会发展的促进作用。科技进步带给了我们物质财富，也带给了我们创造物质财富的能力和改造自然的能力，但是优点和不足同时并存；人们在享用物质财富和科学技术带给我们的便利生活的同时，却较少关注收获之后所付出的生态代价。科学技术的双刃剑效应非常明显，作为一种生产力手段而言，科学技术的道德化使用和非道德化使用带来的结果大相径庭，特别是在加入了资本的逐利本性之后，这种非道德化使用带来的生态后果就更加明显。塑料制品方便了生活却带来了严重的污染；汽车的使用便利了出行却带来了空气污染和能源消耗；转基因技术的使用带来了转基因产品但也带来了人类被改变甚至灭亡的潜在威胁；等等。这些都是科技难以避免的负面效应。由此看来，催生绿色运动的产生与发展的原因，我们可以从科学技术的使用中去寻找，也可以从社会生产力的发展中去探寻。

（三）人口结构的变动和新兴阶层的出现

人口是任何社会形态构成的基本要素，人口数量与质量对社会发展产生着直接影响。人口因素的改变对人类社会发展产生着诸多影响，特别是人口结构的改变对社会经济结构的调整与转型升级将产生较大作用。受第二次世界大战的影响，战后资本主义国家的经济恢复和发展迅速，经济结构、社会结构、阶级结构都出现了不同程度的改变。工农业生产领域中的变化尤其明显，机器的使用使得生产对劳动力的需求下降，大量工人农民失业；第三产业的出现及蓬勃发展，吸引着大量劳动力从工农业生产中转移出来，第一、二产业的从业人员日益减少，而进入第三产业特别是管理与服务业的中间力量却在快速增长。再加上国际政治经济旧秩序的存在和影响，导致了发达国家和发展中国家在国际贸易中的不公平的"剪刀差"，在经济结构改变和人口结构变动的前提下，大量"夕阳"产业从发达国家被转移到了落后国家和地区。资本的逐利本性在面对资源能源和生态环境危机时依然表现得非常明显，资本的全球性扩张带给宗主国的是超额利润，而带给其他国家的却是资源的消失、环境的污染和不公正的国际贸易关系。

当然，资本并非一无是处，资本的全球性扩张带给了发达国家经济发展的机遇和大量就业机会，也带来了这些国家和地区社会结构的变化，大量新兴阶层开始出现，金字塔型的社会结构逐渐发展为橄榄球型的社会结构。在金字塔型的社会结构中，处于底层的工人靠出卖自身的劳动力为生；在橄榄球型的社会结构中，大量中间阶层从事着管理或服务工作，工作稳定，收入较高，也相对比较富裕。并且这些中间阶层大多拥有良好素养，也有着自己独立的处事原则和价值理念。所以他们有条件和能力去探索、思考、实践那些如生态保护、动物保护、妇女权益、人种冲突等方面的问题，而不是把精力和能力用在纯粹的哲学讨论或阶级斗争上。当然，这其中不乏政治精英分子。这些新兴社会阶层为后来的绿色运动的进行做了阶级色彩的铺垫，并成为运动的坚实的群众基础。新兴阶层中的许多人都亲自参与到了绿色运动过程中，给绿党投选票、支持绿党参政议政等，发挥着不可替代的重要作用。

（四）社会价值观念的发展进步

所谓的价值观念是指人们对评价对象是否具有价值的主观判断，评价对象包括物质、精神、文化、社会、自然等领域，涉及人生态度和社会风尚等问题，继而对评价对象形成自己的看法或观点。价值观念不是一成不变的，它会随着客观条件与社会环境的改变而改变。人们在生产生活实践中，在与周围世界进行交往的过程中会自然而然地运用已有的、类似的价值观念对相关对象进行评判，形成新的价值判断，然后用于指导以后的行动。社会价值观念虽然属于意识形态范畴，但是反映了人们对社会发展状态及其构成事物优劣与合理性的评价，对人们的实践活动具有一定的指导价值，进而社会成员的价值观念会影响到这个社会的发展进程和变迁。人们在一定的价值观念的指导下，其行为会相应地发生变化，当人们的行为普遍受到新的价值观念的影响之后，社会变迁就随之而来。

相关资料显示，西欧大部分国家中受过高等教育的人口比例在战后初期不到2%，但是到20世纪80年代则快速增加到30%左右。一个国家中民众的教育水平越高，那么他们对社会热点问题就越关心，并且坚决要求参与到问题中去，特别是在涉及政治民主、社会建设、公共事业改革等问题时更是如此。但是，资本主义社会发展过程中所形成的经济结构和政治结构则压抑了他们在政治上的这种主观能动性。[①] 受工业社会机械化生产和等级制度的影响，人们在顺应生产秩序和社会秩序的同时，主观能动性得不到充分发挥，日益变得失去自我。工业社会呈现出的这些特征与后工

---

① Ronald Inglehart, *The Silent Revolution：Changing Values and Political Styles among Western Publics*, Princeton, NJ：Princeton University Press, 1977, pp. 289 - 290.

业社会成长起来的新中间阶层的价值观念之间发生了激烈碰撞，新中间阶层大多具有良好的教育素养，具有自己的价值判断，于是这些所谓的"新人"和"新观念"试图向工业社会早期的"非人化"制度发起挑战。

这些新兴的中间阶层决心从物质主义的奴役中走出去，转而关注维持经济社会可持续发展、生态环境保护以及权利的公平正义等方面上来，这种思想观念的变化体现出明显的质的进步。在后工业发展时代，新兴中间阶级的思想认识和身份的更迭，为绿色运动乃至绿色政治的产生、发展和壮大打下了坚实的群众基础与文化基础。

二 绿党政治

绿党的产生是政党制度史上的巨大进步，它与传统政党在关注政治权利更迭和社会事务的管理方面有着明显差异，绿党主要通过对生态环境的关注，利用生态手段来实施政治影响，反对资源的过度开发和利用，由此向传统政党政治与社会构成模式提出了挑战。绿党的出现不仅对欧洲的政治经济发展产生了冲击，也对其他国家的政治经济模式带来了质疑，了解绿党政治的相关内容对于绿色发展进程的推进具有借鉴价值。

（一）绿党的产生及社会基础

绿党产生于20世纪的欧洲，之后在世界范围内逐步扩展。绿党的出现对于许多国家的政党乃至政治格局产生了重大影响。德国学者 Rudolf Van Hullen 曾对绿党进行过这样的论述：从结构形式上看绿党自认为只是一种运动，是一种为了共同的生态权益而结成的联盟，但是从法律层面来分析，绿党因为与社会事务之间的诸多联系，更应该是完整意义上的政党。而德国绿党创始人凯莉也曾说过，他们所从事的事业不是一般意义上的政党的事业，而是一种社会性的运动。因此在发展初期"绿党"这一论述是不被"绿党们"认可的，而认为这只是一场从欧洲逐渐蔓延到全世界的运动而已，这也是"绿党"和其他传统政党的最大不同。英国绿党原名就叫 The Greens，从字面直译为"绿党"并不与其语义相符，但从事实上分析它已具备一般政党的基本特征，所以直译为绿党也是合理的。因此，绿党可以定义为以环境问题为主要媒介，以绿色政治为基本诉求的一种政治力量。

大约从1950年开始，为了快速从战争创伤中恢复过来，欧美发达国家把主要精力都放在了国内经济发展方面，致力于本国的工业化进程。在随之而来的第三次工业化浪潮之后，资本主义国家的经济社会发展进入了所谓的后工业化时代，在这一时期资本主义工业化发展取得了较大的成绩，但是积累下来的资源环境问题也越来越严重，生态压力日渐增加。20世纪60年代，美国著名生物学者R.卡逊的《寂静的春天》一书一经面世就引起了巨大反响。卡逊通过对食物链中的化工污染的循环往复过程的描述，向人类表明生态危机的巨大威胁。继卡逊《寂静的春天》之后，人们开始把对社会关注的重点转向森林锐减、河流干枯、矿产枯竭、农药污染、土壤退化、人口爆炸等方面，并把这些问题的研究从科学技术、思想文化、道德伦理领域逐渐转向政治领域，这也是绿党政治的重要组成部分。20世纪六七十年代，在英美等发达国家出现了规模较大的学生抗议活动、绿色和平示威、生态保护运动等，其中影响力最久、发展声势浩大、最富生命力的就是生态保护运动。而随着"绿色"呼声的持续高涨，区域性和世界性的绿色环保组织也日渐增多，并且出现了一定程度的联合。相比之下，传统政党在生态问题上的不作为和政治影响力呈现出日渐"衰落"的景象，但绿色组织在进入到国家利益角逐之后的运动效果并不理想。受如此状况的影响，绿党的诞生并登上政党政治的历史舞台，在一定程度上成为了必然。

（二）欧洲绿党的历史演进

作为世界政党历史发展的重要事件，欧洲绿党发展演进过程大体可划分为三个阶段：

其一，20世纪70年代初到80年代初：创立时期。欧洲绿党的创立得益于当时生态政治思想的完善以及大规模生态运动的此起彼伏，这些思想和运动为政党的创立打下了较好的理论基础与社会基础。工业文明的发展需要大量资源能源的支撑，大量开采、大量消耗的结果就是世界性生态危机的出现，就此，生态问题开始成为对全人类都产生威胁的大问题。在这种情况下，对资本、科技、发展模式等的反思与反省成为必然。人和自然的关系是否依然亲密，传统的思想观念和消费理念、发展和规划是否合理，未来人类社会包括各个国家的经济该何去何从，政治、文化该如何发展等，这些都是我们深刻反思的对象。反思的具体表现之一就是20世纪70年代兴起于欧洲的生态政治运动。1972年5月，世界上第一个全国性绿党——新西兰价值党成立①，紧接着又有许多国家也组建了绿党，如英国、德国、比利时、芬兰等，绿党政治俨然一时成为朝气蓬勃的党派。

其二，20 世纪 80 年代初到 80 年代末：议会党时期。绿党从成立到参与本国的议会，成为具有或大或小影响力的议会党。在这一阶段，表现最为先进的是瑞士绿党，它在 1979 年成为第一个加入议会的绿色政党派别。接下来，从 1981 年开始到 1989 年，西欧发达国家的绿党先后进入本国的议会，包括比利时、荷兰、奥地利等国家在内。1989 年对于欧洲绿党来说是一个丰收之年，英国绿党在议会大选中战绩辉煌，德国、比利时等国的绿党也表现非凡。可以说，20 世纪 80 年代是欧洲绿党最为光辉闪耀的阶段。

其三，20 世纪 90 年代初以后：深入发展时期。在这一时期，各国绿党基本上都面临着相同的困境，那就是绿色是否会改色与绿色是否持续的问题。一方面，绿党已经具备了一定的政治经验，能够较好地发展自身，壮大力量，把自己的执政建议加以推广。特别是意大利绿党通过进入政府、参与执政的方式，在国家的政策制定和实施中发挥着积极作用，也继续保持着绿党本身"绿"的色彩。另一方面，绿党必须要应对的困难是如何在强大的传统政党面前站稳脚跟，推行绿党的政治主张的问题。从根本上来说，绿党本身即是对传统政党制度和现存生产方式、生活方式的质疑和挑战，如何才能既妥善处理自己与传统政治的分歧，又保持自身的"绿色"不变色是另一大难题。德国绿党、瑞典绿党在 90 年代初的先后竞选失利就表明，即使对于欧洲最大的绿党来说，议会党的地位也并非完全是稳固不变的。② 为了能够在强大的传统政党政治背景下继续生存，一些国家的绿党开始调整自己的施政纲领、建党规则、路线政策等，以免在竞争中一败涂地、惨被历史淘汰的命运。

欧洲绿党在历经萌芽、抗政、参政之后，进入了调整修复阶段，也即经历了从反对到参政，从抗议党到议会党的发展过程。可以说，20 世纪 70 年代是绿色政治的诞生时期，80 年代是绿色政治突飞猛进时期，到了 90 年代之后则是走向现实，与传统政治妥协并日趋稳定时期。

---

① 曾正德：《发达国家高中等收入阶段生态环境困境及其特征》，《南京社会科学》2009 年第 12 期。

② 郇庆治：《欧洲绿党研究》，山东人民出版社 2000 年版，第 59—60 页。

（三）绿党的政治主张

绿党区别于传统政党，传统政党有着鲜明的阶级立场，秉持保守与激进两种体系，以具体的阶级、阶层或小集团的利益为出发点而实施推广其政治主张。绿党则往往摒弃了阶级界限（至少在口头上是这样），主要关心全世界的生存发展问题，其政治主张主要包括以下几个方面：

生态优先，即生态先于一切。生态优先原则表示的是思想观念从人类中心到生态中心的彻底转变，反映着人们思维方式和价值理念的变化。绿党的生态优先原则与传统政党的经济优先原则相对立；它强调对人口总量的限制；要求改变对物质生活的膜拜；也希望各个国家的施政纲领能够以人类共同的生态价值为先。可以说，生态优先原则充分体现了绿党政策策略的偏好与根本属性，既是对自然界万事万物生命的尊重，也是对可持续发展的肯定；同时也是对国家政治生活的丰富发展，其目的是要树立绿色发展体系，推进经济社会的持续发展。

人权（或社会公正）。公正原则是绿党对个体或集体在社会中的应然属性与当然属性的价值评判，是生态优先原则的进一步发展。人权或社会公正主张，"每个人、每个社群、每个民族都有权享受社会报酬和生活机会"①。社会公正不但要求在处理社会事务与人的权利时公正，还要求关注女性利益、种族问题、贩毒吸毒等个别群体的利益。并且，公正原则也经常被用在人权领域中作为外交手段使用，即关注生态领域中的人权问题。绿党认为，公正原则应该是多元而且真实的，多元化的人权理应包括自然权利在里面；不仅如此，多元化还应从当前人的权利扩展到未来人的权利，甚至是扩展到花草树木、飞禽走兽身上。

基层民主。从民主视角分析，绿党的目标是将民主权利扩展到经济社会生活的方方面面，"让民众和社群有权决定自己的生态命运和社会命运，也让民众有权探寻一种对环境和社会负责任的生活方式"②。基层民主的最低标准是基层应该拥有自我决定、自我发展、自我治理的权力，基层的事情应该优先处理。这样，权力可以逐渐从上层机构向基层转移，目的是

① ［美］丹尼尔·A. 科尔曼：《生态政治——建设一个绿色社会》，梅俊杰译，上海译文出版社 2002 年版，第 108 页。

② 同上书，第 114 页。

形成一种让人民群众都成为活动主体而非被动对象的由基层主导的政治局面。①

非暴力。这一原则是对单纯性暴力与结构性暴力的抗议或批判。单纯性暴力是指用纯粹的暴力方法来平息矛盾，而结构性暴力则是指与国家权力制度相关联的、依靠强制力量来实施的暴力行为。非暴力原则坚决反对战争、歧视妇女、压榨落后国家和地区的行为，因而特别主张：第一，利用非暴力手段来达到绿色革命的目的；第二，反对以结构性暴力来解决社会性问题，反对任何家庭暴力；第三，坚决反对战争，倡导世界和平。

三　绿色经济

随着人们对生态问题关注度的提升，绿色经济一词频频显现在我们的视野中，它向我们宣示，生态保护已经非常紧迫。面对新时代新任务，我们应该充分利用各种条件和途径，大力发展绿色经济，变挑战为机遇，不断寻找推动经济社会持续发展的动力。

（一）绿色经济的内涵

"绿色经济"一词是由英国生态学家大卫·皮尔斯在1989年出版的《绿色经济蓝皮书》中提出来的，该书为英国政府的经济发展提供了较有价值的决策参考。大卫·皮尔斯认为，经济发展要考虑到当时的社会发展状况以及生态环境条件，以不超出一定的承受限度为原则；并且推行绿色经济发展有利于降低传统的黑色经济发展模式带来的资源环境代价，国家在推进工业化和城镇化过程中要把生态代价纳入国家的总体规划布局中，要从整体上加以协调和平衡。② 当然，大卫·皮尔斯只是使用了"绿色经济"这一词语，并没有对"绿色经济"应有的内涵和外延予以界定。到了20世纪90年代初，英国生态学家迈克尔·贾考伯出版了《绿色经济：环境、可持续发展和未来的政治》一书，他在书中明确指出，"绿色"作为一种意识形态其外延已经超脱了自然环境，我们应该"把重点放在人类同自然界之间的关系上，寻求一种具有非物质的、非人类中心论的、合作价

---

① 郇庆治：《欧洲绿党研究》，山东人民出版社2000年版，第123—124页。
② 〔英〕大卫·皮尔斯等：《绿色经济的蓝图》（第4卷），初兆丰、张绪军译，北京师范大学出版社1997年版，第1页。

值观的社会"①。在书中，迈克尔·贾考伯也思考了环境政策对公平和贫困的影响。从 2008 年金融危机爆发到现在，人们对生态危机与经济社会发展的关系看得更加准确，那就是在全球性生态危机之下，靠牺牲资源能源与环境的代价是换不来可持续发展的，黑色经济模式必须要转变为绿色经济发展模式。如果按照传统的模式继续发展，就极有可能超出自然整体系统的承载力，引发人类社会的巨大灾难。所以，我们必须从传统模式中走出去，寻找新的可持续发展的绿色之路。

如果要给绿色经济界定一个准确且公认的定义，还是比较困难的，即便是在国际理论界也没有形成普遍认可的成果。一般情况下，国内学者引用较多的就是联合国环境署对绿色经济的比较宽泛的解释，即那些有利于提高人类福祉与社会公平，又可以大幅度降低环境风险和资源稀缺的经济，就可以看作绿色经济。从这一解释中我们发现，绿色经济不仅仅是绿色与经济二者的简单相加，还包括社会的公正甚至全人类的生存问题，是绿色、经济、社会"三位一体"的综合性发展。而绿色经济联盟（GEC）则把绿色经济解释为，地球生态极限与经济发展之间的弹性发展模式，只要生态环境允许就可以放开经济发展的规模。

国内专家如刘思华、胡鞍钢等从 20 世纪 90 年代就开始对绿色经济问题加以关注，并提出了一些卓有见地的观点。刘思华教授认为，绿色经济就是可持续发展，发展绿色经济就是推动可持续发展的最佳路径，绿色发展与可持续发展在本质上趋于一致，是可持续发展在当前的具体实现形式。胡鞍钢教授认为，所谓的绿色经济并不是对传统经济发展模式的修正或完善，而是一种新的经济发展形式，是一种把绿色理念、系统理念融入到从生产到消费的全过程的经济形式，与一般意义上的可持续发展模式不尽相同。上述两种观点各有侧重，前一种观点在于寻找绿色经济和可持续发展之间的共性，把两者都看作对工业化发展模式的超越，发展的目的都在于实现经济社会发展与生态环境保护的协调共进，促进人与自然矛盾的和解。后一种观点则在于发现绿色经济与可持续发展之间的差异性，并且

---

① Michael Jacobs, *The Green Economy: Environment, Sustainable Development and the Politics of the Future*, Pluto Press, Concord, Massachusetts, 1991. UNEP（2011）, *Towards a Green Economy: Pathways to Sustainable Development and Poverty Eradication*: 504 – 506. Nairobi: UNEP.

坚持绿色经济对可持续发展的继承和超越。虽然两种观点的侧重点有所不同，但无论是可持续发展还是绿色经济，都是对传统发展模式的修正、超越，在必要的时候甚至是根本性变革。可持续发展是不给未来世代发展造成困难，而绿色经济则强调要为未来世代造福，创造或保留尽可能多的环境财富。

我们可以从广义和狭义两种视角来阐述绿色经济的内涵。狭义的绿色经济可以概括为大力发展节能环保产业，培育新的经济增长点。[①] 而广义的绿色经济，除去发展节能环保产业之外，还包括在供给侧、售后服务、消费方式、国际贸易等领域的绿色化，即整个经济社会环境系统的绿色化。值得注意的是，由于不同国家和地区文化的差异性，人们对绿色经济的研究出现了内容和形式上的差异性，"绿色经济"一词并不是全世界的通用词语，在我国更多的时候使用"生态文明"来表述，在玻利维亚则是"良好生活"，在泰国是"知足经济"等，但是不论使用什么形式的词语，其表达的绿色经济的内涵大致相同，都在绿色经济的本真范畴之内。

可以看出，绿色经济相对于传统经济模式的不同在于，绿色经济更看重资源能源的持续性与生态系统的自我净化和修复能力，是我们在突破经济社会发展的瓶颈制约、探索新型发展模式中的新内容。在以上相关阐述的基础上，我们可以将绿色经济所涉及的内涵概括如下：绿色经济是把生态资源环境纳入经济发展全过程的经济形态，生态成本在经济发展中成为举足轻重的内生变量；绿色经济秉持绿色价值理念，并把这一理念贯穿到从生产到消费的各个环节中；绿色经济推崇绿色科技与创新发展，注重对传统经济结构的优化升级以及关注新兴绿色产业的发展；绿色经济主张经济系统的整体性、绿色化和过程性，以促进人的全面发展和增加人类福祉作为其发展目标。

（二）绿色经济的基本特征

在对绿色经济所涉及的基本内涵做了简要分析之后，再来梳理绿色经济的基本特征：

第一，生态文明是衡量绿色经济发展的价值标准。生态文明是力图在

---

① 黄茂兴、杨雪星：《全球绿色经济竞争力评价与提升路径——以 G20 为例》，《经济研究参考》2016 年第 16 期。

生态系统和人类文明之间构建起一幅和谐发展图景的文明形态，人与自然的矛盾及其和解程度是判断生态是否文明的基本标准。生态文明虽然以自然生态系统的正常运转为前提，但其发展却以人类社会能够从自然系统中获得最大化的福利为目标，涉及国家的政治制度、人们的生存方式、基本文化理念等方面内容。由此，在主体和客体之间、社会与自然之间的关系发展日益呈现出复杂化与统一性特征，人类文明的发展成果就在这种既复杂又统一的过程中得以体现。在工业化发展模式及其科学技术的推动作用下，社会逐渐从农耕文明发展到工业文明时代，人与自然的关系从黄色转变为了黑色。随着科学技术的不断发展，特别是电子、信息、生物、基因、海洋等技术的发展，使得工业化发展模式的威力得到了更加充分的展现，工业文明发展到了它的黄金时期。但同时，也不可避免地带来了世界性的生态危机。能否从工业化发展模式中超脱出去，让人与自然之间的"黑色"关系转变为自然的本色，是各个国家都在努力探求和思考的重要问题。绿色经济发展模式就被乐观地看作一种可以替代工业化发展模式的新型模式，也是从黑色到绿色的必然模式，有专家甚至把绿色经济看作"第四次产业革命"，也具有一定的合理性。生态文明是衡量经济发展绿色与否的基本价值判断，绿色经济则是推进生态文明建设不断前进的重要手段，是我们对经济社会发展规律和自然规律做出正确判断的现实表现。

第二，绿色产业是推动绿色经济发展的重要手段。大力推动绿色产业的发展是实现经济"绿色化"的重要手段，对于我国创新型发展模式的建立和经济社会的可持续发展具有重要意义。产业的绿色化涉及诸多层次和多方面内容，不仅仅是指产业结构的优化升级，实现工业化发展模式到新型的绿色化发展的转变，也包含对新兴的绿色产业的培育和发展。一方面，新兴产业的出现不是任意规划和实施的，而是要植根于传统产业基础上，借助传统产业成熟的发展体系，不断采用绿色技术，提升制造水平，拓展市场需求，打牢绿色产业发展的根基。另一方面，我们要凭借绿色技术优势对"两高一低"产业加以改造升级，甚至是淘汰其中升级较困难的行业。特别是对耗费资源高又产生较大污染的造纸、水泥、火电厂、电解铝等或升级改造，或淘汰更新，对于那些落后产能、黑色产业一律采取强硬态度，打破在"利益刚性"和"发展惯性"面前的生态脆弱性与妥协性。在绿色经济发展中要特别关注资源消耗少、环境污染低但劳动力密集行业的发展，充分发挥我国劳动力富裕的优势，增加社会的就业水平。同时，在发展绿色产业过程中，应该发挥社会各方面的合力，扩大绿色产业发展的准入条件，允许社会资本、国外资本等的进入，特别是在可再生能源生产、新能源交通工具、绿色环保技术更新方面要加大投入。虽然不同国家的绿色产业的发展程度和水平不一致，特别是落后国家在绿色产业发展上更应该学习发达国家的经验、技术、管理等，尽可能少走弯路，加快建设的速度，力争在绿色经济发展中尽快缩小与发达国家的差距。

第三，资源节约、环境保护、消费合理是绿色经济的核心内容。大规模的工业化生产破坏了生态系统的平衡发展，影响到人们的生存以及进一步发展，因此人们迫切需要寻找一种可以替代这种非持续性发展的发展模式，以实现经济和生态的协调统一。绿色经济不但要求节约资源能源，保护生态环境，还要求人们消费模式的理性。绿色经济发展模式要求我们把经济、自然、社会的和谐发展统一起来，秉持可持续发展理念，把人们的生产生活与生态环境保护统一起来，利用较少的资源创造更多的经济社会效益，实现生态保护和经济发展的同步。也就是说，绿色经济对生态环境与资源的依赖性将显著增强，资源环境的变化会直接影响到经济发展的速度和质量，特别是当某些资源变得稀缺时，我们更应该厉行节约，保护好资源能源并尽可能寻求可替代的方案，生态环境对人类生存的重要性在此不用赘述，但是我们有必要强调因为人类施加给自然环境的伤害而得到的惩罚。而绿色经济则力图减少对生态环境的破坏，并保护修复已经受伤的自然。同时，还要求人们消费理念的正当合理，反对不合理的、奢侈浪费的消费行为，因为消费主义、拜金主义等思想给社会风气和自然环境带来的影响巨大且恶劣。绿色消费则强调消费的适度与绿色、健康与持续，从消费层面上来影响经济社会发展和自然环境的保护。

第四，创新发展是推动绿色经济的根本动力。绿色经济视域中创新发展的目的在于，改变传统生产构成要素，用新的要素取代传统意义上的生产要素，优化资源能源的配置，减少经济发展和资源能源的直接关联性，有条件的情况下实现脱钩。当然，创新发展并不仅仅指技术的创新，还包括管理、市场、理念等的创新。其中，制度创新可以有效整合生产过程中的各绿色要素，使之发挥出最大效率；观念创新可以通过改变人们的思想认识，进而改变人们的生产生活行为；技术创新可以有效提升资源利用率和生态治理的效果；市场创新对于规制和引导人民的生活方式起到重要作用。绿色经济中的创新发展尤其是制度和技术的进步，对于克服工业化经济发展模式的缺点，避免经济发展落后与生态环境破坏现象的同时出现具有平衡和协调功能。绿色经济中的创新发展有助于降低生态赤字，缓和与资源环境的紧张关系，推进经济、自然、社会之间的和谐。

第五，经济、社会和环境效益的统一是绿色经济的必然选择。能够被人们认识或者改造的自然环境，在一定时空范围内是有限的，即人们认识世界和改造世界的能力在一定条件下是稳定的，但是人的"类"特性又决定了无数有限条件相互联合而达到的无限性特点，表现在现实生活中就是人们的财富欲望和消费欲望是没有止境的。进入工业社会之后，有限的资源能源和无限的物质欲求之间的矛盾愈发明显。实现人与自然之间的和谐持续发展，即维持经济社会发展与生态环境之间的健康稳定关系是绿色经济的必然要求。发展绿色经济就要尊重自然规律以及经济规律，还要关注自然环境的自我修复和对人类的反馈。因为自然资源已经成为经济是否稳定的内生变量，同时也是其发展的必然前提。当然，发展绿色经济对于贫困地区而言同样具有优势，可以增加资本的投资，提高与保护生态环境相关行业的收入，改变贫困地区贫困人口的生存现状，提升他们的生活水平和质量，继而推动社会的发展。推而广之，当广大范围内盛行绿色发展及其思想观念时，绿色生产、绿色生活将成为经济生活和社会生活的常态，建设生态文明美丽中国指日可待。

（三）绿色经济的简要分析

推进绿色经济的发展，就要实现生产者、生产单位、市场体制、政府管理等各方面的"绿色化"过程，发挥各方力量的特点和优势。所以，我们仍然可以利用马克思主义经济学理论来分析绿色经济的运行与发展，从"绿色"视角来分析从生产到消费的全过程。绿色经济是经济社会发展遭遇到生态困境，而又要突破瓶颈制约力争获得可持续发展的产物。当经济发展到一定水平之后，特别是在人均国内生产总值超过3000美元时，人们往往会越过产品的效率问题，转而追求产品的健康与差异、品味与意义等，并且把这些方面看作产品价值大小的重要依据，绿色经济的出现与这种变化趋势基本吻合。相对于传统的经济发展模式，绿色经济在内生变量、目标指向、发展动力乃至实现方式上都有着明显的进步，所以，绿色经济的动态循环发展同其他类型的经济发展之间有所区别。

首先，维持绿色经济健康发展的基础性因素涉及生态文明制度建设、自然资源的资本化管理、科学技术的绿色化应用、适宜的社会保障体系等。这些基础性因素对于绿色经济的发展起到了很好的支撑作用，同时也是确保绿色经济顺利发展的重要组成部分。正如世界经合组织在《迈向绿色增长》报告中所指出的，稳定的宏观环境特别是财税制度、科技创新、纠正严重失衡的自然系统和破除资源瓶颈等是绿色增长的四大来源。① 生态文明的制度建设是由正式制度和非正式制度组成的，正式制度主要是指生态文明建设的相关法律法规等的建设，非正式制度是指依靠道德约束为主要表现形式的制度。在生态文明制度建设中，尤其要关注既有利于资源环境保护，又能够维持经济社会持续发展的相关制度建设，这是推动绿色经济发展的主要内容。但是，对于传统发展模式的升级改造并非轻而易举就可以完成的，其代价较大并且各利益主体之间的关系也较难协调，生态文明制度建设也是困难重重。推进绿色经济的发展，要注意自然资本、人造资本、人力资本等作用的充分发挥。在传统资产阶级经济学家那里，自然资本往往是被忽视的，而计入生产成本的仅限于人力资本和人造资本，如此一来，并不利于经济的持续性增长。虽然人造资本在当今经济社会发展中的作用越来越大，但是自然资本仍然无法被取而代之。鉴于自然资源不断减少的客观现实，人造资本在经济发展中所占比重将愈发壮大，而改善这种困境的有效方法就在于绿色科技的开发与实践。科学技术是第一位的生产力要素，科技力量的壮大对于提高资源能源的利用率、降低生态污染、减少生态成本等起到正向引导作用，也有利于改善三大资本之间的相互关系，推动生产力的快速发展。一方面可以发挥绿色技术在促进经济发展与降低生态成本方面的优势，另一方面可以借助绿色技术改善生产要素的构成，降低因为生产要素的改变对生产力产生的不利影响。人的因素是绿色经济发展的本源性因素，是绿色经济发展的目标所在，要始终坚持以人为本的发展理念。社会保障体系建设既是绿色经济发展的因素之一，也是绿色发展的重要保障，还是检验绿色发展水平的重要标志，良好的社会

---

① Organization for Economic Co-operation and Development (OECD), *Towards Green Growth: Monitoring Progress*, Paris: OECD, 2011.

保障水平有利于经济、生态与社会之间的协调发展。社会保障的绿色化发展要求在教育、医疗、就业、保险等发展过程中，通过对人的行为的规范进而影响到自然生态系统，为绿色经济的发展提供切实保障。

其次，绿色经济包括生产、消费、市场三个层面的主要内容。绿色生产是验证经济绿色与否的第一道关口，自然资源进入到生产领域并在生产过程中实现绿色化，可以收到节约资源和降低污染的双重功效，再借助管理与技术的辅助，把绿色发展理念贯穿到生产发展的全过程和全方位。不仅如此，绿色生产还延伸到经济决策和规划、生产技术和工艺，以及营销和市场网络的建设等内容。如果从绿色生产的类型上分析，包括从生产到分配、从服务到劳务等一系列环节。绿色决策是绿色生产的灵魂，要求企业或政府的相关决策者拥有绿色发展思维和能力，在统筹布局、生产研发、规划设计、反映回馈方面从传统发展模式中超脱出来，将生态成本当作首要的和必要的前提条件。绿色管理是绿色经济的微观实现途径，是绿色经济在现代企业管理的新的发展。绿色管理要求实施全方位控制和双赢原则，强调在实施管理的全方位和全过程中体现绿色内涵。[①] 加强绿色管理，可以优化企业的资源配置，充分利用各方面人力物力财力的优势，在控制生产成本的基础上提升企业的核心竞争力，在残酷的市场竞争中获得应有的社会地位。

绿色消费是以协调人与自然关系为目标，在保护生态环境的基础上实现人的消费的合理化，以利于自身又利于他人的消费方式。在绿色经济发展过程中，绿色消费的作用在于通过价格杠杆和反馈机制来调节生产结构、市场分配和生产模式的绿色化。绿色与消费二者的结合主要包括消费品的绿色、消费过程的绿色、消费构成的合理、消费指向的健康与可持续等。也可说是，与人们的消费行为相关联的消费内容都应该努力体现绿色特征或尽可能实现"绿色化"转变，即以降低资源能源的消耗为前提（Reduce）、尽可能选择绿色产品作为消费品（Reevaluate）、对商品不能用完即扔而应该充分多次使用（Reuse）、对于已经不具备原使用价值的商品要作为新的原材料重新投入生产过程（Recycle）、在消费过程中要始终坚持生态保护基本理念（Rescue），应用在生态环境保护中的"5R"原则在消费过程中也要充分体

---

① 唐静：《绿色管理的经济学分析》，《经济社会体制比较》2006 年第 1 期。

现出来。其中，消费过程中资源能源的节约利用尤其要注意对稀缺资源的保护，要减少开采使用，并提高既有资源的利用率。在市场买卖中选购绿色产品是指在条件允许的情况下尽可能以既利于健康也利于生态的产品为主，通过消费来影响生产企业的经济行为。消费中的多次利用是指对消费品应避免一次性使用现象的出现，要物尽其用，最大限度地发挥产品的使用价值。消费领域中的循环使用是指对于具有原材料价值的消费品的回收，使其进入新的生产过程中，以减少新的自然资源的开采，也有利于降低能耗和污染。消费过程中的绿色化是指社会成员在日常生活与消费过程中要秉持爱护自然的基本理念，达到与自然的和谐共生。

绿色市场是推进绿色经济发展的形式或场所，是绿色经济从生产到消费全过程的支撑部分。通过对绿色市场的调整和把握，有利于了解绿色经济的运行和发展过程，以及时调整市场中的非绿色化行为。绿色市场包括商品和要素两大类，主要是指含有绿色要素的消费品和生产资料等。发展绿色经济要求将经济行为产生的生态成本纳入市场经济的运行之中，这种变化体现了新型绿色市场与既有市场之间的差异性，为此，我们要努力克服限制绿色经济发展的障碍：一是要减少甚至杜绝经济行为的外部性现象，也就是实现经济行为的自我消化；二是要改革价格杠杆使之可以正确反映绿色化的市场供求问题，并根据实际需要按比例调整。对于经济行为的自我消化问题的解决，比较有代表性的是庇古的"庇古税"和科斯的科斯定理，即利用国家的财政税收等政策来明确生态资本的归属问题，以降低"公有地悲剧"与"搭便车"等问题，这些问题是市场规律难以企及的领域，通过政策的倾斜来补偿经济行为中利益受损的一方，确保经济发展整体性、全局性利益的合理。

最后，在绿色经济发展过程中，生产、消费、市场三者之间呈现出彼此影响和制约的辩证关系。绿色生产是绿色经济发展的物质基础，强调生产过程的绿色化和无污染，既体现当代社会发展的基本要求，又维护未来世代的正当权益。生产的性质、对象和水平决定着消费的对象、质量和水平，因此，应该从生产过程就严格要求低能耗高产能，避免资源能源的浪费。绿色消费是绿色经济发展的基本目标，也是绿色生产的首要目的与内生动力；绿色消费对生产的绿色化具有明显的导向作用，因此成为绿色经济发展的关键环节。当消费主体倾向于消费绿色产品时，绿色产品生产行为将获得巨大的经济利益，进而刺激生产者及时调整自身的生产结构和生产模式，生产更多的绿色产品，提供更多的绿色服务。绿色市场是绿色经济得以进行的主要介质，是生产与消费行为的实现平台，有助于绿色化的生产、运输、买卖、消费、服务等行为的完成，一旦离开了绿色市场的支撑，绿色经济发展的实际价值也将难以实现。

当然，绿色经济建设需要有一定的物质发展水平和科技实力做支撑，在经济发展过程中我们既要关注顶层设计、统筹决策，也要注重绿色科技的创新发展，还要不断完善自然资本和绿色评价等体制机制建设，通过扩大绿色化的生产与消费，确保资源能源的可持续利用，最终实现绿色经济的健康发展。

四 绿色思想

绿色思想是一种比较笼统的说法，也可以称为绿色发展思想，主要是指推动经济实现绿色发展的相关理论、观点与思想观念的综合，属于意识形态范畴。梳理绿色思想产生的背景及其思想演变的过程，对于我们构建自己的绿色思想具有积极意义。

（一）西方绿色发展思想的背景

随着生态问题对生产生活的影响日益变大，人们也越来越关心自然环境及其附带而来的社会性问题。西方绿色发展思想的产生有其深刻的社会背景，也反映着这一思想的出现不是偶然的，而是经济社会发展的必然。

1. 生态问题威胁到人类生存

环境问题的集中式爆发是绿色思想产生的主要诱因。环境问题之所以成为世界性的焦点问题是与工业化发展模式长期积累的历史分不开的，最直接的表现就是物质财富的大量增加与资源能源减少、环境污染同时并存。一些经济落后的国家或地区为了解决基本生存问题而沿用工业化道路发展本国经济，先污染后治理或者只污染不治理的情况并不少见。这种现象的出现是与传统发展理念相适应，与人类中心主义、经济至上理论相一致的，但缺少对人与自然、经济与生态关系的深层次的哲学思考。生态危机不仅仅是生态环境的危机，生态环境本身并不存在所谓的危机，危机是相对于人类而言的。生态危机的直接影响：一是因为分配自然资源与能源而带来的冲突；二是因为自然环境退化带来的矛盾；三是因为地区冲突或战争带来的破坏。① 长期以来，受制于经济基础和国内外大环境的影响，我国经济发展模式沿用西方工业化道路发展模式，"三高一低"是对这一模式的形象描述。由于我国是发展中大国，资源能源消耗量巨大，使得我们的资源能源危机愈发严峻，包括部分能源的枯竭和锐减、物种的减少与灭亡、水土气的污染和破坏、自然灾害的频频发生等。可以说生态危机不仅影响到政治、经济、社会等领域，也影响到人们的日常生活、身体健康、生活质量等，可能成为随时对国家和人民安全造成威胁的炸弹。

20 世纪五六十年代，"八大公害事件"②的出现震惊了世人，这是工业化发展给人的生命健康权最真实的毁灭，引起了英、美、日、比等国家人民的恐慌。进入 20 世纪，人口的快速增长，工业化、城市化进程的加快，致使资源能源的消耗暴涨，特别是第二次世界大战之后世界相对平稳，各个国家都致力于恢复经济、稳定物价、扩大生产等，所以这一时期成为许多战后国家恢复发展的黄金期。但是，各个国家发展经济的前期基础是不同的，工业化国家不但率先实现了资本积累和增值，还利用其经济科技方面的优势力量在世界范围内开始了新一轮的资源能源掠夺。当然新一轮的资源掠夺已经不依靠战争手段，而是诉诸经济、科技、文化等途径进行。如此一来，环境问题不但没有减少，反而还在不断增加，生态环境已经不堪重负。愈发严峻的生态危机影响了人们的生存发展，也引发了世界性的生态问题高潮。

2. 大规模绿色运动的出现

从 20 世纪 60 年代开始，一些欧美国家爆发了大规模的游行示威和抗议活动，成千上万的群众走向街头、政府机关或企业，谴责这些企业只考虑自身利益而漠视公众利益的做法，谴责政府在治理污染方面的软弱无能，要求保护生态环境。科技人员、群众与 NGO 互相支持，争取公民生态权利的呼声不断高涨。1970 年 4 月 22 日，大约两千万美国人走上街头示威游行，后来 4 月 22 日被命名为"世界地球日"以示纪念。这次群众

---

① 参阅郝栋《绿色发展的思想轨迹》，北京科学技术出版社 2013 年版，第 1—10 页。
② 指 20 世纪，在世界范围内由于环境污染而造成的八次较大的轰动世界的公害事件：比利时马斯河谷事件、美国多诺拉事件、英国伦敦烟雾事件、日本水俣病事件、日本四日市哮喘事件、日本米糠油事件、日本富山骨痛病事件。

性的环保运动影响巨大，因此也成为现代环境保护运动的里程碑，对于加快工业化国家生态法规的建设起了积极的推动作用。1971 年，又一影响绿色运动发展的事件发生，即绿色和平组织的出现。绿色和平组织以参与生态保护为己任，大力宣扬全新的生态价值理念。

美国公民追求生态正义的运动在 20 世纪 80 年代开始出现，其中以 1982 年的"沃伦抗议"最为有名，抗议者采取卧倒在地的方式，用身体抗议在有色种族地区建设垃圾场，填埋化工垃圾的做法。虽然此次运动没有成功，但却极大地推动了美国生态运动的发展，也引起了社会对生态领域中种族歧视的重视。人们认识到有色人种、少数民族和低收入阶层遭受各种现代物质文明的废弃物毒害的机会要比白人和富人大得多，正是这些社会劣势群体分担了太多的生态风险和生态成本。[①]

3. 人们的环境意识逐渐觉醒

1972 年 6 月 5 日，联合国在斯德哥尔摩召开以生态保护为主要议题的会议，探讨生态问题对人类的影响以及人们的应对之策，这次会议标志着绿色思想世界性传播的开始。与会的一百多个国家和机构的一千多名人员，对各个国家在世界性生态问题处理中的权利和义务分配问题做了分析，签署了《联合国人类环境会议宣言》，并希望世界各个国家都要为保护生态环境和治理污染而尽责。之后的第 27 届联合国大会把每年的 6 月 5 日定为"世界环境日"，呼吁大家在"世界环境日"前后要多多开展生态保护运动。这一做法反映出人们对当前环境问题的看法及观点，也表达了对生活与美好生态家园的基本诉求。1973 年，联合国大会成立了环境规划署，规划署的基本职能是处理联合国分配的生态环保方面的事务。以此为标志，环境保护的相关内容开始正式出现在人们的视野中。

（二）西方绿色发展思想的演变

从 20 世纪 60 年代开始，人们就开始对传统发展模式进行深刻反思，并形成了众多的绿色发展理论或观点。西方绿色发展思想的演变大概可以分为以下几个阶段：

1. 20 世纪六七十年代：对工业文明发展理念的反思

从 20 世纪六七十年代开始，伴随着对工业文明发展理念的思考，绿

---

① 张斌：《环境正义：缘由、目标与实质》，《广东社会科学》2013 年第 4 期。

色思想逐渐走入人们的生活。许多生物学家、医药学家或其他科技工作者从室内走向田野，利用调查研究的相关数据进行创作，揭露生态污染的现状，呼吁大家关注生态问题。1962年，蕾切尔·卡逊在《寂静的春天》一书中指出，农业生产中杀虫剂的滥用致使大量生物锐减甚至绝种，而且通过食物链的形式进入人的身体，危及人类的生存健康。卡逊认为，人们这是在用自己创造的文明来杀死自己，是自取灭亡的做法。《寂静的春天》一书开启了绿色思想发展的序幕，时至今日仍然在影响着许许多多的后来人。1968年，罗马俱乐部成立。罗马俱乐部以探求世界性的发展问题为己任，着力推动绿色运动在世界范围内的发展。1972年，德内拉·梅多斯等人出版了《增长的极限》一书，指出不加限制地发展经济的后果，必然是生态问题、发展问题、人口问题、社会问题等的积累和最终的集中爆发。罗马俱乐部成员提出的有限制的发展经济的思想，对于当今世界绿色发展的推动仍然具有借鉴价值。20世纪70年代之后，绿色发展逐渐从理论探讨向解决实际问题转变。康芒纳的《封闭的循环》从社会、生态、技术之间的矛盾入手，认为在处理相关问题和矛盾时应优先考虑生态环境因素的影响。因为在康芒纳看来，"新技术是一个经济上的胜利——但它也是一个生态学上的失败"①。因此，我们在处理涉及生态环境的经济、社会与技术问题时，不能只关注经济层面，也要关注自然领域。

2. 20世纪八九十年代：绿色发展思想的深化

20世纪八九十年代，绿色发展思想从区域性影响慢慢发展为具有世界性影响的理论形态。1987年《我们共同的未来》发布，即所谓的《东京宣言》。该宣言提出了"可持续发展"一词，希望各个国家在制定其发展规划和实施发展理念时，能够秉持"可持续发展"的基本观点。

"可持续发展"的出现标志着绿色发展将成为未来全球范围内重点关注的话题与发展战略。1992年，专门针对环境与发展问题的《里约宣言》诞生。《里约宣言》把人和自然的系统整体性作为基本观点放在第一位，强调权利视角中的人和自然的同等地位。之后，中国政府也颁布了实施可持续发展的规划、方针和措施，用实际行动来支持国际生态领域的保护与

① ［美］巴里·康芒纳：《封闭的循环——自然、人和技术》，侯文蕙译，吉林人民出版社1997年版，第117—118页。

合作。

除此之外，绿色发展思想的深化还表现在学理观点的发展演化上，主要是生态主义中的"浅绿"和"深绿"观点的出现。"浅绿"与人类中心主义观点相匹配，以人类为价值关怀的对象；主要针对生态变化的表面的浅层次问题提出解决方案，如对价值理念的改良和完善。"深绿"则排斥人类中心主义，强调整体性和系统性；认为生态问题只是问题的表面，人们应该透过表面现象去寻找隐藏的深层次原因，比如去探究人性的原因、社会的原因等，以重建文明世界的秩序。

3. 21 世纪至今：绿色发展思想的完善

进入 21 世纪，绿色发展思想为越来越多的人所接受，并且增加了许多的新内容、新观点。马克思主义生态思想科学表述了人和生态环境之间的辩证关系，强调了自然生态系统的物质统一性。人首先是作为动物而存在的自然物，而后才是作为自我而存在的社会存在物，自然界是人类存在发展的物质前提。在马克思那里，人的自然化与自然的人化是统一的物质发展过程。恩格斯也指出了人的自然属性和社会属性相统一的历史过程，强调自然界相对于人类社会的先在性、基础性，以及人类相对于自然界的主观能动性。人类应该立身于自然界本身而不是自然界之外，才能够正确认识和把握自然规律。党的十七大、十八大、十九大等重要会议特别强调保护生态、绿色发展等基本理念，强调我们在尊重自然规律的基础上去利用自然的基本思想，尊重和利用是推进绿色发展的基本前提，有利于解决人和自然的矛盾并实现二者的和谐统一。

（三）绿色思想的基本特征

绿色思想涉及的范围比较广泛，并不仅仅指涉生态环境领域，还包括与自然环境相关联的经济、文化、科技以及社会生活领域等，是多方面内容的系统综合。

经济领域中的绿色思想主要是指，在经济发展过程中既要考虑人民群众对物质产品的需求，可以维持社会生活的正常运转，又要兼顾自然资源环境的可承载力。这就要求人们在消费过程中保持消费的舒适和适度，而不是过度浪费；又要保持一定的经济发展速度。[①] 发端于欧美且流行于全

---

① 刘然：《西方绿党的绿色社会政治思想》，《高校理论战线》2006 年第 10 期。

球的消费主义理念应该被抛弃，否则经济发展有可能因为资源能源的短缺导致最终的崩溃。按照马克思主义理论观点，我们需要在劳动、管理、手段上进行改革，以绿色化为改革基调，推动经济的绿色发展。从劳动视角分析，绿色发展要求我们树立绿色的劳动道德，即让劳动者本身拥有绿色发展所要求的德行与规范，从谋生手段中解放出来而成为人的第一需要。从管理视角分析，绿色发展要求我们对于各种类型的公司或者企业都要实施工作人员的自治制度，尽可能考虑到区域性因素，减少生产成本，降低资源能源的消耗。

文化领域中的绿色思想主要是指，绿色发展需要绿色化的文化事业和产业的支撑，拒绝将文化发展导引到以赚取利润为目的的商品化、资本化领域中。文化产业的从业者要从纯理论研究中走出来，进入田野和基层，利用实践来推动文化的发展。这样一来，就要求我们一定要改变长期以来受西方机械论影响而又服务于传统经济发展模式的教育机制与体制，转而加强对青年人的环境教育、系统教育、绿色教育、和谐思想教育等，以树立良好的绿色发展理念。

科学领域中的绿色思想主要是指，对科学技术的开发和利用必须以有利于世界性或全人类可持续发展为宗旨，而不能有害于经济社会的健康发展，因为并不是所有的科学技术都可以以道德的名义被使用。当今世界越来越多科学技术的出现，并没有给这个世界带来更好更多的幸福与安全，而是数不尽的暴利、暴力、战争、恐怖等，这些现象的出现与科学技术的资本主义使用，以及利益集团追求利润扩张的行为是分不开的。所以，我们在发展科学技术时应考虑技术使用中的绿色因素，发挥科学技术积极的一面，而抑制其消极的一面，科学技术的发展以不危害人类社会的生存发展为最基本要求。从技术手段上分析，绿色发展对于技术的使用非常重视，要求大力发展"软技术"，即技术的开发和使用不对生态环境造成伤害，也不会带来太多劳动力失业，例如对清洁能源开发与利用的技术。

社会生活领域中的绿色思想主要是指生态女性主义所倡导的理论主张。生态女性主义认为，社会生活中出现的女性地位较低的情况是与自然退化现象联系在一起的，因此要把妇女解放与保护自然看作具有相同属性的保护对象。推动绿色发展思想的发展，要用先进和谐的家庭理念取代传统社会结构中的家长制思想，强调男女平等、机会均等，反对性别歧视，要求同工同酬。妇女不仅要拥有社会经济权利，还要从男权社会的附庸与玩偶中解脱出来，这才是社会文明的真正进步，也是自然本身的切实发展。

第二节 资本导向视野下绿色发展的批判

绿党人士企图以绿色的发展理念推动资本主义社会的完善和发展，解决资本主义社会所面临的问题，但却没能意识到，在资本主义控制下绿色发展及其理念根本无法脱离资本主义的约束，以己之矛攻己之盾的做法本身就是一个悖论，这一悖论扎根于资本主义血肉之中，而无法得到真正的解决。资本主义条件下的绿色发展不可能摆脱资本的影响以及资产阶级理论的局限性，追求利润仍旧是发展的动力和归宿。这就是说，即便是在一定范围内资本主义绿色思想与科学技术获得了较大发展，但受制于资本本身的力量，将会出现绿色与黑色并存、暴力与和平共在、生态危机与社会危机并存的情况，这是资本自身难以克服的发展障碍，其根源还是在于资本主义制度的本身。现在西方推行的绿色思想也逐渐成为为资本牟利的合法性辩护的手段。即便是抛开其他的方面暂时不谈，单就绿色发展理念本身的推行而言，包括生态殖民主义、政治体制等内容在内，都是绿色发展过程中必须克服的强大阻力。

一 生态殖民主义成为绿色发展的障碍

从 20 世纪中期开始，资本主义国家的发展进入到黄金时期，经济上的突飞猛进与科学技术的不断创新成为新特征。但与此同时，众多的环境问题也接踵而至，这些环境问题直接威胁到了资本主义国家人民的生存发展与资本对利润扩大化的追求。为了解决这一问题，一些发达国家选择将威胁到本国利益的高污染、高耗能企业迁移至落后国家或地区，主要以投融资的方式进行，这就是生态殖民主义。但是，当今世界的一体化特征使得生态殖民主义不仅危害到被污染国家和地区，也威胁到发达国家，因为在全球性的生态危机面前任何国家都无法幸免。正确分析与解决这一问题，需要我们对资本导向下的绿色发展展开批判，以应对环境领域的这种新殖民主义，推进世界范围内的生态文明建设。

（一）生态殖民主义的界定

生态殖民主义是与传统意义上的殖民主义相对而言的，但是二者具有相同的利益追求或行动目标，都是力图通过一定的手段来实现对资源环境、劳动力、价值理念、意识形态、发展模式等的推广或占有。只是二者在达成目的的手段上有所差异，传统殖民主义以战争、殖民、奴役、占有等为主要手段，而生态殖民主义则是以投资、建设、支援、人道主义等为主要手段，前者多体现暴力，后者多体现非暴力。当资源能源的争夺无法通过战争来实现的时候，一些有实力的西方国家为了自己的资源环境而对落后国家和地区展开新一轮的资源掠夺，而且会变本加厉，掠夺的数量更多、范围更广泛，造成的破坏和遗留的影响也越久远。发达国家通过投资建厂等方法直接实现在第三世界国家的资源占有，许多资源能源也不再运回本国进行生产，而是直接在这些落后国家展开，利用这些国家的劳动力资源、土地、能源等进行生产，生产的产品在全世界范围内销售，而由生产造成的资源消耗或环境污染却由这些生产国来承担。这种情况的出现与国际政治经济旧秩序的长期存在是分不开的，因为具有了公司和资本的合法外衣，加上人道主义宣传，所以生态殖民主义与传统殖民主义相比，更加具有隐蔽性和欺骗性，但其剥削性和掠夺性不但没有减弱，反而日益增强。

对发展中国家而言，因为自身综合国力的软弱使得自己在国际政治经济秩序中没有绝对的话语权，国际交流合作被发达国家操控和压榨，但是为了解决本国人民的生存和发展只能接受众多的不平等的国际贸易条约，包括出口本国的非再生资源，接受发达国家以合作开发、保护生态等名义下的生态殖民，于是大量高耗能、高污染而又高利润的企业从发达国家被淘汰之后进入了第三世界国家中，并成为这些国家或地区经济快速发展的推手。同时发达国家凭借强大的经济科技实力，通过制定相关的国际贸易法规和公约来实施对发展中国家的打压，保护本国的经济发展不受伤害，即所谓的绿色国际贸易壁垒。但是因为这一切都具有合法的外衣，所以反而在世界范围内受到保护，这是不平等的国际政治经济旧秩序的延续。

生态殖民主义已经在不经意间进入了第三世界国家并影响到这些国家人民的生产生活，正确对待这一现象需要我们对生态殖民主义进行深刻剖析，并采取多种方法联合第三世界国家来共同抵抗西方国家的这种非正义的做法。

（二）生态殖民主义的主要手段

西方发达国家为了攫取维持自身可持续发展的资源能源，对落后国家和地区实施生态资源环境领域的殖民政策，但是他们已经不再诉诸暴力手段，而是转向了披着"和平"、"慈善"外衣而进行的更加疯狂的占有和掠夺，加重了第三世界国家的环境灾难。

1. 对资源和劳动力的"合法"占有

这个内容在前面的论述中已经有所提及。资本主义要想维持其快速发展就需要实现资本在短时间内的大量增值，但资本积累必然带来的生态后果是资源能源的大量消耗和随之而来的环境污染。资本在灭亡之前是无法停止追逐利润的脚步的，所以在本国面临着资源短缺和污染加重的困境，并且资本利润下降而生产成本却不断增加的情况下，越来越多的西方国家转而追求生产过程的"外化"或"战略性转移"，在发展中国家开辟市场并从中获益。

在国际贸易中，发达国家一方面利用进口和输出的方式从落后国家那里获得质优价廉的初级工农业加工品，或利用跨国公司的形式在落后国家投资建厂，直接利用这些国家的廉价劳动力资源来生产商品，之后再把商品以高额的价格卖往第三世界国家中，以获得巨额的利润。通过这种手段，生产成本特别是生态成本将主要由第三世界国家来承担，发达国家从而实现了对第三世界国家的劳动力资源与生态资源的掠夺和占有。第三世界国家因为大量开发利用生态资源，破坏了本国的生态环境，使得生态成本的长久代价和经济利益的短期行为之间矛盾凸显。鉴于传统工业发展模式的不可持续性，大量生产与大量消耗使得许多地区的自然资源锐减或消失，众所周知，地球上热带雨林的快速消失就是明证，热带雨林的消失同时也伴随着许多物种的绝迹或灭亡。西方发达国家虽然人口较少，但是这些国家所消耗的资源能源占全世界总量中的八成，"生活在高收入国家的占世界人口 20% 的人群中，却消费着全世界 86% 的商品，45% 的鱼和肉，74% 的电话线路和 84% 的纸张"[1]，20 世纪 90 年代，"美国、日本、欧洲纸制品消费占世界的 2/3，所用木材几乎都来自第三世界"[2]。正是因为西

---

① 李慎明：《全球化与第三世界》，《中国社会科学》2000 年第 3 期。
② 同上。

方国家对生态环境和资源开发的关注和警惕，所以他们经常性地采用进口的形式来为本国人民正常的生产生活提供必需的能源。这种以损害他国而方便本国利益的行为充其量只能是异化的正义，并不值得赞扬和提倡。

2. 大规模转移垃圾和污染

发达国家经过若干年的绿色运动之后，生态环境确实有了明显改善，曾经污水横流的莱茵河现在也是水草丰美、鱼虾遨游。但是生态环境的这种显著变化除了本国的积极治理之外，还有一个重要原因就是他们把大量的垃圾和污染物转移到了第三世界国家中，涉及洋垃圾出口和夕阳产业的转移。

每年发达国家生产生活产生的垃圾数量巨大，要处理如此数量的垃圾，不但要耗费大量的资金，还会污染生态环境。于是他们将大部分生产生活垃圾、夕阳产业等转移到第三世界国家或某些地区，这些地区因此成为发达国家的垃圾场或废物倾倒地。据相关资料，美国大概每年要向其他国家输送有毒垃圾 200 万吨以上。中国是第三世界国家，也自然成为这些洋垃圾"出口"的重要国家。2006 年 11 月联合国的研究报告显示，每年世界范围内的电子垃圾接近 5000 万吨，此类垃圾中的大部分被输送到亚太地区。美国电子垃圾中的绝大部分也被出口到亚洲，特别是中国。[①] 中国由此变为发达国家最喜欢的垃圾处理场，加之受垃圾处理能力的限制，大部分的洋垃圾未曾深度处理就被填埋和丢弃，给农田、空气、水源等带来了污染，直接或间接地损害了人的生存发展。自 2018 年 1 月起，中国政府明令禁止洋垃圾的进口，包括塑料、纸张、纺织品等，这立刻引起了一些发达国家的恐慌，也恰恰说明了这一问题。也可以说，我国环境问题之所以如此集中爆发，发达国家的垃圾和污染的转移也做出了一部分"贡献"，对此我们要保持清醒的认识。

至于发达国家污染的转移主要是指夕阳产业的转移。夕阳产业是指那些环境污染严重、能源消耗量大的产业的转移，由于这些产业大多数利润丰厚，所以资本家们自然不会放弃生产，而是转移生产的战场到第三世界国家中继续他们追求利润的过程。这是许多第三世界国家环境污染严重的

---

① 郭尚花：《生态社会主义关于生态殖民扩张的命题对我国调整外资战略的启示》，《当代世界与社会主义》2008 年第 3 期。

一个重要原因。这些夕阳产业主要包括化工、水泥、电解铝、农药、造纸等污染大户。作为发展中国家，包括中国在内，出于发展经济以解决贫困落后问题的考虑，也可能由于招商引资政绩的需要，发达国家的这些夕阳产业往往以高昂的姿态进入到中国的某些地区，一时成为这些地区财政收入的主要来源。资料显示，日本60%以上的高污染产业已经转移到东南亚和拉丁美洲；美国也有39%的高污染产业已经转移到第三世界。[①] 结果就是，许多第三世界国家转变为石化产业的聚集场所。西方世界这种转移夕阳产业的做法极大地伤害了落后国家的生态环境，也带来了不可估量的损失。

3. 利用结构性暴力推动其生态殖民

结构性暴力是欧美等国家对落后国家实施的各种手段和方法的总称，是借助政府的、民间的力量，政治的、经济的压力，思想的、文化的软实力等施加的综合性影响。由于实施暴力的主体有时候难以确定，故而冠之以结构性的限定。

欧美等先进国家对落后国家实施结构性暴力，同样可以起到生态殖民的作用。利用其政治、经济、军事、外交、文化等方面的优势地位对其他国家施加压力，迫使这些国家接受欧美等先进国家的不平等条件，从而达到攫取资源和占领市场的目的。落后国家受经济科技水平的限制，其农产品和工业制成品的含金量往往较低，在国际市场贸易中无法占据主导地位，只能以低廉的价格出售给先进国家，赚取可以支撑本国经济发展和科技发展的资金，但最终却成为这些先进国家资源能源的供应地和廉价的劳动力市场。一些发展中国家被迫生产单一的初级的农产品和工业品，以供发达国家经济发展和社会生活之需。但是，也正是由于经济结构的单一，又依靠资源能源的支撑，第三世界国家的生产成本与生态成本日渐加重。詹姆斯·奥康纳列举了巴西某些地区单一蔗糖生产的例子，认为单一性种植对土地造成了破坏，对生态环境也产生了不利影响。农业用地在一些地方出现了大规模减少的趋势，主要有两个方面的原因：一是随着城市化进程的推进，许多原来以土地为生的农民离开了土地进入城市；二是由于生

---

① 参阅包晴《中国经济发展中环境污染转移问题法律透视》，法律出版社2010年版，第1—20页。

存环境被破坏而导致的土地使用量的减少，如沙尘暴、沙漠化、植被的破坏、化工垃圾的污染等。单一性经济结构使得使用模式固定，破坏了土壤的有机构成成分，也带来了生物多样性的减少，破坏了生态系统的稳定性。

4. 利用绿色贸易壁垒保护本国利益

绿色贸易壁垒是发达国家实施生态殖民主义的另一重要手段。绿色贸易壁垒或环境贸易壁垒是指欧美发达国家为保持其在国际政治经济秩序中的话语权和维护本国利益而设置的关于生态保护和人类健康的环境标准。虽然美其名曰国际性的环境标准，其实只是这些发达国家自己的环保标准。因为无论是在经济上还是在技术上，许多第三世界国家都无法达到欧美国家所制定的环境标准，这样一来，国际绿色贸易壁垒就变成了对发展中国家有限制性而对发达国家不加约束的局面，许多依靠出口贸易而生产的地区就会因为绿色壁垒而更加被动，对发展中国家愈发不利。发展中国家为了能够获得促进本国经济发展需要的外汇往往只能接受这些不合理的贸易政策，出口初级农产品和工业品等基础性资源。

在发达国家操控下制定并颁布的许多国际性环境公约、条约并不一定是公平的，因为每个国家的基本情况是不同的，采取"一刀切"的办法来应对世界性生态问题本身就是不公正的表现。究其原因，还是为了保证本国产品与国际上同类产品在市场竞争中可以占据优势地位，并遏制发展中国家同类产品的出口。

还有一个需要注意的方面就是，绿色贸易壁垒的制定也是人们健康意识不断增强的反映。随着人们物质条件的富足，越来越多的人开始关心绿色与安全，关心商品生产过程和消费过程的生态与健康，是否对环境产生伤害等问题。由此，人们开始对生产模式和消费模式、对环境政策和社会保障等问题提出了大量意见和建议，这些绿色、健康、卫生等要求也为绿色贸易壁垒的制定增加了越来越多的限制条件。

5. 利用财政手段推动生态殖民主义

在世界一体化背景下，发展中国家越来越感到国际政治经济旧秩序的不良影响，希望在新的国际秩序中各国可以公平地进行贸易往来。虽然国际社会为此进行了不懈努力，但是收效一般。联合国《里约宣言》《东京宣言》《世界环境公约》《2030 年可持续发展议程》《巴黎协定》等许多文件都希望发达国家可以为第三世界国家提供金融、技术、设备等方面的帮助。但实际情况是，发达国家是否提供这些帮助以及帮助大小要看对他们自身是否有利而定，并且还要冠以"正义"之名。不管是世贸组织还是世界银行等，实质上都是发达国家控制世界、获取利益的手段而已，这些机构多以获取利润为第一要务，奉行新自由主义政策，生态环境因素并不必然是这些机构发展规划中的第一因素。发展中国家在接受这些金融机构的"援助"的同时也会接受其附属的众多条款，国外资本由此在援助国大行其道，还披上了"正义"的外衣。

世界银行、国际货币基金组织等金融机构对其他国家实施的财政支持，在光鲜外表背后隐藏着深层次危害。在国际资本进入本国之后，发展中国家的发展就日益受这些资本的影响，有的甚至影响到这些国家经济发展方式的转变，这种现象的最直接后果就是资本日益扩大的影响与发展中国家经济的日渐衰弱，以至于这些国家在残酷的国际竞争中长期处于劣势地位。对于接受援助的发展中国家而言，国家本身获益并不占优势，大多数资源或利益为少数精英所瓜分。而这些国家的底层人民却要承担因为城镇和工业化的扩张而带来的生态危机。从长期效应来看，西方国家为第三世界国家提供的财政支持虽然可以解决一时之难，但是却加重了这些受援助国的社会不平衡与生态不平衡。退一步来说，资本对落后国家的支持并不是首要的，当落后国家无法为资本提供更多的利润的时候，资本将不再支持他们的发展，更不关心他们的未来世代的生态环境。所以，利用财政、金融等手段推动生态殖民主义才是最隐蔽的殖民手段。

（三）生态殖民主义的危害

受资本驱使和出于对国家利益的考虑，西方国家置全世界整体利益和长远利益于不顾，践踏国际正义的基本原则，向落后国家和地区转移夕阳产业、输送垃圾，致使这些国家的自然生态系统被破坏，人民的生命、财产、健康受到威胁。虽然受益于生态殖民主义政策，发达国家生态环境有所好转，但是当今世界是一体化世界，在生态危机面前没有哪一个国家能够成为例外。

1. 生态殖民主义对发展中国家的危害

一方面，是对发展中国家生态环境的破坏。自然界是人类得以存在的物质前提，对人类社会的发展至关重要。在从黄色文明到黑色文明的发展过程中，自然界的基础性作用以生产方式或社会生活方式的形式表现得彻底而充分。但是随着人的需求的不断增长与财富欲望的永无止境，人们加快了从自然界获得资源能源的速度，也带来了对自然环境的破坏。作为发展中大国，我国也长期沿用工业化发展模式，工业化模式的发展成果还没有来得及仔细品味，就已经要面对残酷的生态危机的影响了。之所以出现如此严峻的生态问题，是我国经济发展模式使然，还因为欧美先进国家对我国施加的生态压力，致使我国在很长一段时间内都被动地接受这些国家的污染转移和垃圾处理。第三世界国家经济技术落后的现实使得他们获得外资的手段和方式变得单一且低效，主要是以基础资源和劳务输出的方式获取外汇。不管是基础性的资源贸易还是资本的进入，都不可避免地带来第三世界国家的经济困境和生态危机。

另一方面，是对发展中国家的经济发展的限制与破坏。自然资源是经济社会发展的物质前提条件，离开了自然界的支持，人类社会将无法延续。由此可以看出，一个国家资源能源的储量和质量对经济发展，乃至综合国力的重要影响。第三世界国家由于受制于经济科技实力的影响，无法在工业发展方面与发达国家相抗衡，只能靠发展低附加值的农产品等来参与国际竞争。但是低附加值农产品的大量生产，特别是单一农产品的生产，不但影响了其他行业的正常发展，也使得土壤、物种等受到破坏；低附加值矿产品的大量生产和出口使得本国资源能源出现短缺，甚至消失。这种用基础能源产品换取经济一时发展的做法影响了经济结构的正常发展，结果就是，第三世界国家不但不可能摆脱发达国家的控制，反而被控制得更加牢固，生态殖民主义也将长期存在。

2. 生态殖民主义对发达国家的危害

自然界作为一个系统整体，其发展演化都具有一定的规律性，自然界中众多子系统在自然界整体系统中发挥着各自的作用，而又是彼此相互联系、不可分割的。无论是发展中国家还是发达国家，他们所在的自然环境都隶属于生态系统整体的一部分，其中一部分的变化必定会影响到另一部分的正常运转。比如影响全球的温室效应即是如此，不论是什么性质的国家都难以幸免，特别是沿海国家与地区更是如此。生态危机的产生可能是国家或区域性原因，但是生态危机带来的危害却是没有国界的、全球性的。

正是基于这样的理论观点，欧美国家为了自身利益而推行的生态殖民主义最后将把大火引向自身。当地区性的环境危机转变为全球性的环境危机时，世界性经济危机、社会危机、文化危机的到来将是迟早的事情。到那时，人类生存的地球家园将是满目疮痍、毫无生机。包括发达国家在内的全人类将为自己无节制地开发利用自然资源、无限制地污染环境的行为买单。

3. 生态殖民主义对未来世代的危害

人类社会是一个经常性的繁衍生息、新旧更替的变化发展过程，现存的人们在继承前辈人创造的各种财富的同时，也在为后代人的发展留下可供延续的财富或条件。随着生态危机对整个世界影响的加深，对未来世代持续性发展的影响问题成为必须要回答的问题。我们要为子孙后代留下什么样的生存环境？生态殖民主义带来的危害是，不仅将危害转移到其他国家和地区，也使得这些危害长久地危害到子孙后代，从而威胁到了人类社会的生存发展。人本身就是自然，自然界是人的无机身体。生态危机的出现表明人和自然的异化形态，也就是人与自身的异化状态。当人与自身相异化时，人类社会将面临生死存亡。所以当人的无机身体的自然界被污染破坏，人类生存发展的质量和水平也将下降，或被破坏，甚至失去，更不要说子孙后代的繁衍生息了，为生态代价最终买单的只能是人类自身及其子孙后代。

二　西方绿色思想为资本牟利的合法性辩护

虽然生态马克思主义思想试图从不同方面对带来生态危机的资本主义社会进行分析和批判，试图找到引起西方社会危机包括生态危机的根源。生态马克思主义也对包括资本在内的资本主义进行了剖析和批判，但是这种批判在追寻解决生态危机的途径时，却把维持"人和自然"的和谐发展当作根本之道，并且这里的"人"不但包括社会主义范畴，也包括资本主义在内，从而实现了在批判之后的和解，变相地为资本牟利行为寻找合适的与合法的借口。

（一）资本主义的本质没有改变

资本自从诞生那一刻起，就以追求最大化的利润作为其扩张的动力和目的。资本进入生产过程及其实现资本最大化的现实表现就是，扩大生产规模、增加投资数量、鼓动人们消费等，大量生产、大量消费的生态后果是对资源能源的掠夺和浪费，对环境带来的污染和破坏，由此资本、资本属性及其张力成为生态危机的幕后推手。当今世界是社会化大生产、全球经济一体化的世界，世界各国都把绿色发展看作有效克服生态问题的方法和手段，非绿色发展行为在国际市场上逐渐失去效力。在这种情况下，资本主义国家打着"绿色"发展、"共享"发展的旗号，大肆对第三世界国家进行新一轮的殖民主义，面对生态危机，资本仍然没有停下它追逐利润的脚步。

从表面看来，发达国家与发展中国家的合作似乎是以"双赢"作为其合作的结局的，因为发达国家可以从发展中国家获得廉价的劳动力、生产资料等，而发展中国家也可以从中获得先进的技术、先进的管理理念、增加财政收入、带动本国经济的发展等，但实际情况是，在资本的逐利逻辑之下无论是先进的技术还是管理经验，都只是资本实现增值的工具，资本主义的生产方式仍然在起作用并为资本服务。资本投资生产技术、提高生产能力、扩张产业规模或者是利用新的商品丰富消费市场等行为，都是为了能够获得更多的增值的资本。而维持上述生产过程或价值增值过程的前提是大量资源能源的支持，以及对垃圾和污染的处理，但是发达国家在自然资源的开采和环境污染的标准方面已经做出了严格限制。这样，在本国的生产成本和生态成本增加、利润锐减的情况下，资本将目光转移到了发展中国家，因此资本的本质并没有因为生产条件、社会条件、自然环境的改变而改变，资本仍然是自然环境的头号敌人。

（二）绿色发展仍然从属于"资本"

资本主义国家为了解决资本扩张所面临的生态环境制约，为资本主义发展创造便利条件，也在不断推行"绿色发展"。但是这里的"绿色发展"具有特定的指向，相对于资本主义国家和发展中国家而言，"绿色"是偏向于资本主义的，对于发展中国家则是一种生态殖民，更多的是付出和消耗。相对于本国国内而言，"绿色"是偏向于资本的逐利性的，发达资本主义国家为了维持本国经济的稳定和继续发展，利用其科技和经济优势不断向外拓展，以援助和公正之名谋求更多的资源能源。

但是，所谓的先进的科学技术也只是相对于发展中国家而言的先进性，对于发达国家来说，最先进的科学技术是不可能出售或使用在发展中国家的，保持相对的科技优势是资本在激烈的市场竞争中保持不败的有力武器，也是资本得以继续牟利的强有力手段。发达国家将技术含量不高而又耗费太多能源的技术出售给发展中国家，带来了大量的生态问题。生产的产品或带来的利润归这些发达国家所有，而发展生产带来的环境污染、制造的垃圾却留在了落后国家中，并逐渐积累发展为生态危机，这样，资本主义的绿色发展不但没有解决生态问题，反而将生态问题拓展为世界性的事件。受新自由主义的影响，在资本主义的民主逻辑中暗含着深刻的层级划分和社会差别，特别是以世界银行首席顾问劳伦斯为首的资产阶级学者认为，先进国家理应拥有优秀的自然物质条件，而落后国家的第一需求并非生态与自然，所以他们不应该拥有美好的自然物质条件。这里的先进国家是在残酷压榨发展中国家的财富和自然资源环境的基础上发展起来的，而他们自己却可以凭借这种转嫁和转移，实现自身自然环境的改善与经济的健康发展，如此一来，这些发达国家又具有了可以向世界炫耀的绿色发展的标本。

（三）绿色思想与绿色发展相异化

谨防"绿色"成为资本牟利的手段和资源消耗、生态污染的新代称。绿色发展思想主要是提倡生活方式的"绿化"，即呼吸的大气要绿，吃的东西要绿，住的地方要绿，穿的衣裳要绿，喝的水要绿，出行要绿，旅游要绿，等等。实施绿色发展思想的初衷是好的，希望能够提升绿色在生产生活中的含量，保障人们的身体健康、生活幸福等。但是，事情都要一分为二地看待，如果绿色消费理念成为人们必须且必然选择的理念的话，将会提高生态成本和生产成本，因为用目前的经济发展状况和科技力量还不能支撑绿色消费理念的全方位实施，只能在现实的经济科技水平的基础上逐渐提高，循序渐进，那才是可行的。

但是绿色消费理念并不是资本本性的最真实体现，这种理念和资本本性是背道而驰的，资本本性只有一种表现，那就是逐利，因此绿色消费理念与资本主义绿色发展之间出现相背离、相异化的现象。现代化大生产使得生产集中化程度越来越高，技术越来越先进，人员技术能力越来越高，同时对资源能源的需求也越来越多，结果是资本主义绿色生产带来的直接结果与绿色发展提出的"绿色"之间的距离越来越远。在大量生产之后，资本家还要利用各种媒介和手段鼓动人们大量消费，并把消费产品的数量和能力作为判断人是否幸福与成功的标准，使得人们对幸福的追求也偏离了正确轨道，出现了消费上的异化。上述做法的最终影响是，资源能源的减少和污染的不断增加，人们的生活水平不仅没有因为物质财富的增加而幸福，反而越来越不幸。

三　绿党政治成为资本获取利润的新手段

绿党的出现对于资本主义国家的政治生活和社会生活产生了巨大影响，一度引起了资产阶级的恐慌。但是，随着条件的变化，绿党也逐渐发生了改变，一些绿党由原来的纯粹为了人类的生态环境而努力的政党，逐步转变为了保持自身的生存发展而不断调整自身建党规则的政党，以便在政党林立的资本主义政治经济体系中生存下去。资产阶级发现，绿党的出现带来的改变不但没有危及他们的生存，反而是一种促进和警醒，可以利用绿党及其形式来进一步巩固资产阶级的政治统治，实现资产阶级利益的长久化和正常化。

（一）绿党无法摆脱西方政治体制的局限

绿党的诞生、成长和发展都是在西方资本主义社会中，这一前提决定了绿党无法从根本上摆脱西方政治体制的限制，从而使绿党只能天然地代表一部分人的利益；而伴随社会分工与专门化的不断发展，社会利益的分化也逐渐凸显，绿党想要维护自身的权益，也只能沦为"传统政党"中的一员。

任何政党的生存和发展都需要一定的物质基础和社会大环境，绿党也不例外。为了维护自己的权益，或者是在竞选中获胜成为执政党，在这一过程中不可避免地会与相关利益集团形成媾和。各个集团为了顺利实现其组成人员的共同利益就要寻求政治支持和保障，为承诺当选后支持集团利益的候选人组织选票，为与本集团立场相近的政党提供竞选用的资金。[①]政党则通过实施向集团倾斜的公共政策的政治模式，为利益集团提供方便之门，如此一来，政治和利益就纠结在了一起，腐败现象也随之产生，"权钱交易"以隐蔽的方式在进行。这样一来，"政党"就沦为了利益集团攫取利润的保护伞。

（二）绿党政治的"全球化"发展战略

随着全球化时代的到来，特别是信息、交通、生化等技术的发展，使

---

① 唐兴军：《西方政党政治中的利益集团、政党腐败及其治理》，《理论与现代化》2014 年第 2 期。

得地球变得越来越小，人们的联系也越来越紧密和方便。不管是传统的战争侵略还是现在众多的区域性经济金融组织的诞生，都在宣告着这样一个事实，那就是全球化浪潮中任何一个国家都不可能故步自封，关起门来搞建设，各个国家和地区之间进行交流是正常的。各种各样的交流和合作越来越频繁，形式也越来越丰富，包括政治的、经济的、文化的，包括政府的、民间的、团体的，也包括全球性的、区域性的，还包括人的、物的。这些交流与合作影响着社会的发展，也改变着人们的生活方式。

全球化对任何国家而言都不仅仅是挑战，同时也是难得的发展良机。第二次世界大战之后，世界上出现了许多新独立的国家，这些国家因为长时间被他国统治，致使政治无权，经济萎靡，技术陈旧。建国之后，急需改变原来的经济发展状况，提升国家的综合实力。全球化时代的到来对他们来说是挑战，更是机遇。在这样的背景下，作为新生的政治产物的绿党，也抓住难得的良机向外扩展，力图把其发展理念推广到全球范围。发展中国家期待以此为契机，努力缩小与发达国家的差距；而发达国家也要扩大生产、开拓市场，但是本国所提供的可能和条件早已无法满足资本的需要，为此他们只能向外寻找发展的空间和获利的可能性。所以，这些先进国家也借助绿色发展理念，积极参与全球化发展过程，开展对外贸易，以确保自身的经济维持在稳定的发展水平。

旧的殖民时代为殖民国家留下了太多的伤痛，资本主义国家需要以一种新的、表面上更为缓和的殖民方式即绿色政治的方式实施统治，继续巩固自身的领跑地位。因此其凭借着以往在国际政治关系、贸易往来中的优势地位，进一步强化自己的政治话语权和贸易议价权。可以说，资本主义国家的本质没有变，它依然在对发展中国家进行着殖民统治，只不过变得更加隐蔽与合法，绿党政治也只是其存在的伪善的外表而已。

第三章 民生导向视野下绿色发展的现实基础和中国进程

　　资本主义在绿色发展方面迈出了重要一步，但面临着自身无法解决的难题。美国学者理查德 B. 诺加德认为，"生态文明"一词源于中国，这一词语既是对工业化黑色发展模式与经济至上理性的剖析，也是对世界性生态危机的积极应对。社会主义中国对生态文明建设的理解具有非常独到的地方，反映着中国的话语体系特点，是对解决世界共同面临的生态问题的重大贡献。在社会主义生态文明建设过程中，毛泽东同志从我国所处的国内外形势出发，提出了保护环境、植树造林的建议，要求在一段时间内把荒地荒山消灭掉，在条件适合的地方进行绿化种树。除此之外，毛泽东还提出了兴修水利设施以及控制人口数量、提升人口质量等建议，以尽可能缓和自然环境与经济社会发展的矛盾。虽然有学者认为毛泽东的这些建议不属于生态文明建设范畴，但是在当时国内外政治、经济、军事等艰苦条件下，能够把我国的经济社会发展、人们的生活水平的改善与自然环境相联系，已经表明了第一代国家领导人在人与自然环境问题上的高瞻远瞩，因此把毛泽东关于环境建设和保护的思想归于生态文明建设的早期探索是可行的。邓小平同志认为，获得物质财富不能以破坏环境为代价，生态保护也不能忽视经济发展。我们种草种树的实际行动不仅有利于生态环境朝着好的方向发展，也有利于人民生活状态的改善。江泽民同志则阐明了发展经济与生态保护之间的辩证关系，指出要确保经济社会的可持续发展，把可持续发展上升为重大的发展方略。在确保经济建设的同时，实现经济与生态环境之间的良性循环。之后，我们又针对现实的生态难题提出了科学发展观、绿色发展等基本理念。在民生导向视野下，我们在绿色发展方面不断探索和实践，步履留痕。一方面，民生工作的推进为我们践行绿色发展打下了坚实的现实基础；另一方面，绿色发展理念也是我国传承数千年的优秀的思想文化，是中国特色社会主义的重要内容，也是中国共产党自执政以来就坚持不变的发展理念。2015 年 10 月在党的十八届五中全会上，我们提出了创新、协调、绿色、开放、共享五大理念，绿色发展理念正式进入到国家政治生活和人民的实践活动中。绿色发展的目的就是要建设经济社会发展与自然环境保护之间的和谐状态，推进社会主义生态文明建设，也为全球生态安全做出新贡献。

第一节　民生导向视野下绿色发展的现实基础

绿色，其实是人们对幸福生活的一种渴望，也是对一种新的生活方式的追求，更是一项关乎人民幸福生活的基本保障。因此，绿色发展需要从人民的需求角度出发，即在民生导向视野下，进行不断的完善和发展。绿色发展不是孤立进行的发展，而是与社会主义的经济、文化、社会、政治建设联系在一起的发展模式，各部分相辅相成、息息相关。经济建设为绿色发展提供了物质层面的基本保障，确保各项工作都能顺利进行；文化建设通过教育、宣传等在精神层面提升人民践行绿色发展观的自觉性；社会建设通过相关体系的完善，为绿色发展提供稳定的社会大环境；政治建设则从制度和法律层面来保障绿色发展的有法可依，确保运行机制的良性循环。

一　社会主义经济建设为绿色发展提供物质基础

所谓"经济基础决定上层建筑"是指经济基础的性质及其表现形式决定着上层建筑的性质、发展形式、发展内容及其方向。经济的繁荣和发展对于各个领域的发展而言，都是处于大厦的根基部位，为其提供着丰富的现实基础，提供良好环境与和谐氛围。虽然社会主义经济建设的底子薄、起点低，但是当我们在确认了正确的发展方向、实现快速发展之后，就可以为社会主义各领域的建设打下良好的基础，也为绿色发展的实施提供物质保障。

（一）改革开放以来我国经济建设的探索

1978 年 12 月召开的十一届三中全会成为改变我国历史命运的重大事件，也为中国特色社会主义发展开辟了一条光明之路，我国经济建设进入到新的发展阶段。十一届三中全会对一些偏离了社会主义发展方向的决策和实践进行了纠正，重新确立解放思想、实事求是的思想路线，去除了"左"的思想对我国经济社会发展的不利影响，把国家工作重心转移到社会主义建设上来，并着力推进改革开放实践，从而为探索建设具有我国特点又符合我国实际情况的发展道路做好了制度保障，并在实践中推动改革开放得以起步。会议强调："全党工作的着重点应该从一九七九年转移到社会主义现代化建设上来。"① 1979 年，邓小平明确使用了"中国式的现代化道路"这一命题，指出："过去搞民主革命，要适合中国情况，走毛泽东同志开辟的农村包围城市的道路。现在搞建设，也要适合中国情况，走出一条中国式的现代化道路。"②

1984 年 10 月，在《中共中央关于经济体制改革的决定》报告中，我们从理论层面和实践层面就如何推进经济体制改革等关键问题进行了科学布局，认为商品经济阶段是"社会经济发展不可逾越的阶段，是实现我国经济现代化的必要条件"③。该决定深化了经济体制的内涵，是对党的十二大提出的"计划经济为主，市场调节为辅"原则的发展，既丰富了科学社会主义理论体系，也指导着我国经济体制改革的发展方向。党的十三大会议的召开标志着有中国特色社会主义理论的基本成熟。党的十三大会议关于社会主义的发展阶段、发展动力、根本任务、外部环境、战略布局、时代特征等方面都做了详细说明，在形式上已经打破了改革开放之初形成的计划和市场相分离、相对立的不利局面，促进了科学社会主义理论与我国现实发展情况的融合与再次飞跃。

1992 年邓小平到南方地区调研时，特别强调并阐明了建设有中国特色社会主义经济的实践路向。邓小平指出，判断一个社会的属性不能看市场与计划在这个社会中所占比重的多少，计划和市场本身并不只属于社会主义或者资本主义所特有。"计划经济不等于社会主义，资本主义也有计划；市场经济不等于资本主义，社会主义也有市场。"④ 邓小平为我们厘清了意

---

① 《改革开放三十年重要文献选编》（上），人民出版社 2008 年版，第 13 页。
② 《邓小平文选》（第 2 卷），人民出版社 1994 年版，第 163 页。
③ 徐向艺：《从马克思到邓小平：政府与市场关系理论探索》，《当代世界社会主义问题》2003 年第 2 期。
④ 《邓小平文选》（第 3 卷），人民出版社 1993 年版，第 373 页。

识形态领域中长期争论不休但又非常重要的大问题，那就是社会主义可不可以和市场经济相结合，结合之后会不会给社会主义制度本身带来重大伤害的问题。

江泽民继续探索我国经济体制改革问题，指出要实现社会主义市场经济的建设目标，就要加强国家的宏观调控手段和调控能力，充分发挥市场在资源配置中的基础性作用。党的十四大报告又强调指出，要把建设市场经济体制作为社会主义经济体制改革的方向。1998 年，党的十五大报告对如何完善经济体制改革，如何加快推进经济发展方式的转变等问题做了深刻阐述，一方面强调社会主义经济体制建设的重要意义，另一方面又要求我国经济的平稳快速发展，这两个方面被认为是 21 世纪开始头十年中的重要任务。党的十五大报告的重点仍然在深化改革方面，要求经济发展模式的转型升级，并对进入新时期后我国经济建设的目标再次详细定位，以推进我国经济发展道路的平稳向前。

在党的十七大报告中，胡锦涛针对我国面临的发展困境和要实现的发展目标做出深刻论述，强调"全面、协调、可持续的科学发展观"的重要性。为推进我国经济社会的可持续发展，党的十七大报告指出我们在自主创新能力、加快经济发展方式转变、完善基本经济制度、统筹城乡和区域发展、完善宏观调控等方面应该努力达到的目标。2010 年，党的十七届五中全会指出，在"十二五"规划发展时期我们要进一步深化改革，转变经济发展方式，"十二五"规划中关于我国经济社会发展的相关论述也成为推动社会主义发展的科学指南。

党的十八大以来，习近平总书记对当前中国经济的发展目标和方向做了系统阐述，对新常态下推动经济发展提出了系统要求，指引着我国经济建设的前进方向。党的十八届三中全会又提出"使市场在资源配置中起决定性作用"，把市场在资源配置中的作用从基础性上升为决定性，实现了我们在市场经济理论上的重大突破。在市场对资源配置起决定性作用的条件下，政府更要加强宏观调控能力，确保市场秩序的健康运行，为推进绿色发展、建设社会主义生态文明而服务。

（二）改革开放以来我国经济取得的成就

40 多年的改革开放实践，带来了丰硕的成果。不但调动了群众的生产和建设积极性，为我国经济体制的转型做出了巨大贡献，也实现了我国从半封闭到全方位的开放发展，中国经济发展的速度和效益为世界所关注。当然，我国经济发展的巨大成就也为绿色发展提供了坚实的物质基础。

GDP是反映国家经济发展情况的重要指标，改革开放以来中国的GDP增长幅度较大，进入21世纪新阶段后发展更是迅速。国家统计局网站2013年11月5日数据显示，改革开放至2013年，中国GDP年平均增长率为9.8%，而世界同期为2.8%，对世界GDP贡献率超过20%。[①] 2017年7月17日国家统计局公布了国民经济发展的相关情况，我国上半年GDP同比增长6.9%，再次超过国内外的预期。[②] 如此庞大的经济体量仍然保持着高速度的发展，这给我国生态文明建设事业的发展提供了保障。在财政收入方面，从1978年开始，我国财政收入呈指数规律在快速增长，财政收入总量也在不断增加，对生态文明建设投入的资金也在提高，使绿色发展理念得以不断贯彻。2016年的财政收入（159552亿元）是1978年（1132亿元）的141倍。一个国家的财政稳定且不断增长对于提高群众的生活水平，合理配置各项资源，促进社会分配领域的公平正义具有积极意义。

（三）我国经济建设为绿色发展提供物质基础

党的十八大报告指出，在未来很长一段时间内发展仍然是我们解决所有问题的关键，包括解决生态问题在内。党的十九大报告指出社会主义中国已经进入了新的历史发展时期，人民对于良好的生态环境的要求越来越高，但是现实生态环境现状却无法满足这种需求，这是我们今后要切实解决的重大问题。解决生态安全问题已经成为解决新时代我国社会主要矛盾的重要内容，也表明我们坚持绿色发展的态度毫不动摇，绿色发展成为时代的主色彩，影响着我国经济结构的优化升级。

加快经济结构的优化升级有利于推进我国的生态文明建设。因为经济发展方式的转变可以改变资源能源的供应结构，改善资源能源紧缺的状况，提升利用效率，减少垃圾和污染，保护生态环境。也就是说，经济发展方式的转变对于推进生态文明建设具有基础性作用。所谓的经济建设不

---

① 《国家统计局：2013年我国经济总量占世界12.3%》，中国政府网，http：//www.gov.cn/xinwen/2014–09/28/content_ 2757979. htm。

② 《国家统计局发布2017年国民经济运行成绩单》，转引自中国社会科学网，http：//www.cssn.cn/zx/bwyc/201801/t20180119_ 3822444. shtml。

过是人和自然界之间的改造和被改造的物质关系的表现而已，在人类社会中表现为人民群众物质生活水平的改善和提升，是社会发展的前提条件；在自然界视域中不过是表现为自然界资源能源的减少和环境的破坏程度。生态文明建设需要强大的经济力量的支持，经济建设成为生态文明建设的物质基础。尤其是当自然环境被严重伤害之后，而人类又无法停止破坏的脚步时，强大的经济基础就是建设生态文明必需的前提。

人的因素才是最关键的因素。经济发展的目的是要不断提高人民群众的生活水平和质量，试想生存于恶劣的生态环境中的人们即便拥有强大的物质财富又有何幸福可言。所以，经济发展要以确保高质量的生态环境为先。因为发展并不仅仅是经济总量的增加，发展还包括经济之外的文化的发展、社会的发展、生态的良好、政治的清明等。国内外经济发展的生态后果已经证明，发展绝不能只限于经济总量上的单纯增加，还包括社会各方面的发展。工业化发展模式带给了我们强大的物质力量，但也严重破坏了自然生态环境，这种发展模式是不可持续的，必须加以改变。我们应该利用既有的物质技术力量来改变经济发展模式，变不可持续为可持续发展，既可以不对人民群众的生产生活带来太大影响，又有利于生态环境建设。

二 社会主义文化建设为绿色发展提供精神动力

文化是人们的精神食粮，是综合国力的主要方面，也是推动绿色发展的精神力量。积极向上的文化有利于经济社会的发展，消极落后的文化则阻碍其发展。绿色发展理念的出现是在继承马克思主义理论和中国传统文化中生态思想的同时，以现实中遭遇的生态问题为基本抓手，顺应时代发展的要求，又经过我国历届中央领导集体的探索而形成的先进理念，这一理念将引导我国经济社会的未来发展方向。从文化建设层面来看，践行绿色发展理念的进程就是加强生态环境教育，培育公民的生态素养，普及绿色发展基本知识，大力构建绿色文化产业体系等，绿色文化建设将为绿色经济的发展提供精神动力和智力支持。

（一）加强生态环保教育，树立绿色发展理念

党的十八届五中全会正式提出绿色发展理念，并把这一理念当作推进生态文明建设的重要内容来对待，旨在实现人与自然和谐共生。人类所面临的生态危机的根源在于人类不合理的生产生活方式。所以，要解决生态

问题就必须建设生态文明，实现经济发展与生态环境的和谐统一，要从人这一历史发展的主体出发，寻找解决问题的出路。大力推进生态环保教育，引导人们树立正确的绿色发展理念刻不容缓。

生态环保教育作为面向整个社会的一种全民式教育，主要目的是提高全体社会成员的环保意识，提升民众的生态素质，最终实现人与自然和谐可持续的发展。一方面，加强生态环保教育可以通过将其渗透在国民教育体系的各个阶段中的办法去实现。配合不同阶段的学生情况，将生态文明的理论和绿色发展理念的意义融入到日常的课堂学习过程中。当前国内外环境污染都比较严重，生态危机进一步恶化，多种自然灾害频繁发生，给人类正常的生产生活带来了严重影响。我们可以把生态实践的具体现象与相关理论进行结合，通过采用多媒体技术的方法，更直观、更生动地进行课堂教学，有助于增强学生的生态忧患意识，提升他们的生态素养，进而影响其绿色环保行为。另一方面，我国应该强化生态文明教育，并将其作为终身教育的一部分进行发展深化。从公民自身角度而言，终身教育有助于人们的自我充实和提升，进而实现自由全面发展；从社会整体角度而言，有助于形成良好的社会风尚，促进社会文明的发展进步。将生态环保教育作为终身教育的重要内容，通过健全教育硬件设施，完善教育机构，加强媒体宣传工作，对人们普及生态环保常识，弘扬绿色发展理念，提升人们对于生态美好、全球绿色的向往与追求。

理念是实践的先导。只有树立绿色发展理念，才能更好地指导人类绿色环保实践。通过加强生态环保教育来提升广大群众对绿色发展理念的认识和理解，促进绿色发展理念的传播。当然，践行绿色发展理念需要人们从思想上加以转变，一方面要形成绿色环保的思维方式。从思想观念上分析，要解决环境污染问题，就不能继续采取西方发达国家工业文明建设中"先污染，后治理"的思维方式，而要形成生态污染防治结合的治理思维。针对资源能源的总体供给不平衡现状，当代人不能为追求当前物质利益而忽视子孙后代的发展需要，而是应该形成资源能源节约高效使用的发展思维。另一方面要形成绿色发展的价值理念。生态环境保护与经济社会发展之间是彼此影响、相互制约的。针对生态环境保护和经济建设的矛盾冲突，我们在实践活动中需要牢记习近平多次强调的"生态环境就是生产力"这一判断，时刻秉持绿色发展这一重要理念，采用可持续发展方式正确处理二者的矛盾。

（二）宣传发展绿色文化，构建绿色文化体系

在经济飞速发展的过程中，人们难免会痴迷于物质财富的积累而不顾生态环境的保护。各种问题积累到一定程度时，势必引起质的变化。当生态危机已经威胁到人的基本生存时，人们才意识到人与自然的关系并不是征服和被征服那么简单。究其文化原因，这种情况的出现正是由于人们不合理的生产生活实践，违反自然规律而行的结果，是由盲目追求物质利益的错误思想引起的，也是物质至上的社会文化所导致的。基于此，绿色文化建设的时代价值显而易见。绿色文化是在新时期下，为了解决困扰人类社会发展的生态问题而创新发展的新兴文化，它以提升人们的自然环保意识和绿色环保理念为核心，强调爱护自然环境、尊重自然规律，以达到人和自然之间和合共生状态，推进经济、社会、自然可持续发展的文化内涵。

一方面，要加强绿色文化的理论研究。从理论本源来看，要深入挖掘绿色发展理念的理论渊源，打牢绿色发展理念的理论基础，主要包括马克思恩格斯的环境思想、中国优秀传统文化中的自然思想等。马克思主义作为我国经济社会发展的指导思想，其中包含着丰富的生态思想，特别强调自然在人与自然关系中的首要地位，为绿色文化的发展提供理论方向上的指导。我国传统文化中也蕴含着丰富的自然观念、绿色发展思想等，如"天人合一"、"道法自然"、"众生平等"，这些思想既有从自然角度也有从伦理角度的阐述，可以为绿色文化的发展提供思想营养。我们需要根据现实发展的状况，善于对理论本源进行深入挖掘，系统合理地吸收和应用。从基本内容来看，要对绿色文化的相关概念、基本特征、方法运用等方面进行合理的阐述，还需要进行深入探索和多向思维的创新总结。文化作为一种复杂且广泛的概念，包含各种理论和观点。由于绿色文化还未形成系统化和理论化的形态，现有文化中也存在着许多不适宜绿色发展的成分。因此，我们要结合我国的基本国情，将理论与实践结合起来进行分析与阐述，既合理吸收发达国家中优秀的生态文化，使绿色文化的相关理论内容呈现世界性特点，又将我国传统文化和民族文化融入其中，使得绿色文化的相关理论呈现民族性特点。

另一方面，要重视绿色文化的实践研究。首先，要重视科学技术在文

化领域的突出作用。科学技术的创新和提高对绿色文化体系的形成有着积极的推动作用。绿色文化产业的形成助推了绿色文化体系的形成，通过创新发展本国的科学技术和引用国际先进科技来增强自身的科研创新能力，将先进科技与发展理念应用到绿色文化产业的发展中。其次，要重视教育在文化领域的重要作用。教育水平的显著提高，教育事业的普遍发展，对于绿色文化宣扬和发展具有重要意义。从教育者角度而言，将绿色发展融合到教育发展的各个阶段中，有利于提升社会整体教育师资队伍的水平。从受教育者角度而言，有利于保障人民群众的受教育权利，完善社会全民教育的必备设施，如将图书馆、阅读室普及至乡镇、农村和基层社区。再次，要重视绿色文化舆论宣传的必要性。绿色文化的舆论宣传要不断创新，采取多样化的宣传方式来提升社会上尊重自然、保护环境的良好风尚，帮助人们树立绿色发展思想，增强生态责任意识，使得生产生活方式变得绿色环保。还要经常利用丰富多样的社会文化活动来吸引大家参与，以引起广泛关注。要经常开展绿色发展进基层的宣讲活动、社区性环保常识竞赛活动等，普及绿色发展基本常识。还要重视多媒体的广范应用，增强宣传效果。近一段时期以来，我国关于生态环保类的公益广告逐渐增多，内容取材更加贴近生活，取得了良好的社会效果。但是也容易让人认为，所谓的绿色环保，公民可以做的还只是在节约用水用电上，在不乱扔垃圾的行为上。因此，在塑造绿色文化的过程中，我们需要扩大舆论媒体的视野和内涵，把我们的生态问题现状以相对震撼的方式如实显现，以此来增强人们绿色环保的责任意识和决心。

三 社会主义社会建设为绿色发展提供稳定环境

一般来说，社会主义社会建设包括发展社会事业、优化社会结构、健全民主权利保障制度、促进社会组织发展等方面，社会建设直接与民众的幸福指数挂钩，一个稳定有序的社会发展状态不但能够为绿色发展提供良好的发展环境，创造适宜的外部条件，还有助于人们幸福指数的提升。

（一）大力发展教育事业

百年大计，教育是一个国家的根本。通过实施各种类型的教育，我们可以建设人力资源强国，为国家培育合格的建设者与接班人；通过实施绿色发展教育，可以为推进我们的绿色发展提供人力资源和科技力量上的支持。

第一，要把国家的教育方针落到实处。我们国家历来把教育看作现代化建设、人民素质提升的有力保障。我们可以通过发挥教育自身的特点和优势，推动我国绿色发展的现代化水平，进而为提升人民群众的生活水平和质量提供优质服务。党的十八大强调了发展素质教育的重要性，认为素质教育的发展既可以为社会主义国家培养出优秀的建设者，壮大我们的强有力的建设队伍，切实维护好人民群众的基本权益，保障他们的良好的生存生活环境；又可以为人的全面发展打下坚实的人才基础，储备大量的现代化建设需要的高科技人才，只有这样才能够更好地满足民众的包括优美的生态环境在内的各种生活需要。

第二，要不断优化我国教育发展的结构，在各级教育发展中贯彻绿色发展的基本理念。我们要大力发展义务教育，或者是把义务教育直接普及到高中阶段。要重视中等技工学校与职业技术院校教育，提升他们的劳动技能。要强化高等教育的投入和发展，提升其科研水平和能力。只有不断优化我国教育发展的基本构成，让每一层级的教育都得到充分而良好的发展，贯彻绿色发展的基本理念，才能够为我国绿色经济的发展和人的全面发展提供有力的人力资源支持。

第三，要大胆改革，推进教育内容的创新。时代在发展，条件也在发生变化，特别是在面临复杂的生态危机面前，我国教育更应该及时调整自身的内容，以适应时代变化的需要。我国的教育要适应不断发展变化了的政治、经济、社会、生态环境等各层次的需要，推进教育发展理念与管理方法的提升，尊重人民的主体性地位，坚持教育发展中的革故鼎新。要放开思维，进行教育体制机制的改革，让学校从国家和政府的扶持中走出来，增强自主办学的能力和水平。要把学校、家庭与社会三者统一起来，发挥各自的长处和优势，构建人才全面发展的教育生活环境。

第四，要贯彻教育事业的公益性方向不动摇。在前面的论述中我们已经提及要把教育事业发展推向前进，进行教育体制机制的改革，让教育走向社会，自主办学等内容，同时还要做到坚持贯彻教育事业公益性方向不动摇的基本原则。教育事业的公益性方向主要是针对教育的公共性和公平性而言，教育事业的公益性方向与我国经济发展水平以及自然环境条件联系在一起。教育事业的公共性是指，教育以不损害社会公共利益为基准，坚持政府与非政府的共同管理和治理。近年来，我们不断增加对教育的投入，表明了我们在贯彻教育事业发展过程中公益性原则的坚定性。教育事业的公平性是指，每一位社会主义国家的公民都有接受教育的平等权利和机会，教育资源分布要合理公正等。我国经济落后地区的教育资源相对缺乏，坚持教育公平性原则有利于落后地区教育事业的发展，也有利于社会主义生态文明事业的整体发展与健康发展。

（二）实施扩大就业战略

就业是人们安身立命的根本，也是确保一个国家长治久安的重要方面。当前，我们的就业形势并不乐观，首先是大学生就业难，每年都有大量大学毕业生无法找到合适的工作；还有就是大量社会适龄人员就业也存在困难。当然，就业难的原因众多，包括我们国家层面上新旧体制交替带来的问题，人们传统就业观念问题，学校教育发展理念落后问题，专业设置不合理问题，等等。在我国，劳动就业的结构性问题比较明显，一边是大量劳动适龄人员找不到工作，一边是大量工作无人去做。但不管什么样的原因或现象，就业难的问题不解决，民生问题就难以解决。

我们应创新就业体制，增加就业岗位。当前，我们面临着经济社会发展与生态保护困境的结构性矛盾，许多就业岗位发生了改变，特别是需要技术含量低、主要依靠体力劳动完成的行业在逐渐减少，如煤炭开采、石油开采、各种矿产品的开采等受到的冲击最大。再加上我们的就业体制从分配就业到自主择业发展的转变，给就业市场带来了巨大的冲击。所以，就业市场的行为主体就演化为个人、国家和市场的"三位一体"式的就业格局。虽然经济发展模式需要转型升级，但是目前而言，我国仍然无法摆脱传统发展模式的影响。特别是那些以自然资源为直接加工对象，又污染较小的劳动密集型产业，我们应该大力发展，以增加就业岗位，解决教育水平较低的适龄劳动力的就业问题。第三产业以服务业为主，虽然也造成一定程度的污染，但是与工业等污染大户相比，第三产业应该要积极发展，以壮大从业人员队伍。

同时，要鼓励大家积极创业，用创业代替就业。我们要为大众创业的形成提供良好的社会大环境，包括适宜创业的社会环境、政策环境、生态环境等，为大众创业的顺利进行做好体制机制上的保障。但是在创业过程中，要求以不对经济社会发展、自然生态环境造成破坏为最基本的条件。

如此，才能确保自主创业既有利于自身也有利于他人，既有利于国家也有利于生态，从而实现就业与民生问题的完美统一。

促进人的全面发展，维护劳动者的合法权益。劳动者合法权益的维护有利于促进人的全面发展。劳动者的合法权益包括：每个人平等就业的权利，休息的权利，获得劳动报酬的权利，获得安全和卫生的权利，接受培训教育的权利，享有社会保障和社会福利的权利等。[①] 劳动者合法权利的维护既是确保劳动者自身家庭生存发展的条件，也是维持经济健康发展的需要。劳动者合法权益的维护对于建设社会主义和谐社会，推进绿色发展事业的向前，解决人与自然的矛盾和冲突有着强烈的主体性意愿和主体性价值。

（三）改革收入分配制度

分配制度的公平正义是社会公平的主要内容，因为它涉及人们的经济社会地位、权利及生活水平问题。在我们国家的分配制度中，按劳分配和按生产要素分配相互影响，共同发挥作用。其中，生产要素中自然环境要素应该在今后的分配制度改革中予以充分考虑，这一点与我国社会主义建设"五位一体"的基本架构相吻合。

要保护好人们的经济权益和环境权益。我们处在社会主义发展的初级阶段，在这一阶段中社会的物质文化生活水平不高，且不同地区不同人群之间的现实差距较大。保护好经济权益有利于满足人们的基本生活需求。同时，在建设社会主义市场经济过程中，各种生产要素都参与其中，发挥着各自不同的作用和优势。各种生产要素都要参与到收入分配的改革之中，而这些生产要素的所有者理应获得相应的分配份额，以增加自身的收入，提升生活的质量和水平。需要在分配制度中加以考虑的因素是，生态环境要素在其中的作用及其如何分配的问题。由于大多数情况下生态环境是公共物品，这些公共物品归国家所有，分配过程中这一因素往往被忽略。但是，生态环境要素参与到生产过程中是显而易见的事情，即所谓的生态成本如何才能在分配过程中合理体现出来。如果不考虑生态成本在内，那么最后的生态成本的承担者将是人民群众，而获利者可能是少数企业或少数人。所以，国家在进行收入分配制度改革的时候，生态要素是必

---

① 参阅黄喜生《中国特色社会主义民生建设研究》，博士学位论文，电子科技大学，2014 年。

须要考虑进去的因素。这不但体现着分配的公平正义，也有利于经济社会发展的稳定和人们生活水平的提高。

对需求层面而言，收入分配影响到人们需求的层次和满足的程度。经济的发展给人们提升自己的生活质量提供了可能性，在基本需要得到满足之后，人们会寻求更高层次的发展或享受。但是，并不是所有的人都可以在收入分配中获得理想的份额，或者是很多人的收益在满足其自身和家庭的基本需要之外并没有太大的剩余空间可言。在一部分人从初次分配中获得了较小的份额，而且在再次分配中也没有缩小与其他社会成员差距的情况下，不同社会成员的消费结果之间会出现冲突，即一部分人要求良好的生态环境来满足其需要，另一部分人却根本无暇顾及生态环境，而仍然在维持生计的奔波之中。

因此，将生态要素以及生态要素的拥有者纳入收入分配格局的改革中，是将来我国收入分配制度的重要内容。为了确保收入分配的公正性，我们可以利用税收手段来调节不同成员的收入差距，在保证公正的基础上体现效率。两极分化是资产阶级社会中必然出现的现象，但在我国现阶段也出现了不同人群和阶层收入差距悬殊的情况，虽然按劳分配仍然是我国收入分配的主体，但是通过必要的手段对高收入群体实施干预，增加中等收入群体比重，杜绝垄断性收入等，将有利于共同富裕目标的实现。

（四）拓展社会保障内涵

每个人的经济水平和社会状况不同，个人能力也总有难以企及的地方，社会保障是确保公众基本生活正常进行的一道有力屏障，也是维护社会稳定的必要条件。人生在世总会遇到生老病死、天灾人祸或丧失劳动能力等情况，当这些问题出现的时候，很多人就会丧失维持生存的基本能力，而社会必须伸出援助之手。假如他们失去了社会保障，就只能直接面对死亡。无论是从人道主义出发，还是从社会主义制度属性来看，这种现象都不应该出现，更不能成为社会生活中的常见现象。社会保障体系主要包含社会保险、救助、福利和优抚等几大部分，具体而言涉及人们的养老、医疗和低保，完善我国的社会保障体系是确保国家各项事业稳定发展的重要因素。

同时，也要不断拓展社会保障的内涵和外延。随着改革开放的深入进行，我国的社会保障事业也在日益发展。2017 年 12 月，人社部财政部颁布《企业年金办法》并确定从 2018 年 2 月 1 日开始实施。企业年金不是强制性措施，但是这一政策的实施为一些人争取到了"六险二金"，即在原来"五险一金"的基础上设立了意外伤害保险和企业年金。当生态问题危及人们的基本生存发展时，社会保障体系的内涵或外延也应有所发展，可以考虑拓展到自然生态领域中，将人民群众的生态环境保障纳入社会保障体系中。因为如果其他各方面保障都已经实现，但是生态环境没有保障的话，最终也不利于社会主义现代化建设，不利于民生事业的发展，因此建议在社会保障中加入生态保障的内容。

在不断完善社会保障体系的过程中，也要努力发展社会的慈善事业。社会慈善事业在我国还属于起步阶段，发展前景广阔。慈善事业可以有效弥补我国社会保障的不足，提升社会保障的水平。另外，需要提及的是，要加强对房地产行业的管控。坚持"房子是用来住的，不是用来炒的"的基本理念，国家要不断加强对房地产行业的调控，国内多地的房价持续下跌，同时不动产税也在酝酿之中，让人民住有所居，净化居住环境。

四　社会主义政治建设为绿色发展提供制度保障

进入 20 世纪 90 年代以来，我国的政治文明进入到一个新的发展阶段，取得了较好的成绩和建设经验。尤其是在党的十六大报告中将政治文明看作实现小康社会必须达到的目标之一，与物质文明和精神文明居于同等重要的地位。社会主义政治建设的不断发展反映着社会主义民主的性质和要求，也反映着我们对社会发展规律认识的深化。建设生态文明，推动绿色发展是社会主义伟大事业的重要组成部分，社会主义政治建设应该为我国绿色建设的顺利发展提供制度上的保障。

（一）政治体制的绿色化

经济基础与上层建筑之间的决定作用和反作用关系原理是马克思主义理论的重要内容，是我们认识世界和改造世界的思想武器。作为上层建筑现实表现的政治建设与作为经济基础现实表现的绿色发展之间彼此联系并相互制约，政治体制改革的发展和深化都或多或少地影响到我国经济建设的发展。从党的十三届四中全会以来，我国加快了政治体制改革的步伐，在立法、司法、决策、治理、监督、民主等诸多方面进行深入改革，并收效明显，我国的政治文明又前进了一大步。

党的十一届三中全会后，邓小平开始关注政治体制改革问题，认为政治体制改革在一定程度上决定着改革发展程度。"所有的改革最终能不能成功，还是取决于政治体制的改革。"①江泽民指出，改革政治体制"有利于巩固社会主义制度，有利于巩固党的领导，有利于在党的领导下和社会主义制度下发展社会生产力"②。胡锦涛认为，中国发展迅速的原因就在于，我们在不断清除不利于生产力发展的体制性障碍。社会主义改革是全面的改革，是经济、政治、文化、社会、生态等诸多层次的完善与革新，加快政治体制改革，就要完善体现民主与民生的具体制度，确保人民在经济、政治、文化、社会、生态等领域的权利和权益。经过 20 多年的不懈努力，我们在人民代表大会制度、民族区域自治制度、基层民主建设、公务员制度、司法制度、多党合作制度等方面都取得了较好成绩，人民的政治思想素质也不断得到提升，这些都为社会主义事业的发展和民族的复兴做出了较大贡献。

一方面，要通过政治体制改革不断促进我国的绿色发展，不断发展着的政治文化是推进绿色发展的强劲动力。政治文化是人们参与政治实践的过程和结果的体现，政治文化一经形成就对人们的政治行为产生着促进或阻碍作用。无论是地域型、臣属型还是参与型的政治文化，都表现了人民群众对政治生活中的输入和输出现象的认知、情感与评价，这些变化对于人民群众参与政治实践活动起到了激励作用，包括参与绿色发展等的活动，进而推动生态文明建设的向前发展。第一，具有较高政治素养的公民，有着强烈的参与政治民主与科学决策的意愿，这对于当前我们面临的严峻的生态危机的克服有着积极意义。第二，利用政治符号中的正能量因素，加强舆论宣传和环保标识的力度，引导群众广泛参与到绿色发展过程中来。"特定的政治符号……更具有直观的刺激作用，从而产生特定的政治心理效应和定式。"③第三，完善生态环境保护的相关机构的职能，使其组织更严密，功能更专业，以促进绿色发展。第四，群众的积极参与可以确保绿色发展所需要的人力资源，这是保障绿色发展的动力之源。

---

① 《邓小平文选》（第 3 卷），人民出版社 1993 年版，第 164 页。
② 《十三大以来重要文献选编》（下），人民出版社 1993 年版，第 2076—2077 页。
③ 王浦劬：《政治学基础》，北京大学出版社 1995 年版，第 221—361 页。

　　另一方面，要通过政治体制改革保障我国绿色发展的顺利进行。第一，社会主义制度的性质决定了绿色发展的性质和方向是为了人民及其根本利益，绿色发展和人民利益之间是根本统一的，代表了广大人民的意志，不存在利害冲突。而资本主义社会发展经济、保护环境的目的则在于最大限度地确保资本的牟利性不受伤害，所以他们的各种政治制度和采取的相关措施都从属于资产阶级的整体利益。第二，通过不断加强政治权威来保障绿色发展的顺利进行。绿色发展的进行离不开政府的权威和强有力的政策，特别是要设立生态建设的专门机关。第三，通过不断加强国家制度、法律法规、政党政治等的建设来为绿色发展提供制度上、法律上和组织上的保证，这是绿色发展的政治向度或者说是政治体制改革的绿色化趋势。

　　（二）党的建设的绿色化

　　党的建设的绿色化是指，中国共产党作为执政党在面对威胁到我国经济社会发展的生态危机问题时，勇于面对困难，敢于承担责任，及时调整自身与生态文明建设不相适应的地方，以解决生态问题，建设和谐社会。党的建设的绿色化主要体现在两个方面，即党的执政方式的绿色化与执政理念的绿色化。

　　一方面，执政方式的绿色化。执政方式的绿色化也可以称为绿色执政、生态执政，是具有较新内涵的执政方式。党的执政方式并非单一的、固定不变的，而是随着时代和条件的变化而变化的。在党的执政过程中会遇到多方面因素的影响，如政党的宗旨、执政体系、外部环境等，这些因素并不是孤立存在的而是相互联系、共同对执政党施加各种影响的。当今世界是一个亟须解决生态危机的时代，任何一个执政党都要面对这个问题，不容回避。我们国家在 40 多年的改革开放中积累下了大量的生态问题，而且又不断产生着新的生态问题，新旧生态问题交织在一起，成为经济社会发展的严重阻碍。因此，能不能实施绿色执政、生态执政成为中国共产党解决生态问题的必然选择。人口多、资源少、生态污染较重是我们目前生态方面的基本国情，同时，我们还要实现现代化、城镇化、小康社会等目标，各种矛盾和冲突交织在一起。当然，这些问题的出现与我国传统的粗放型发展模式分不开，转变经济发展模式成为刻不容缓的事情。经济发展模式的转变体现着执政党在经济领域中执政方式的改变，因为生态问题并不仅仅是单纯的生态环境领域的问题，还会涉及政治、社会、意识形态等领域，一旦处理不好，后果就难以想象。生态问题也不仅仅是当代人的事情，也牵扯到未来世代的生存发展问题，必须引起足够的重视。通过实施绿色执政方式，来维护群众的生态权益，也有利于凝聚人民的力量，把人民紧密地团结在执政党的周围，执政党也才能够获得人民群众的政治认同，进而才能巩固执政的群众基础和物质基础。

另一方面，执政思想的绿色化。党的执政思想反映着中国共产党的价值取向与政治目标之所在，党的执政思想的绿色化就是要保护生态、节约资源，实现人和自然的和合共生状态，建设生态文明社会。绿色执政、生态执政是党的执政思想的本来含义。马克思主义理论中包含着丰富的关于人和自然关系的基本思想，只不过这些光辉的思想为20世纪的政治革命所掩盖，由此一些资产阶级学者污蔑马克思主义理论的反生态性质是不正确的。随着生态危机的到来，人们开始把注意力转回到马克思那里，发现了马克思关于生态危机的秘密。改革开放以来，在党的十二大、十三大、十四大、十五大、十六大、十七大、十八大、十九大会议上，我们相继明确了物质文明、精神文明、政治文明、生态文明等基本执政思想，特别是在当今时代绿色发展理念成为生态文明建设的重要内涵。同时，绿色执政、生态执政彰显着党的执政实践的价值取向。生态问题是事关党生死存亡的大问题。生态危机不但影响到经济社会的正常发展，还会诱发政治领域、经济领域、社会领域的连锁反应，导致社会动荡不安，危及党的执政的长期性。在危机选择面前，中国共产党坚持人民主体地位，提出大力发展绿色经济，推动我国的绿色发展，把为百姓谋福祉作为其执政的根基和出发点。在生态危机的威胁下，中国共产党的价值取向在于，以人民利益作为执政实践的根本旨归，这种价值取向带来了执政党的政治生活的变化。为了解决生态问题，在党的十六大会议上提出了科学发展的基本理念；在党的十六届五中全会上提出了建设"两型社会"的思想；在党的十七大报告中指出了建设生态文明的相关内容；在党的十八大会议中提出了加强生态文明制度建设；在党的十八届五中全会上生态文明建设被写进五年计划中，提出了绿色发展理念；在党的十九大会议上提出了深化生态文明改革，建设美丽中国。绿色执政理念的提出代表着民众利益之所在，具有鲜明的价值取向，也得到了百姓的爱戴和拥护。

（三）法治建设的绿色化

与一般的规章制度不同，法律具有强制力和约束力。加强资源能源等方面的法律法规建设，有利于保障生态文明建设的顺利进行。当前，全面依法治国是国家政治生活的主题，实现法治建设的绿色化成为社会主义政治建设必须面对的问题，也成为鲜明的时代课题。党的十八届四中全会通过了《中共中央关于全面推进依法治国若干重大问题的决定》，对当前和今后我国法治建设进行了规划和部署。全面依法治国，就是将法治建设和我国的政治、经济、文化、社会、生态等各方面的建设结合起来，为建成小康社会和实现阶段性的现代化建设目标提供保证。加强在生态环境领域的法律建设是依法治国本义，也是当前社会发展的迫切要求。

法治建设的绿色化是指，法治建设要立足于绿色发展的基础之上并为推进绿色发展服务。在党的十八大报告中，我们将生态文明与依法治国统一起来，强调指出要实现生态法治领域的"两手抓"。因为如果只重视绿色发展而忽略了法律法规建设的重要性，我们的绿色发展可能就会失去强有力的保障；如果只重视传统法治建设而忽略了生态问题的严重性，我们的法治建设可能也就失去了时代价值和生命力。在新时代新要求下，法治和生态之间密不可分，彼此依存，法治建设的绿色化理应是生态文明建设的当然含义。

一方面，法治建设的绿色化是全面依法治国的重点内容。全面依法治国是国家把其政治意志体现或运用在社会主义建设的全过程和全方位的现实表现，与社会主义现代化建设的总布局相吻合，我们要不断建立和完善法律法规，推进法治思想的绿色化。为此，党的十八大报告强调指出，要把生态文明建设摆在重要位置，并与我国的政治、经济、文化和社会等各方面的建设相联系，共同推进社会主义事业向前发展。全面依法治国本身就蕴含着绿色发展的法治化思维，我们要确保绿色治理中的立法、执法、司法、守法的公正和有效，不断强化依法治国的基本方略。另一方面，法治建设的绿色化为绿色发展的顺利进行提供切实可行的保证。绿色发展需要广大人民群众绿色意识的觉醒和自我约束，但更需要发挥法治的强制性，依靠强有力的法律法规来约束绿色建设主体的实践行为。习近平多次指出，生态环境就是生产力。依靠法治力量来保护好生态环境，就是为了保护生产力发生发展的客观条件，本身就是对生产力的推动。

我国绿色发展水平的高低与绿色法治水平的高低相呼应，优秀的自然环境是绿色发展的硬实力，高效的法治水平是绿色发展的软实力。在绿色发展过程中，保障绿色发展的法律法规应该不断完善并发挥作用，但是法治现状并不乐观，法治流于形式的现象也不在少数。离开了法治的规范性、权威性，绿色发展进程将困难重重。只有重视法律法规对人们行为的约束性，才能将尊重自然规律的绿色发展理念转变成实践活动。

第二节　民生导向视野下绿色发展的中国进程

绿色发展理念虽然是我们在应对生态危机、推进经济发展的过程中提出来的，但是我国历史上从古到今并不乏关于或接近于绿色发展的相关思想，这些优秀的传统思想为中华文明的延续做出了很大贡献。我国自古以来就是一个以农业发展为主的国家，封建的土地所有制一直占据统治地位。在这种政治制度和生产水平之下，人与自然的关系是基本和谐的，不存在尖锐的冲突。农业发展产生的文明现在一般称为黄色文明，黄色即土地的颜色，长期的农业生产使得人们与自然之间的接触紧密、感情深厚，这是我国绿色发展理念产生的文化来源之一。到了近现代，中国共产党对绿色发展进行了深入的探索和实践，并逐渐形成符合中国国情、适应中国发展的相关理论体系。党的十八大报告把生态文明建设看作中国特色社会主义事业"五位一体"总体布局中的一局，是其他几个方面建设发展的基础，作为生态文明建设重要支撑的绿色发展理念，也在实践过程中不断深化着自身的价值，丰富着自身的内涵。

一　中国传统文化中的绿色思想

我国是一个有着几千年历史发展进程的文明国家，历经风风雨雨而屹立不倒。中国是全球唯一一个自古以来始终保持一定的人口密度、经济活力和文化传承的文明社会。这既得益于中国特有的自然地理环境，也与中国进入文明社会以后的生态智慧有关。在以儒、释、道为典型的优秀传统文化中，无不内含着对人与自然关系的早期思考和初步探索，并形成了独特的生态智慧。在绿色发展理念逐渐成为当今社会主流发展观念的时候，我国传统文化中关于人与自然关系的观点也日益为世界许多国家所关注。

从中国优秀的传统文化中梳理和总结人与自然关系的思想，无论对于中国文化的世界性影响、文化软实力的扩张，还是对于绿色发展的推进都具有重要意义。

（一）儒家"天人合一"的生态伦理思想

我国是一个拥有丰富的发展历史和文明内涵的国家，在历史发展过程中产生了众多优秀的思想。曾经在历史发展中起过重要影响，时至今日仍然影响深远的儒家思想就是其中之一。无论从其思想体系，还是从其丰富内涵，抑或是从其在社会发展进程中的作用来看，儒家思想特别是其有代表性的"天人合一"理念更是明确了人类对待自然的应有态度，人和自然是不可分的，因此追求人为与天道的和谐统一是儒家最高的伦理价值目标。"天人合一"理念彰显了我们的祖先如何在人与自然的关系中摆正自身位置、如何与自然共生共存的大智慧，其中所蕴含的万事万物都是相互联系的并且具有自身存在的价值的思想，人们对待自然应该常怀仁爱之心的思想，对待自然要深怀敬畏之心的思想等，这些思想观念为我们今天的绿色发展建设提供了重要借鉴。

"天人合一"思想对于我国历代封建王朝的建立和发展产生着重要影响，也是儒家伦理价值观的主体。所谓的"天人合一"意指在"天"与"人"、天道和人道之间能够达到的理想状态，当人道和天道能够和谐相处时即达到了儒家所说的"天人合一"状态。儒家认为人应该顺天而行，反对人以自然界即"天"的主宰力量的形式而存在；当然顺天而行不是指人类成为了自然环境的奴仆，而是指人和天之间应该如同朋友一般和睦相处。在封建社会大环境下，作为统治阶级思想的儒家思想不但要为"天意"阐释代言，还要把自然万物与"天意"相统一起来，因此这里的"天"的内容丰富，既是万物得以生存的来源，也是时空轮转、四季更迭的原始动力，因此是载行之天、造生之天。"天何言哉？四时行焉，百物生焉，天何言哉。"① 儒家思想中不但有神授天意，也蕴含着大量道德规范，这是不同于其他思想的独特属性。"天人合一"理念不单单包含着造生之天，也包含着义理之天。孟子的尽心知性知天的观点即是对义理之天的解释，"知其性，则知天矣"。孟子的义理之天是指人具有"人之初，性

---

① 《论语·阳货》。

本善"的良知基础，应该把这种"善"的本性应用到与自然界的相处过程之中，因为善的本性也是自然所赋予人类的道德属性，因此应该努力实现"天人合一"的发展状态。如果从"天"的角度去理解"天人合一"，则更多地表现为"天"即自然对人类的孕育、包容、成长、死亡等的全过程，人的生命源于自然，最终也将再回归自然，即便是人们在认识自然与改造自然的实践活动中破坏了自然界的和谐，也终究无法改变自然界对人的根本性影响。如果不能正确认识二者之间的辩证关系，"天人合一"思想对于我们今天建设社会主义生态文明也将毫无意义，当然人类社会也不可能继续发展下去。"天地者，生之本也；先祖者，类之本也；君师者，治之本也。无天地，恶生？无先祖，恶出？无君师，恶治？三者偏亡，焉无安人。"① 儒家的"天人合一"思想是封建社会统治阶级的思想，反映着当时的经济社会发展情况，也是统治阶级实施其统治的一种行之有效的世界观和方法论原则。我们应该吸收其中的关于人与自然的正确思想，并把这些思想应用到人及社会发展过程之中，使其发挥应有的时代价值。

作为影响我国社会发展几千年之久的儒家思想，被许多人看作我国历史上集政治、神学、伦理、宗法、道德、生命等的大成思想。儒家思想中关于人与自然、"天"与"人"关系的论述为我们发展绿色经济提供了深厚的文化渊源，对于推进社会主义生态文明建设、加强生态环境治理、维护生态系统的平衡等也具有一定的借鉴价值。当前，在世界性生态危机的威胁下，发展绿色经济，以正确的理性的态度对待大自然，是解决生态危机、保持生态系统的健康运行的必然选择，也是实现经济发展与生态保护"双赢"的当然选择。儒家思想中的天人合一、仁民爱物等思想包含着朴素的生态伦理观念，对于节约资源能源、保持理性消费、让自然休养生息等具有积极的借鉴意义，与可持续发展战略相契合，也成为了生态文明建设的思想渊源。

（二）道家"道法自然"的生态伦理思想

与儒家思想经世致用的功能有所不同，道家更多的是强调以自然为中心而归于本初的基本理念；自然界是万事万物之始，创造了丰富多彩的世界，包括人类；因此我们要敬畏自然、尊重规律，自然法则才是最高准则，人们的实践活动应该顺应自然，而不能违背自然规律。道家认为，

---

① 荀子：《荀子·礼论篇》。

"道"才是世界得以产生、运转的原动力，是世界之所以成为世界的原因所在。这里的"道"与我们今天所理解的自然规律有相通之处，尊重爱护自然环境是应该的，但是这种对自然规律绝对化的服从状态也颇偏激，尽管如此，我们仍然可以从中吸取对待自然的敬畏思想，推进绿色发展。

　　"道法自然"、众生平等是道家对于人与自然关系发展的基本准则，能不能对自然怀有敬畏之心并应用到实际的生产活动中去是人类生命自我完善的前提，即在人与自然之间的关系上要做到既"崇尚自然"又"效法天地"。作为道家最重要的代表性人物，老子认为"道"是先于天地而生，而又衍生了天地的不可捉摸的先在性存在，这种先在性存在即"道"，只能够去感知而无法具体言说。道家所追求的是人的生命的本原以及如何回归这种本原的问题，因为在他们看来，"道生一，一生二，二生三，三生万物"，"道"是天地万物之母，要想从天地之间有所获得，就要"人法地，地法天，天法道，道法自然"，只有取之于"道"才能顺天地而生，也才能与天地同在。在道家的思想观念中，万事万物是同宗同源同理的，即众生是平等的。即便是受制于各种条件的影响，天地万物、飞禽走兽等差异巨大，但是作为生命体而言仍然都要遵循自然规律而行，在顺应自然的基础上发展自身。在道家教义中，人只是作为宇宙中的一分子而存在，"域中有四大，而人居其一焉"。但是，"道"却是万物得以产生、生存的根本，是自然界运行的总法则，人的主观意识不在"道"之外存在，而只能在"道"之中。也就是说，人只不过是因为认识了"道"并受惠于"道"才得以存在的自然物而已，所以人以及社会中的"人道"要在尊重、顺应"天道"的基础上才能够存在并发展。虽然人是万物之灵长，但是在存在性问题上却是与万物平等的，在道家教义中特别强调人的行为一定要顺应天地自然，要应四时之序，只有这样才能够和自然成为统一的整体，"阴阳和静，鬼神不扰，四时得节，万物不伤，群生不夭"[①]，人们在与自然万物平等的对话与交流中，来促进自身的发展与完善。道家思想虽然带有许多不合时宜的内容，但是其中的"道法自然"、众生平等思想却为美国有机马克思主义代表人物小约翰·柯布所推崇，并把这一思想应用到了其有机马克思主义理论中，在世界范围内产生了很大影响。道家思想

---

　　① 庄周:《庄子·齐物论》。

与当前我们提出的加快生态文明建设、推进绿色发展的基本理念有着许多共通之处，体现了道家思想的伟大前瞻性。

与儒家思想相比，道家对待自然的方法和态度更具根本性和彻底性，要求人们要感恩自然、保护自然，以自然为大；虽然道家关于人与自然关系的初衷和我们今天保护生态环境的出发点不一样，他们更希望能够回归与自然界和谐融洽的本初状态，但是其保护生态环境的基本理念以及对人类自我膨胀的思想观念的批判却仍然具有一定的时代价值，对于我们推进绿色发展、树立正确的生态伦理观、提升自身的生态素养、改善自身的生态行为等都有借鉴之处。道家思想在中国历史发展中的作用不容忽视，时至今日也仍然有较大的影响力，我们要充分发挥其有利于我国社会主义建设的积极性一面，为推进生态文明建设，乃至实现中华民族伟大复兴做出应有的贡献。

（三）佛教"平等慈悲"的生态伦理思想

佛教的生态伦理思想与道家、儒家相比有着相同的地方，但也有着自己独特的理论。在佛教的教义中"缘起"说有着重要的地位，也是佛教生态思想的立论基础。佛教认为世间的万事万物都不是孤立存在的，而是各种因缘际会的产物。世间万物都在不断的变化之中，因为各种条件在不断变化。因此，不论是人类也好，还是花草树木、飞禽走兽也罢，他们都是彼此联系和相互作用的，不是孤零零存在的个体。

佛教自然观秉持万物都有佛性的思想，虽无人的性情但有自身的本性，因此我们应该爱护自然、尊重自然。佛教的无情有性说与利奥波德的大地伦理学有着许多相通之处，利奥波德把大地看作有机体，并且具有自身的伦理价值，人不是世界上唯一的物种而只是万物中的一员，也不是大地（自然）的征服者，故而人要尊重他周围的生物，也要尊重大地（自然）。英国历史学家汤因比认为："宇宙全体，还有其中的万物都有尊严性，它是这种意义上的存在。就是说，自然界的无生物和无机物也都有尊严性。大地、空气、水、岩石、泉、河流、海，这一切都有尊严性。如果人侵犯了它的尊严性，就等于侵犯了我们本身的尊严性。"① 在佛教的教义

---

① ［英］汤因比、［日］池田大作：《展望二十一世纪》，荀春生等译，国际文化出版公司1984年版，第429页。

中，任何生命都不是无缘无故存在的，都是为善作恶等行为的结果使然。但是不管如何，众生都是平等的，"一切众生，悉有佛性"、"上从诸佛，下至傍生（畜生），众生平等，无所分别"。与儒家的"天人合一"相比较而言，佛教是众生平等思想，是彻底的终极意义上的平等观。既然众生平等，那么作为众生之一的人类是无权剥夺其他生命的存在和发展的机会和权利的，因此对待其他生命要保持仁爱慈祥之心，要戒杀、放生、报恩。"观虫滤水是出家之要仪，见危存护乃悲中之拯急。既知有虫，律文令作放生器者，但为西国久行。"①《大智度论》中记载："诸罪当中，杀罪最重；诸功德中，不杀第一。"如果伤害了其他生命，就是犯下了罪业，可能要受到惩罚，坠入恶道。所以，人要保持慈悲的心态，爱护其他生命，也让自己的生命能够福报圆满。

在推进绿色发展过程中，我们可以借鉴佛教教义中的生态智慧，特别是其中的众生平等、慈悲待物的思想更是展现了他们的人生追求和生命真谛，反映出佛教在人和自然关系上的崇高境界。当今世界，生态环境日趋恶化，人与自然关系紧张，其中一个重要原因就是人们对待自然界的态度比佛教教义中所倡导的平等慈悲思想相差甚远，人类已经远离了自身及其自然界。

二　中国共产党绿色发展的历史过程

为了解决生态环境对经济社会发展的不利影响，中国共产党展开了不懈探索和实践，尽管不同时期的生态环境对经济社会发展的重要性各不相同。中国共产党绿色发展道路的探索过程是中国革命、建设与改革过程的客观反映，是关于环境保护、生态建设与绿色发展的理论概括和总结。从最初的植被保护、河流治理到爱护生态，从爱护生态到可持续发展，从可持续发展到绿色发展，这一过程体现了中国共产党对民生建设、经济发展和自然规律的认识上升到了新的阶段。

（一）新民主主义革命时期对于环境保护的初步探索

在土地革命时期，在赣南闽西的苏区政府领导百姓开展了艰苦卓绝的革命斗争和根据地建设，其中的一些措施已经涉及了自然环境方面的建设。首先，制定相关法规来保护林木山地。这一时期，苏区政府从根据地

———————
① 《护命放生轨仪法》，《大正藏》第45卷，第902页上。

的实际情况出发，针对森林保护制定了相关政策。如 1930 年的《闽西苏区山林法令》、1932 年的《人民委员会对于植树运动的决议案》和 1934 年的《保护山林条例》等。① 这些政策法规的制定和实施有助于根据地森林资源的保护，并影响到了苏区的经济发展。其次，在林业方面实施统一管理的政策。苏区政府对防护林实行严格的管理，实施综合利用开发的政策。在 1929 年颁布的《关于土地问题决议案》中指出，由于农田无法改良，结果是农田的生产能力逐渐下降，再加上农民对山林开采过度，使得"童山加多"，结果就是"人穷山光，山穷水尽"的到来。② 再次，加强农田水利基本设施建设。苏区政府通过兴修基本水利设施等办法，改善农田的生产能力，也带动了森林植被等环境的保护。当然，由于革命战争年代特殊条件的限制，生态环境保护从属于革命事业，虽然有一些不足，但其中的经验仍然可以借鉴。

延安时期，我们在陕甘宁地区继续探寻环境保护的有效方法。首先，深入田间地头进行调查研究，为环境保护提供科学数据。20 世纪 40 年代诞生的《陕甘宁边区森林考察团报告书》指出，由于过度砍伐森林致使当地的生态环境遭到破坏，产生的生态后果有三：一是土壤沙漠化加剧，二是自然灾害增多，三是水土流失严重。③ 其次，颁布政策法令来保护生态环境。1937 年，西北青救会建议把每年的 4 月 12 日确定为植树日，并且建议成年人和青少年都要植一定数量的树木。在《延安机关部队学校的植树造林运动计划纲要》中更是强调了植树造林对当时革命工作的重要作用，并且要求"各机关部队学校自动完成每人 3 株的任务，并要保活"④。1941 年 1 月 29 日，边区政府发行《陕甘宁边区森林保护条例》，对山林保护及其利用做出明确规定，要求各级政府严格执行这些措施，《条例》的出台推动了根据地林业的发展。再次，改善生态环境以水土保持为重点。陕甘宁边区沟壑纵横，自然地理环境较差。为缓解这一情况，政府利用兴

---

① 赵晓耕、陈和平：《从超越到扬弃：土地革命时期苏区法律中租佃关系之嬗变》，《南昌大学学报》（人文社会科学版）2014 年第 6 期。

② 许毅主编：《中央革命根据地财政经济史长编》（上册），人民出版社 1982 年版，第 274 页。

③ 黄正林：《陕甘宁边区乡村的经济与社会》，人民出版社 2006 年版，第 201—203 页。

④ 铁铮：《红色年代吹响绿色号角》，《中国绿色时报》2011 年 11 月 11 日，国家林业局政府网站，http://www.forestry.gov.cn/。

修水漫地、修埝地、打坝堰等方式来减少水土流失，再加之以植树造林运动等来改善自然环境。

（二）社会主义革命和建设时期协调发展观的形成

中华人民共和国成立后，我们不但面临着政治经济上的困难，在自然环境方面也是问题频发，天灾人祸不断。毛泽东对我国的自然环境条件和现状进行了深刻分析，提出了协调发展的基本思想。毛泽东的协调发展思想主要体现在人的能动性、民本目的、协调方式、节约原则等方面。

1. 注重发挥人的主观能动性

在毛泽东的理论研究和建设实践中，人的主观能动性问题一直是其关注的焦点，这一理念也体现在毛泽东关于环境建设的内容中。1956 年，毛泽东要求尽快实现"绿化祖国"的基本纲领，在短时间内达到消灭荒地的目标，"在一切宅旁、村旁、路旁、水旁，以及荒地上荒山上，即在一切可能的地方，均要按规格种起树来，实行绿化"[①]。但不久之后，由于"全民大炼钢铁"运动带来了生态环境的破坏和资源能源的大量浪费，毛泽东又适时推出了"大地园林化"的林业发展思路，"要使我们祖国的河山全部绿化起来，要达到园林化，到处都很美丽"[②]，尤其是要确保植树造林这一行动的长期性、稳定性，要发动群众、引导群众积极参与到环境建设中来，避免坐吃山空情况的出现。毛泽东认为主观能动性能不能很好地发挥直接影响到做事情的效果，如果"自然条件相同，经济条件相同，一个地方'人为'了，结果就好；一个地方'人不为'，结果就不好"[③]。面对我国人口众多，但资源相对有限的情况，毛泽东提出要关注"人"这一独特的自然资源，通过正确发挥人的主观能动性来促进人和自然的协调发展。

2. 提升民生福祉是根本目的

纵观我国几千年历史的发展进程，我们发现在众多自然灾害里面，水患是影响国人最为严重的灾害，当然也包括新中国成立前后我们遭遇过的若干次洪涝灾害的困扰。新中国成立初始，毛泽东从我们面临的自然环境状况和国内发展的需要出发，针对经常出现的水患问题提出了许多治理意

---

① 中共中央文献研究室、国家林业局：《毛泽东论林业》，中央文献出版社 2003 年版，第 26 页。

② 同上书，第 51 页。

③ 《毛泽东文集》（第 8 卷），人民出版社 1999 年版，第 127 页。

见和建议。这之后，开始逐渐建设大型的水利工程，包括淮河治理、荆江分洪，也包括三门峡水库、葛洲坝等重点工程，通过建设这些水利工程一方面有利于国家调度用水情况，另一方面也有利于抵御洪涝灾害的冲击，既可以保障工农业生产的用水，也保障了人民日常的用水；既保障了人民的生命财产安全，也提升了人民的幸福感和安全感，可谓是功绩不小。特别是在农业生产与增收过程中，自然环境的影响更是明显，毛泽东要求在兴修小型农田水利设施和开垦荒地时要确保生态系统的稳定，在治水的同时改善土壤状况，以免旧的问题没有解决，新的环境问题又出现。

3. 以综合协调为首要方式

毛泽东的协调发展理念主要是针对人类和自然之间、资源环境和经济发展之间的关系提出来的。首先，毛泽东认为在确保林业发展的前提下，实施农、林、牧、副、渔五种产业并重的政策。在《论十大关系》中毛泽东说道："天上的空气，地上的森林，地下的宝藏，都是建设社会主义所需要的重要因素。"[1] 其次，鉴于我国人口压力与环境压力并重的情况，强调在发展中要兼顾二者的关系。毛泽东在《关于正确处理人民内部矛盾问题》中认为，虽然人多力量大是优势，但是仍然有许多的难题摆在我们面前，因此"我们的方针，是统筹兼顾，适当安排"[2]。通过社会主义建设经验的积累和对现实发展问题的反思，毛泽东认识到人的因素的增长和生态环境容量相一致的重要性，为了确保人民生活水平的真正提高必须统筹兼顾，协调发展，才有可能实现人口与环境、经济与生态之间的和谐共生。

4. 以勤俭节约为基本原则

分析我国的资源能源问题不能只看单纯的储量，还要分析因为人口因素带来的资源能源的相对短缺问题，包括石油等能源在内我国许多资源的人均占有量在世界范围内并不占优势。因此，有必要节约使用我们的资源。毛泽东从自身做起，在生产生活中坚持节约为先，坚决杜绝浪费行为。不但个人应该如此，对于一个国家来说更应该如此，为此毛泽东提出勤俭建国、增产节约的思想，要求在农业生产、畜牧业生产等领域中严格遵守。但是由于20世纪中后期"大跃进"运动的影响，再加上各领域建

---

① 《毛泽东文集》（第7卷），人民出版社1999年版，第34页。
② 顾龙生：《毛泽东经济年谱》，中共中央党校出版社1993年版，第394页。

设的不切实际，不仅违反了自然规律、社会发展规律与经济建设规律，更带来了不必要的资源浪费与生态破坏。面对这种不利于生产生活的生态困境，毛泽东提出了综合利用、变废为宝的思想。

毛泽东的协调发展理论是中国共产党人对生态环境问题的初步思考。这一理论为我们在认识自然和改造自然、发展经济和保护环境，乃至后来的生态文明建设的提出做了理论和实践上的准备工作。

（三）改革开放和现代化建设新时期绿色发展观的提出

绿色发展观是党和政府面对严峻的生态危机而做出的正确决策，是理论和实践相结合的优秀的思想成果。改革开放以来，我们在建设社会主义过程中将马克思生态思想与我国现实的发展状况结合起来，产生了一系列的理论成果，包括邓小平辩证发展观、江泽民可持续发展观、胡锦涛科学发展观和习近平绿色发展观。

1. 经济发展与环境保护的辩证统一性

对于如何才能更好地推进经济发展而又不伤害生态环境，邓小平从基础、方式、保障、动力等方面展开论述，得出经济与生态之间应该辩证发展的基本观点。通过妥善处理生态、经济、社会、人口之间的关系，把我国的环境建设推进到新的发展水平。

以辩证法为立论基础。邓小平把辩证法应用到经济发展和环境保护的实践过程中，认为辩证的观点才是人们对待客观事物的正确观点，经济发展不能以资源的过度消耗和环境的污染为代价。1982 年，邓小平在谈到我国黄土高原的环境变化时指出，黄河的黄色是泥土的颜色，是因为水土保持不好，大量流失造成的，"我们计划在那个地方先种草后种树，把黄土高原变成草原和牧区，……生态环境也会发生很好的变化"[1]。对于经济和环境之间的关系，邓小平强调了辩证观点的重要性，认为现在发展和未来发展、经济效益和环境效益应该统一起来，并且认为如果人口不加以控制的话，有可能会超过生态系统的承载红线。不久，计划生育上升为国家的基本政策被载入了宪法。环境压力的增大势必会影响到经济发展的速度和质量，只有减轻环境压力，让自然休养生息，人和自然才能走向互利与共

---

[1]　国家环境保护总局、中央文献研究室：《新时期环境保护重要文献选编》，中央文献出版社、中国环境科学出版社 2001 年版，第 33 页。

赢的发展状态。

根据不同地区的不同情况来决定发展的方式。由于我国生产力发展水平和既存的客观条件差异较大，因此无法实施整齐划一的发展模式。特别是对于传统经济发展模式更应该加以限制，以改变高耗能、高污染、低产出的生产状态，把这种不可持续的发展逐渐转变为集约型的发展模式，充分发挥技术、管理、市场等的优点，以实现经济社会发展的优质高效、持续快速。邓小平非常关心旅游业的发展，把生态保护与旅游业的发展放在一起加以考虑，指出"要保护风景区。桂林那样的好山水，被一个工厂在那里严重污染，要把它关掉"①。当然，邓小平并没有明确使用"可持续发展"这一词语，但是他关于自然生态系统与经济社会发展之间的观点，为后来的生态文明建设提供了丰富的理论资源，他非常强调发展的重要性，但也没有忽视生态环境的重要性，这是非常宝贵的辩证思维的体现。

把法律法规建设作为环境保护的坚强后盾。邓小平认为，要推进经济与自然的共同发展离不开法律法规的保障，为此就要加强环境法规建设，严格执法。这一点也是邓小平辩证发展的重要内容。在 1978 年的宪法中，环境保护作为国家的重要发展政策被列入其中。邓小平在之后的中央工作会议上指出"应该集中力量制定刑法、民法、诉讼法和其他各种必要的法律，例如工厂法、人民公社法、森林法、草原法、环境保护法、劳动法、外国人投资法等等"②。以便在处理环境问题时，能够做到有法可以依据，对违法犯罪行为绝不姑息。在 1983 年的全国环保会议上，邓小平强调了环境保护的重要性，并把保护自然环境看作生态建设的核心内容。1984 年的《中华人民共和国森林法》把每年的 3 月 12 日作为植树节。这一系列环境方面法律法规的推行，成为生态文明建设的坚强后盾，社会主义国家的环境保护事业朝着规范化、制度化、程序化的方向发展。我们一方面在加快国内环境法律法规的建设，另一方面也在国际上与致力于生态环境保护的国家签署了一系列的公约，这也为环境保护事业提供了重要保障。改革开放后，我国陆续签署了《保护臭氧层维也纳公约》《气候变化框架公约》《生物多样性公约》等国际性环保公约，并严格按照公约的要求尽心

① 《邓小平年谱（1975—1997）》（上），中央文献出版社 2004 年版，第 466 页。
② 《邓小平文选》（第 2 卷），人民出版社 1994 年版，第 146—147 页。

尽责，积极践行公约所规定的中国应尽的环保义务，为世界性生态保护事业的发展做出应有贡献。

科学技术是环境保护的强大驱动力。1985 年，我们颁布了新中国成立之后的第一部《环境保护技术政策要点》，切实推进了环保方面科学技术的发展，这成为了我国环境保护的重要政策支撑和科技动力。邓小平非常看重科学技术的重要性，并把科技放在"第一位"的生产力位置上，指出，"将来农业问题的出路，最终要由生物工程来解决，要靠尖端技术。对科学技术的重要性要充分认识"[①]。面对我国僧多粥少的人口与资源环境状况，邓小平提出充分发挥科学技术的力量，加大对现有资源的综合循环利用方面的研究，更希望能够研发出新的能源以代替现有的不可再生的能源，从根本上解决我国能源紧缺的实际情况。邓小平认为工厂的"三废"并不是真正的废物，还有利用的价值，应该加以循环利用。此外，邓小平还强调了对水电的开发利用，"火电上不去，要在水电上打主意"[②]。受邓小平科技思想的影响，我国环保技术得到了较大的发展。

邓小平关于生态保护与经济发展的辩证观点是对毛泽东协调发展思想的继承与创新，它一方面吸取了毛泽东的环境保护思想，另一方面又扭转了我国长期以来关于经济发展和社会制度之间关系的认识误区，为解决经济社会发展和环境保护之间的矛盾，为可持续发展战略的提出带来了有益启示。

2. 以环境保护为基础的可持续发展观

所谓的可持续发展是指发展的当代和未来、地区和全局、部分和整体之间的公正性和持续性，不能只关注一方而忽视了另一方的发展要求。江泽民关于经济发展与环境保护之间的论述具有明显的可持续性特征，既有重点内容也有全局观照，立足于我国的现实情况，着重提高资源能源的利用效率和经济效益，并要求必须升级传统的发展模式。

统筹兼顾是可持续发展观的基本要求。这一要求反映了自然生态系统的连续性、整体性、有机性，也反映着生态承载能力的有限性和公正性。江泽民在《正确处理社会主义现代化建设中的若干重大关系》（1995）中

---

① 《邓小平文选》（第 3 卷），人民出版社 1993 年版，第 275 页。
② 同上书，第 17 页。

指出了事关我国未来发展的 12 个需要引起关注的方面，还特别指出了如何处理改革、发展、稳定之间的关系问题。同时，江泽民还通过统筹人、自然、社会之间的关系，统筹物质文明、精神文明、政治文明之间的关系，统筹东部、中部、西部地区之间的关系，统筹不同民族之间、不同信仰的人口之间的关系问题等，从多层次多角度申明了可持续发展的内涵，要求"从全面出发，统筹考虑各项工作的关系，兼顾各种利益关系，综合平衡在可持续发展过程中的各种复杂关系"①，这就从国家层面上促进了经济体制改革与经济发展方式的转型升级。

把保护生态环境当作促进可持续发展的重点内容。虽然我们在经济建设方面取得了较大发展，但是生态问题也在不断加剧。江泽民在第四次全国环境保护会议上，就生态环境的重要性做了专门解释，指出生态环境与生产力之间存在着密切联系，强调了污染防治与环境保护二者的不可偏废，为发展生产力指明了方向。在此基础上，逐渐形成了江泽民以生态保护为重点，统筹考虑水源保护、土地保护、资源保护等方面的基本理念。受 1998 年自然灾害的影响，我们再次把"封山植树，退耕还林"当作恢复重建、治理大江大湖大河的主要应对之策。迄今为止，退耕还林工程不仅是我国人民参与度极高的环境工程，也成为了一个惠及广大农民的项目。环境保护的好与坏是验证一个社会文明发展程度高低的重要标尺，为此党的十六大报告倡议全民参与生态保护，树立生态环保意识。

把可持续发展看作我国独具特色之所在。在联合国《21 世纪议程》（1992）中明确指出，为了确保全球范围内的健康发展，需要在人口、能源、资源方面进行系统规划，以避免不可持续性发展带来的久远影响。与世界范围的发展理念相一致，我们国家在 1992 年也提出了可持续发展的基本思想，颁布了首个国家级发展规划《中国 21 世纪人口、环境与发展白皮书》。到 1995 年，可持续发展被正式列入"九五"发展计划和 2010 年中长期国家发展规划中，以实现在经济和生态之间的互动和双赢。对于加强可持续发展的方法步骤做出了比较周到的规划：首先是要实现在资源能源方面的节约利用；其次是通过改善人口素质来影响生态环境；再次是引导消费朝着绿色化方向发展；又次是利用宣传教育来提升民众的生

---

① 刘国华：《中国化马克思主义生态观研究》，东南大学出版社 2014 年版，第 133 页。

态素养；最后是通过制度建设为生态环境保护提供保障。

以效益的提升作为保护生态环境的重要原则。提升资源能源的利用效率和经济发展效益，需要对传统经济发展模式进行转型升级，妥善处理效益和成本的比例问题，为此需要从思想认识上加以转变，也需要从实践层面上实现从粗放到集约的转变。江泽民对"有增长无发展"的怪象做了深入透彻的分析，指出有增长主要是指 GDP 数量的增加，无发展主要是指经济增长的数值被其他问题掩盖或抵消，所以从社会整体上看并没有实质性的发展进步。"问题往往出在偏重数量扩张，单纯追求增长速度，而忽视经济质量，效益不理想，整体素质不高。"① 如果我们的目光只在经济增长的数量上，而不注重经济发展的程度和水平，那么这种粗放型的发展模式将在短时间的爆发之后走向没落，靠吃子孙饭来"繁荣"今天经济的做法很明显是不可取的。因此，"任何地方的经济发展都要注重提高质量和效益，注重优化结构，都要坚持以生态环境良好循环为基础"②。在当今经济社会发展中，生态文明已经成为了衡量经济是否发展、政治是否进步、文化是否繁荣、社会是否和谐的重要指标。以保护生态环境为基础的可持续发展理念既是对毛泽东的协调发展思想、邓小平辩证发展思想的继承与创新，又为后来的科学发展观做了理论上的准备。

3. 经济社会与生态环境之间的科学发展

科学发展观是围绕着"人"这一主体展开的，在发展过程中强调发展的科学性，同时要尽可能实现发展的全面性、协调性，在可持续的基础之上统筹兼顾各方面的利益。科学发展观是对毛泽东、邓小平、江泽民等领导人关于生态保护与经济发展关系的丰富和扩展，也是解决现实生态问题的科学指南。

对于仍处于社会主义初级阶段的中国而言，发展应作为第一要义。在生态文明建设视域中，发展的第一性主要体现在：经济社会的发展要与自然界的休养生息相一致；发展经济不能以伤害环境为代价；发展第一性的同时需要其他方面发展的支撑；发展第一性不单单是指当代人，还包括未

① 中共中央文献研究室：《改革开放三十年重要文献选编》（上），中央文献出版社 2008 年版，第 821 页。

② 《江泽民文选》（第 1 卷），人民出版社 2006 年版，第 533 页。

来世代的发展。胡锦涛指出，社会主义国家的发展必须要立足于初级阶段的基本国情，"基于人民过上美好生活的深切愿望，基于巩固和发展社会主义制度，基于巩固党的执政基础、履行党的执政使命作出的重要结论"①。要实现经济发展模式从先快后好到先好后快的转变，即从"又快又好"上升为"又好又快"，让社会主义中国真正成为人民安居乐业、人和自然和睦相处的国度。

把以人为本作为促进经济社会发展与生态环境保护的核心内容。以人为本与人类中心主义是一对既相互区别又相互联系的概念，从生态视域来分析，以人为本主要是指人才是生态保护的根本和目的，但是并不排斥对人之外的自然万物的保护，强调在与自然环境的和谐相处中找寻人类可持续发展之路；而生态中心主义把人本思想加以绝对化，强调人类的绝对中心地位，以及世界万事万物的从属性质。以人为本就是要促进人的全面发展，全面发展不仅仅是指作为肉体属性的发展，还包括人作为"类"存在物的社会属性的发展，这也是人类发展的目标指向。而人的自然和社会属性的发展需要良好的自然环境的支撑，特别是人本身就是自然界产物的事实决定了人一刻也离不开自然界，必须与自然界同呼吸共命运。胡锦涛指出"良好生态环境是人和社会持续发展的根本基础"②。社会主义国家一直把"人"看作其发展的目标所在，所以特别注重依靠人、提高人、尊重人、改善人、增强人，以促进人的自由而全面的发展为旨归。③ 以人为本的科学发展观，是达到小康社会目标、实现民族复兴过程中必须坚持而不能丢弃的指导思想。

以全面协调可持续作为科学发展的基本要求。全面协调可持续就是在经济社会发展过程中要兼顾人口、生态方面的因素，以确保经济发展的可持续性，这也是社会主义生态文明建设的基本价值归宿。"全面"是指在发展过程中，要兼顾政治、经济、文化、社会、生态建设各个方面，不能只发展一方面而忽视其他方面的发展。"协调"是指在发展过程中，要尽可能利用多种方法，充分运用统筹规划、认真研究、协调各方，从战略的

① 《胡锦涛文选》（第3卷），人民出版社2016年版，第2页。
② 同上书，第645页。
③ 陈晓燕：《论以人为本与党的群众路线的内在一致性》，《河南师范大学学报》（哲学社会科学版）2015年第3期。

高度合理布局生态文明建设规划，确保不同人群、城乡之间、区域之间、国内国际之间的协调发展。"可持续"是对发展提出的高要求，即不能以发展的速度与数量为标准，而应以发展的质量和持续性为重点构建新的发展模式。

科学发展观是我们在经济社会发展的高要求和生态资源环境的严峻形势面前做出的正确判断，它回答了实现什么样的发展、怎样发展的根本问题。这一回答也为绿色发展理念的诞生做了理论准备，把生态文明建设推进到一个崭新的历史阶段。

4. 把实现永续发展作为绿色发展的前提

绿色发展观首先强调社会的永续发展，并且以人民的利益取向作为其价值判断标准；而绿色发展的顺利实施离不开体制机制的保障，离不开美丽中国目标的指引，上述方面都是绿色发展的当然条件。

人类的永续发展是绿色发展的前提条件。习近平非常重视生态文明在文明发展历史中的时代性、紧迫性和重要性，并把生态文明上升到人类文明更迭演变的基础性位置上。在反思历史上曾经辉煌但又消失不见的文明古国的基础上，习近平指出，生态文明建设不仅对于我国近期目标的实现具有重要意义，对于中华民族伟大复兴也具有同样重要的意义。因为"保护生态环境就是保护生产力，改善生态环境就是发展生产力"[1]。为了保护生态环境，我们在发展过程中要尽可能体现绿色化、低碳化，绝不能只关注经济增长而忽视了生态成本，不允许以巨大的生态成本来换取经济短暂发展的做法，而要从全局、从长远出发，为子孙后代的发展创造良好条件，而不是遗祸子孙，要让生态环境成为人民生活的依靠，也成为社会主义国家持续发展的着力点。

以人民群众的利益取向作为价值判断标准。习近平在党的十九大报告中提出了人民主体的观点，指出"中国共产党人的初心和使命，就是为中国人民谋幸福"[2]。中国共产党坚持绿色发展就是坚持人的全面自由发展，坚持用绿色来富国强民，为百姓的生产生活提供丰富的绿色产品，并以此

---

[1]　中央文献研究室：《习近平谈治国理政》第 2 卷，外文出版社 2017 年版，第 209 页。

[2]　习近平：《决胜全面建成小康社会　夺取新时代中国特色社会主义伟大胜利——在中国共产党第十九次全国代表大会上的报告》，人民出版社 2017 年版，第 1 页。

作为其价值取向。随着环境权利日益成为人们关注的焦点问题，我国在《2012 年中国人权事业的进展》白皮书中，也把环境权益作为人权的重要内容之一纳入其中，指出任何人都拥有在清洁干净、绿色良好的生态环境中生存的权益，从而在价值取向和内容上创新了马克思的人本思想。一方面，绿色发展彰显了人民主体这一极具价值色彩的重要判断。"良好生态环境是最公平的公共产品，是最普惠的民生福祉。"① 对于每一个社会成员来说，都有权利在良好环境中生存。另一方面，绿色发展可以为百姓更好地生存提供大量且丰富的绿色产品。绿色发展将通过提升生产过程和生活方式的绿色化，来改善人居环境的质量，提供民众消费得起的绿色产品，用绿色发展实践为民众创造绿色福利。

绿色发展的顺利实施离不开体制机制的支撑。习近平指出，"只有实行最严格的制度、最严密的法治，才能为生态文明建设提供可靠保障"②。在绿色发展体制机制建设中，干部考评体系至关重要。我们应不断完善干部考评体系，把绿色因素纳入考评环节中，对于因为发展经济而带来严重生态后果的行为应严格追究其责任，并把这一制度程序化、固定化、长期化。绿色发展的体制机制建设实际上是为了消除经济社会发展中的生态病症，而这就需要从传统的经济发展模式、生活消费方式等方面开刀，需要多种方法并用，望闻问切，长期医疗。要坚持以整体性、全局性的眼光、科学的思维和严格的制度来推动绿色发展，坚持理论与实践的密切联系，坚持顶层设计和基层实践的互动支持，也坚持政府主导与群众主体的有机结合。

以美丽中国作为近期要实现的基本目标。美丽中国首先是生态环境要美丽，但生态环境仅仅是自然物质前提，除此之外，还包括经济发展、民主提升、文化先进、社会昌明等，是各方面都充分发展的社会状态。为实现美丽中国的目标，习近平详细阐明了绿色发展的基本要求，大力倡导建设"美丽中国"。面对严峻的生态危机，习近平指出必须要提升人民群众的生态素养，树立尊重规律、爱护自然的基本理念，齐心协力，共同面对困难，解决问题，以推进绿色发展的不断前进。"美丽中国"既是中国共

---

① 《十八大以来重要文献选编》（上），中央文献出版社 2014 年版，第 629 页。
② 中央文献研究室：《习近平谈治国理政》，外文出版社 2014 年版，第 210 页。

产党的基本执政理念，也是绿色发展的目标所在，是人类社会与自然环境、人们的生存与发展之间的和谐共进。绿色发展是对社会主义建设过程中历届政府治国理政思想的丰富与发展，也是由当前我国面临的生态压力决定的。人们对良好生态环境的追求是对美好生活的追求、对真善美的追求、对小康社会的追求乃至对民族复兴的追求，这是绿色发展观的最终归宿。

三 绿色发展与生态文明建设的关系

在当前生态因素日益成为影响经济社会发展的重要因素的情况下，要确保国家的持续发展状态，提升生产力水平，就要大力推进生态文明建设，这是我们从若干年的发展经济与保护环境过程中得来的经验，也是以后经济社会发展过程中的显著特点。我们从自身所处的条件和生态环境状况出发，提出绿色发展的基本理念，以确保社会主义国家的持续发展。如果不能克服因为发展经济带来的资源短缺和生态污染问题，那么可持续发展也将难以持续下去。所以，推进绿色发展成为社会主义生态文明建设的当务之急，深刻把握二者的辩证关系有利于我们科学判断形势，并制定正确的发展策略。

（一）生态文明建设体现绿色发展的精神内涵

从党的十八大、十九大报告中，我们不难发现生态文明建设已经被摆在了重要的战略位置上，与政治、经济、文化、社会等方面建设一样具有非常重要的地位，并且在其中居于基础性作用。国家发出号召要加大对人民群众的生态素质培育，树立起爱护生态环境的基本理念，并坚持节约使用资源能源，在努力解决生态问题的过程中建设生态文明的社会主义国家。绿色发展理念为新时期社会主义精神文明建设注入了新的内涵和活力，把绿色发展理念应用于社会主义现代化建设实践中，是对具象的深化和升华，有利于推进生态文明建设，并确保发展的持续性。推进生态文明建设要注意以下几点：一是要从整体上对国土空间展开合理布局；二是坚持生产生活中对资源能源的节约使用；三是在生态保护过程中解决既存的污染问题；四是加快体制机制建设，为绿色发展提供可靠保障。生态文明建设离不开自然环境，目标指向在于人民群众，为了人和自然的和谐共生而设定，这也正是绿色发展的基本要求和核心内容。无论是生态文明建设还是绿色发展，都是我们对生态环境价值认识上的极大提升，是对良好生态、美好生活的向往，也是可持续发展理念在生态领域中的现实表现。

（二）绿色发展是生态文明建设的主要着力点

生态危机威胁到了人们的生存和发展，为了克服这一威胁，实现人和自然的和睦相处，一种新的文明发展理念应运而生，即生态文明。生态文明将成为人类文明发展的新形态，这一点已经得到了越来越多的人的赞成和认同。生态文明建设实践及理念的诞生对社会主义国家的可持续发展提供了理论上的指导和新的发展范式，这一发展范式的具体实施还离不开其他方面各种力量的支撑。主要体现在意识形态领域中思想理论的引领，以及决策实施过程中科学技术的支持、各种平台的合理使用等。绿色发展理念的提出与我国经济社会发展现状以及生态环境状况相适应，与可持续发展理念相吻合，坚持把节能降耗、提升效益、治理污染、保护环境等作为发展的方向，尽可能减少人类足迹对自然资源的破坏，变生态赤字为生态盈余。就技术层面而言，科学技术特别是绿色化技术的运用，对于生态治理的成效至关重要，可以在水土流失、水源治理、土壤改良、垃圾处理、材料多用、环境监测等方面为绿色发展提供强大支持。就精神层面而言，绿色发展理念融合了我国传统文化中的精华和工业化发展理念，利用多媒体平台开展绿色意识、环境意识、权利意识、健康意识等的教育和宣传，培育公民在尊重自然规律、保护生态环境、健康理性消费、节约使用资源等方面的价值理念，创设生态文明顺利发展的"软环境"。就制度层面而言，绿色发展理念有利于国家的全面布局和顶层设计，根据不同地区不同部门的具体情况进行合理规划和适当调整，包括综合考评体系的完善、生产领域环境标准的制定、各种金融力量的门槛进入、国土空间的规划审批等，为生态文明建设提供具体措施和实施路径。

（三）绿色发展符合生态文明建设的现实要求

随着生态问题的日益严重，特别是对民生福祉影响的加剧，要求我们必须把解决生态污染问题提升到非常重要的位置上来。民生导向下的绿色发展即是在现实生态问题面前的发展理念的转变和创新，既是为了解决现存的问题，也是为了创造美好的未来。

一方面，绿色发展是对全面建成小康社会的积极回应，反映了全面建成小康社会的内在要求。① 小康社会的全面性不仅仅在于经济发展等方面的小康，也包括生态环境的"小康"，即生态环境能够为拥有了足够的经济、政治、文化、社会发展的人们提供适宜的生存环境，满足人们的多种需求。虽然与发达国家相比我国的物质文化水平还是较低，但是也已经有了长足进步。人们在基本生活需求得到满足之后，开始追求精神生活的丰富、生态环境的优美、民主权利的广泛等。关心的对象从物质到精神，从外在到内心，从人到自然界，不再仅仅局限于某一领域中。其中，对自然环境的关心和要求日渐高涨，生态幸福指数也直接成为衡量人们幸福与否的重要指数。当前我们面临的形势是，既要建成小康社会又要保护好生态环境，因为经济发展与生态承载力之间的矛盾已经逼近极限，解决资源环境对经济发展的瓶颈制约刻不容缓。推进生态问题的解决、提升治理水平以实现持续不断的发展是时代交给我们的重要课题。绿色发展理念的提出，就是我们积极应对生态问题、解决发展难题的有力举措，有利于小康社会绿色化的实现。

另一方面，绿色发展成为建设生态文明的必然选择。生态文明是事关民生福祉的重要问题，也是事关社会发展的关键问题。实施绿色发展，建设美丽中国是推进生态文明建设的必然要求和关键抉择。绿色发展中人们主体性地位决定着生态文明建设的动力来源和目标所向，有利于主体功能区建设、加快绿色发展、高效利用资源、强化生态治理等举措的顺利实施。实施绿色发展战略，有利于找准生态文明的建设方向，使顶层设计更加科学合理，生态文明建设体系更加完善，人们的生活和消费更加绿色，生态文明建设规划和政策更加接地气，万众一心、共同努力，以早日实现生态文明的美丽中国。

（四）绿色发展创新生态文明建设的体制机制

第一，绿色发展创新了我国生态文明建设的协同机制。由于受到区域性经济发展水平、治理标准不同、地方保护主义等诸多因素的影响，长期以来我们在生态问题治理的方式方法与基本理念上并不统一。在许多地方形成了单个行政区域治理的现象，以至于在生态治理过程中"踢皮球"与各自为政的情况并不少见，许多部门都在参与治理，但是责任归属不明

---

① 王丹、熊晓琳：《以绿色发展理念推进生态文明建设》，《红旗文稿》2017 年第 1 期。

确，治理效果也一般。就同一水域而言，地理位置不同，经济发展水平不同，水域的上下游之间对环境质量的要求也不同，使得不同地域的人、财、物的投入比例长期不统一，不但影响了生态环境的治理进程，也影响到地区和社会的稳定。绿色发展理念中主体功能区的提出，有利于空间发展的合理规划布局，把众多地域性的、部门性的、专门性的规章制度统一到生态文明建设的总体布局中，即"多规合一"。生态文明建设要求绿色发展与城镇化的结合，从生态环境的承载力入手，根据不同的地理环境条件规划城市的区域与功能，推行以绿色设计为先，稳步推进城镇化建设的方针。在协同治理方面，还要考虑行政区划的影响，建立自上而下的跨区域的环保机构，实施垂直管理的方法，特别是对于跨越了行政区划的河流、山川、森林、草原、沙漠等的管理更应该如此。在绿色发展过程中，不同地区、部门、领域的专家要共同协作，为推进生态文明建设出谋划策，解决生态治理中的难题。

第二，绿色发展创新了我国生态文明建设的市场运作机制。在很长时期内，我国生态文明建设主要由政府来管理和推进，包括对资源能源的分配和使用、生态环境法律法规的制定实施、环境治理的投入与管理等。虽然政府主导下的生态文明建设取得了一定成绩，但是随着时代和条件的变化，特别是在生态危机综合性影响日益加深的情况下，百姓对环境治理的要求越来越高，单独靠政府的力量显得有些力不从心或效率低下，生态治理失衡问题得不到根本解决。引起这种困境的主要原因在于，由政府这只"看得见的手"进行资源能源配置的效率并不高，加上财政力量有限，致使在生态问题上乱象频出：解决了一个旧的问题，新的问题又继续出现。生态问题涉及资源环境、人们生存、经济发展、社会稳定等诸多内容，实施生态治理，我们既需要政府的力量，也需要市场的支持，发挥市场"看不见的手"与政府"看得见的手"的共同作用，发展绿色经济，推动生态文明建设。

第三，绿色发展创新了我国生态文明建设的综合考评体系。传统考评机制的参照系主要是经济发展指数，看经济上的 GDP 数量大小；绿色发展中的考评机制则要看领导干部任期内发展经济与生态成本的数据对比，特别是对领导干部实施自然资源资产离任审计和长期追责的制度，有利于判断领导干部发展经济与保护生态环境的能力和水平，判断任职期内生态环境的破坏和资源的利用效率等问题；使得领导干部在发展经济的同时考虑到生态环境的保护和社会的综合性发展，避免经济发展一枝独秀而生态、社会等领域内问题百出的情况。能不能树立绿色发展理念，树立正确的政绩观，在要金山银山时，又守得住我们的绿水青山，应该成为考评领导干部的关键一环。

第四章　民生导向视野下绿色发展面临的问题

　　马克思对于生态环境在人类社会发展中的基础性作用给予了充分的肯定，认为任何历史记载都要充分体现自然环境及其受人类社会的影响而发生的改变，强调了自然与民生的辩证发展关系。习近平对于生态与民生问题更是重视，多次强调指出了人与自然之间的整体性以及彼此影响的辩证关系。老百姓从过去追求温饱的生活状态转而追求生态环保的生存状态，开始"盼环保"、"求生态"。习近平的这些思想为我们建设社会主义生态文明、加快推进绿色发展、克服民生难题指明了方向。但是，长期以来，我国经济社会发展中重经济、轻生态的现象并不少见，发展是硬道理的理念在一些人的思想中被片面理解，造成了生态与经济之间的人为割裂，也带来了经济发展与生态保护之间的尖锐矛盾。同时，在我们现代化建设过程中，经济社会发展与生态资源环境之间的矛盾不会弱化，反而可能会进一步加强，会与社会主义的政治建设、文化建设、社会建设等紧密联系在一起，并凸显其基础性作用。如此，民众的生存权益也将愈发敏感，作为社会主义国家要坚持绿色发展的基本理念，积极推动绿色改革和绿色实践，解决生态问题，保障绿色民生，维护好人民的利益。

　　20世纪中期，心理学家马斯洛创立的"心理学人本主义体系"成为关于人的需求理论的第三次思潮，并对华生和弗洛伊德的思想提出了挑战。马斯洛的需要理论认为人的行为与动物的行为在内在力量上有着根本不同，人除了基本的生理需要之外，还有高层次的自我实现需求。也正是因为这种高层次的自我实现需求的存在，人们已不满足于从自然界中获得只满足生理需求的物料，而是增加了对自然界的开发和掠夺，从而导致了诸多生态问题。在民生导向视野下研究环境问题的过程中，我们可以透过种种表面现象看透其背后的本质内容，以人的最基本需要层次为出发点，分析人们在物质、精神、社会和政治领域内面临的绿色发展问题。当前，在物质生活层面，我们面临着生产资料和生活资料的污染以及人的肌体污染等问题。在精神生活层面，我们的生态理念、消费理念、发展理念中存在着诸多的问题。在社会生活层面，我们面临着因为环境污染而带来的生存环境威胁问题，因为环境问题而诱发的群体性事件问题，以及大量公共性污染问题。在政治生活层面，我们面临着绿色权利缺位问题、相关政绩考核体系的完善问题、发展过程规划问题等。这些问题交织在一起，成为影响人民群众基本生存和绿色发展的大问题。

第一节　物质生活层面存在的问题

人们物质生活层面的需求大致经历了一个从自然到工业，而最后又要回归自然的过程。马克思认为，人类历史发展的过程其实也是人们物质生活的实现过程，人们为了能够生活，"首先就需要吃喝住穿以及其他一些东西。因此第一个历史活动就是生产满足这些需要的资料，即生产物质生活本身"①。随着生产力的不断提升和历史车轮的滚滚向前，人们基本的生活资料从起初的直接从自然界中获取，发展到通过农业生产劳动获得农产品的阶段。在这一时期，由于人们需要的拓展和提升，精神生产劳动逐渐从物质生产劳动中分离出来，物质生活资料和精神生活资料发生分离。进入工业化发展阶段之后，人们对物质生活资料的依赖逐渐从农业产品转向工业产品阶段，机器的出现及其大量使用使得物质生活资料在人们生存发展中的地位和功能出现了弱化趋势，物质产品极大丰富甚至超出了人们当时对它的消费需求比率，带来了产品过剩现象。但是，如此丰富的物质产品背后却是世界性的生态难题，由于人们对自然资源无节制的开发利用，以及污染破坏，使得生态问题成为威胁人们生存发展的根本性问题。透过物质生活资料的历史演进历程，我们发现人与自然关系从和谐到紧张，从紧张到危机的矛盾发展过程，我们对自然界利用与破坏，自然界也用其规律形式对人类施加着影响。我们可以从生活资料、生产资料和人的肌体三

---

① 《马克思恩格斯选集》（第 1 卷），人民出版社 2012 年版，第 158 页。

个层面论述物质生活层面的绿色困境。

一 生活资料污染

绿色发展视域中的生活资料主要是指维持人们基本生存发展需要的物质产品和环境产品的综合，这些生活资料提供给人的自然肌体大量的物质和能量，也提供给人的自然肌体生存发展的自然环境。但是，生态危机的到来改变了人的自然肌体与自然界之间物质能量和信息的正常变换，人们的生活资料被污染已经成为影响民生的重要方面，因为生活资料大多数直接与人们身体健康相联系，通过直接纳入或身体接触而影响人的身体健康。

（一）餐桌污染

"民以食为天"是几千年来亘古不变的信条，其本义是指老百姓以粮食等吃的东西作为生存的根本。虽然这一解释带有一定的封建等级色彩，但是"食"对人们的重要性由此可见一斑。工业文明的发展虽然带来了物质生活资料的丰富，但是也带来了大量问题。特别是在非绿色、非生态的物质生活资料中几乎可以随处可见工业化生产方式的影子。也就是说，人们的物质生活资料中已经融入了非自然的因素，从而改变着食物结构，进而影响到人们的肌体和基因传承。近年来，无论是国内还是国外，因为食品安全问题带来的恶性事件层出不穷。从石家庄三鹿奶粉到新疆西牧乳业，从苏丹红酱油到福尔马林多宝鱼，从染色绿豆到催熟的西瓜，从转基因玉米大豆到转基因蔬菜，从农药残留到垃圾食品等，还有假酒假烟、瘦肉精、毒大米、硫磺姜、吊白块等每每都让人胆战心惊。回顾一下我们的餐桌上究竟有没有一种食材从来没有出过污染问题，我们已经不得而知。国际社会中，食品安全问题同样引人注意。英国、德国的"疯牛病"、"口蹄疫"令人谈之色变，英国每年因为疯牛病的损失就高达300亿美元。这些有问题的牛肉许多被输送到了发展中国家，并堂而皇之地走上了百姓的餐桌，成为威胁人们生命健康的重要污染物。

我们可以从生产、运输和检测几个方面来剖析餐桌问题。在农业生产、畜牧生产、渔业生产过程中，化肥农药、饲料添加剂等成为许多地方进行生产的常规方法，导致了产品在生产过程中就已经被污染，许多污染程度超过了国家限定的标准，食物中毒事件频繁发生。果蔬生产中激素的使用增加了产量和效益，包括感官之美，但是却伤害了人体的健康。在食品的生产、储藏和运输中使用添加剂的情况屡见不鲜，香蕉、鱼类、蔬菜、苹果、蒜薹、西瓜等为了保证长距离运输中不腐烂变质而使用甲醛保鲜，不法商贩获得了可观的利益，但是消费者却承担着经济上尤其是身体上的损失。关于添加剂的使用，无论是从使用的剂量上还是从使用的领域上国家都有明文规定，违法分子受利益的影响，利用行政管理上的漏洞和法律法规的不健全为自己牟利，从而引起了百姓的恐慌。面粉已经不是纯面粉，而成为了过氧化苯甲酰面粉；陈旧大米也并不陈旧，因为有了工业基础油；等等。总之，食品中本来不存在的成分，因为利益的需要而变成了食品的必然成分，餐桌污染成为不可避免的悲剧。

至于与餐桌污染密切相关的食品安全执法问题也因此成为最引人注意的社会性问题，事关民生。但是由于受制于人力、物力、财力、能力等因素，我国在食品安全执法问题上虽然是尽力而为，但是效果并不尽如人意。一是执法力度不强的问题。主要是由于食品安全管理机关的力量相对有限，执法过程往往需要辅之以公检法等，才能够顺利执行，成本代价较高。有的地方对食品安全问题睁一只眼闭一只眼，小事不管，大事再说。再有就是我们的食品安全监测设备和技术需要进一步提高，有的部门甚至连监测设备和技术也成为需要解决的问题，更不用说形成安全有效的监测体系。

（二）水源污染

当前，我国的淡水水域被污染的情况需要引起关注，主要是地表水、地下水、大江大河大湖等的污染。我国水源情况不容乐观，一些地区水域污染较重，直接影响到了人民群众的生产生活。人的生存离不开水，但是如果使用了被污染的水则容易给人的身体带来伤害甚至是死亡。被污染的水中的重金属很难被排出体外，而是在身体中沉积，逐渐破坏人的脏器和神经系统，容易诱发癌变。如果用被污染的水灌溉农田，不仅会带来减产，还会降低农作物的质量。被污染的水进入江河流域中，会造成鱼虾等的大量死亡，破坏水域生态环境。2011 年绵阳自来水锰污染事件、2014年兰州自来水苯污染事件等都对民众的生产生活带来了不利的影响。我国有近 300 个城市面临生活垃圾处理难题。① 综合来看，我国水源污染主要

---

① 王琪：《我国地下水污染现状与防治对策研究》，《环境与发展》2017 年第 3 期。

是三个方面的原因，即工业污染、农业污染、生活污染。

地下水污染。我国地下水污染的范围和程度都在不断增加，地下水污染治理刻不容缓。2008 年出台的《全国地下水污染防治规划》表明，地下水约占我国水资源总量的三分之一，而在全国人口中超过 70% 的人饮用地下水，超过三分之二的城市把地下水作为城市水源。然而可悲的是，我国 90% 的城市地下水已被破坏。据常年检测的 118 个城市中，64% 的城市地下水污染较重，33% 的城市是轻度污染，正常的城市只有 3%。①

河流污染。水利部调查研究显示，我国 700 多条河流中，约 46.5% 的河水受到破坏，水质只是劣五类的水平。我国的七大水系都存在不同程度的污染，其中辽河、海河、淮河最为严重。曲格平曾说："中国水污染问题的趋势是越来越坏，而不是越来越好，前景很不乐观。"② 受经济发展的影响，水污染逐渐向西部扩展转移，不管是支流还是干流，不管是地上还是地下，也不管是城市还是农村，污染形势堪忧。长江流经十几个省市，其中江苏省检测的数据显示，江苏省一半以上的长江水水质劣于三类标准。③ 由于吉林石化污染了水源，松花江的水质对黑龙江省民众的生产生活带来了严重的影响。④ 另外我国的地表水、近海领域的水污染情况也值得关注，我国水资源现状总体上呈现出不利于生产生活的一面。

随着我国社会主义现代化建设的加快，工农业用水、城市居民生活用水等的数据还将继续攀升，如何缓解本来就已经紧张的水资源形势，也是建设生态文明、推进绿色发展必须要解决的问题。

（三）大气污染

我国的空气质量就目前来看非常令人担忧，地区性、复合性的空气污染非常严重，这一问题亟待加速解决，对能源结构等做出相应的调整。煤炭消耗量在我国每年都超过 20 亿吨，如此庞大的消耗量带来的不仅仅是资源的急剧减少，更重要的是带来了空气质量的下降和对人民生活的影

---

① 《中国地下水污染严重，治理需要 1000 年，谁造的孽？》，转引自中国水网，http://www.h2o-china.com/news/251959.html。

② 孙凯：《专家认为我国水污染趋势越来越坏》，《中国青年报》2000 年 10 月 31 日，转引自新浪网，http://news.sina.com.cn/china/2000 – 10 – 31/139674.html。

③ 王菡娟：《守住长江"这盆"清水》，《人民政协报》2014 年 3 月 6 日第 17 版。

④ 梁云凯：《松花江流域水污染防治策略》，《能源与环境科学》2013 年第 6 期。

响。煤烟型大气污染一直是困扰我们的一个难题，虽然最近一些地方推行冬天用燃气代替煤炭取暖的做法，但是随之而来的一系列问题包括成本和供应量等成为明显的制约因素。PM2.5与酸雨又成为一些地区空气污染的"新宠"，空气污染变得越来越复杂，污染源不再呈现单一性，而多以复合型为特征。

雾霾现在成为人人谈之色变的污染，堂而皇之地侵害着人们的身体健康，而我们却基本上无力应对。虽然我们关停或搬迁了一些污染源，但是鉴于雾霾的复合型来源的特征，单方面治理效果并不明显，基本上还是靠风吹的办法来治理雾霾，颇具讽刺意味。由此，空气问题更成为危及人民群众基本生存的问题。如果说大部分人都与雾霾有过亲密接触一点也不为过，雾霾几乎已经超越了食品安全问题成为民生的头号敌人。以石化能源为主的能源结构使得我们的空气质量很难在短时间内得到较大提高，这与我国传统经济发展模式与生活模式相适应，无法全部及时更新为新的能源结构来满足人们的生产生活需要，当然这也是不现实的。我国已经确定到2030年基本实现石化能源消费结构的优化以实现改善空气质量的目标，改变能源结构对绿色发展、绿色生活的约束。

汽车尾气问题也成为空气污染的重要方面。到2017年，我国机动车数量已经高达3.10亿辆。[①] 如此庞大的汽车拥有量所消耗的石化能源数据惊人，而且带来的尾气污染更是严重，成为我国空气污染的重要来源之一。特别是在人口较为密集的城市，汽车尾气直接进入人们的呼吸系统，影响到了身体健康；还有就是由此而带来的堵车、交通安全等问题也影响到了人民群众的正常的生产生活安全和便利。

酸雨污染。鉴于我国煤炭消耗量巨大，每年因为燃煤而排放的二氧化硫、二氧化碳都已经超过美国，位居世界第一，由此而导致的酸雨现象也成为破坏空气质量、破坏生态环境的重要问题。我国每年因为酸雨而导致的经济损失高达1000多亿元，并且这个数据还在继续攀升。欧洲和北美地区原来也是酸雨聚集地，但是随着资本主义工业文明后期发展的影响，这些地区的酸雨已经基本消失。而我国青藏高原以东部分，长江干流以南

---

① 新华社：《2017年底：我国机动车保有量3.10亿辆 驾驶人3.85亿人》，2018年1月15日，转引自中华人民共和国中央政府网，http://www.gov.cn/xinwen/2018-01/15/content_5256832.htm。

区域仍然是酸雨区，东南沿海地区的酸雨较重。长江干流以北地区由于受到气候因素的制约，酸雨现象比较少见，当然这并不代表这些地区空气污染较轻。酸雨直接破坏着森林植被，污染水源和土壤，伤害人体健康，破坏汽车、交通、建筑等设施，给社会的正常运行和人们的正常生活带来了严重影响。

（四）居住环境污染

居住环境污染是一个复合型的污染，并不单指某一方面的污染，而是指对人们的日常居住生活产生影响的环境污染，主要包括噪声污染、空气质量、生活用水、环境风险、社区建设问题等方面。

噪声污染是居住环境污染的主要方面。噪声污染的来源颇多，主要包括机动车噪声；虽然许多地方明确限制市区鸣笛，但是机动车本身带来的噪声污染依然严重。在部分县镇地区随意鸣笛、交通混乱的情况也比较常见。还有就是建筑工地扰民问题，随着城镇化建设的推进和城市的不断扩张，建筑施工车辆、机械、装修等带来的噪声污染也比较严重。在社会上影响较大、讨论热烈的广场舞扰民问题在此不做讨论。

空气质量问题是居住环境较差的另一个表现。影响城市空气质量的原因，一是汽车尾气的影响，汽车尾气直接和居住环境挂钩，许多城市动辄几十万甚至几百万辆车，如果排放尾气的话，污染是惊人的。二是周围地区生产过程中产生的废气污染，包括垃圾堆放产生的挥发气体。三是酸雨的影响。酸雨对民众日常生活的影响巨大，如果居住区临近化工、造纸、水泥等厂区，空气质量更是堪忧。

生活用水问题。这个问题主要涉及城市自来水供应的质量和数量。一些地方特别是较大城市，或者水源较少地区的城市缺水现象比较严重。城市自来水供应质量的好坏与水源地环境保护又直接联系在一起。如果不能很好地保护居民的水源，对城市用水问题带来的影响，或者是对居民日常生活的影响都将无法估量。再有就是城市生活废水和生活垃圾对水质也产生了破坏，需要引起足够的重视。

环境风险。主要是指居民区靠近污染源带来的风险，包括临近垃圾场、化工厂、加工厂等，也包括因为产生交通环境问题带来的交通风险、空气污染带来的身体健康风险等。这些风险与其他问题交织在一起，成为居民环境污染的内容之一。

城市和社区规划建设带来的污染。主要涉及城市绿化建设的质量，社区楼房的规划设计合理与否，采光是否充分，规划中绿色占据的比例等。房地产开发过程中，原来设计的绿化地方有多少变成了楼房，排水系统建设的优劣等方面，都是社区问题的具体表现。

二　生产资料污染

生态危机不仅威胁到人们的生存环境，当被污染的生产资料纳入生产过程之后，又通过商品、物品的形式进一步威胁到人的发展。在长期的工业化发展中，许多原来被忽视或积压的生态问题开始集中出现。原材料生产地的环境污染不断恶化，违规使用各种化学药品的情况增加，剧毒农药仍然大有市场。如此一来，在原材料供应链这一环节就已经出现了生态问题。生产资料是维持生产的物质前提，生产的产品更是人们生存发展必须依赖而不能离开的物质条件。因为生产资料污染而导致的物质产品的污染，其危害更加久远且隐蔽，需要有针对性地进行解决。

（一）农业生产资料污染

当前，我国城镇化建设和工业化发展进入到新的历史阶段，面临新的形势和新的任务，特别是受加快推进小康社会建设和现代化建设目标的影响，使得我们在物质生产上的要求不但没有降低，反而有所提升。但是，我国农业生产资料污染比较严重，已经成为制约经济社会发展的重要因素。因为任何人的生存都需要农业产品的维系，粮食、蔬菜、水果等是人的生活离不开的物品，如果这些方面出了问题，如前所述的餐桌污染问题，会对人们的身体健康、经济的发展、社会的稳定等都产生不利影响。人类社会的任何活动都需要农业及其农产品的支撑，农业也因此成为推动各方面发展的物质基础。农业生产资料的污染主要包括土壤的污染，还有农药污染、地膜污染等。

土壤污染。环境保护部在 2014 年颁布的《全国土壤污染状况调查公报》显示，我国土壤总体质量下降明显，一些地区的土壤污染严重，工矿业地区废弃的土壤污染较重，土壤中的重金属含量超标现象突出，特别是西南、中南某些地区的重金属含量高，已经影响到了农作物或经济作物的安全。此次调查历时 8 年，从 2005 年开始至 2013 年底结束，报告显示我国土壤总的点位超标率为 16.1%，污染土壤中镉、汞、砷、铜、铅、铬、锌、镍8种无机污染物，六六六、滴滴涕、多环芳烃3类有机污染物都严重超标。①造成土壤污染如此现状的原因，主要包括自然原因、生产过程中的废水废气废渣、农业面源污染等。报告显示，从区域分布来看，南方污染要重于北方。企业污染情况较重，相关污染源附近区域基本无法进行农业生产。在土壤污染中无机污染、有机污染以及复合型污染都不同程度地存在，土壤的生态风险值高成为导致农业生产污染的重要的也是基础性的原因。

农药化肥污染。农药、化肥在我国农业发展史上，特别是在粮食增长解决人们温饱问题上做出了贡献。但是，在短时间内依靠大量使用农药、化肥来提升农产品产量的方法，并不具有可持续性。从21世纪初到现在，粮食产量在持续增长，但背后却是因为农药化肥长时间大规模使用带来的土壤板结污染、土壤营养结构的破坏；附近水体的污染和破坏，带来了水生态系统的破坏，食物链的断裂，灌溉用水和饮用水的安全问题；土壤污染最直接的危害是粮食的不安全问题，这些问题的出现危及人民群众的身体健康、物种多样性的发展，乃至自然系统的平衡与稳定。另外一个问题就是，农药市场的散乱，新农药品种的推广困难，居于销售量首位的依然是传统农药品种。②所以，农药化肥等问题的影响，在我国农村地区仍然要格外关注，一些地方因为土壤不适合耕种而被迫放弃，农民也随之外出打工，农业发展受到打击。

地膜污染。地膜覆盖技术的发展对于我国农村粮食作物和经济作物的发展起到了重要作用，对于提升农民的收入和改善农民的生活条件有益。但是，地膜作为塑料制品其降解性较差，我们还没有相关的技术处理包括地膜在内的这些白色垃圾的污染，目前主要还是靠焚烧的办法来解决，这种办法治标不治本，消灭了白色污染，又产生了大气污染和水污染。地膜使用在我国比较普遍，各地农村的田间地头都有，其中塑料大棚密集的地区，污染尤其严重。还有就是新疆产棉地区地膜使用带来的土壤问题也值得探究。由于地膜回收较难，技术也无法跟上，基本上还是靠自然的力量来降解，周期

---

① 环境保护部：《环境保护部和国土资源部发布全国土壤污染状况调查公报》，2014年4月17日，转引自国家环境保护部网站，http：//www.zhb.gov.cn/gkml/hbb/qt/201404/t20140417_270670.htm。

② 林玉锁、龚瑞忠：《农药环境管理与污染控制》，《环境导报》2000年第3期。

长、危害大。不但带来了土壤肥力的下降，也影响到农作物的根系发育和营养水分等的吸收，长此以往势必会影响到农业可持续发展问题；并且残余的地膜对禽畜等也容易带来危害，一旦误食很难处理。还有就是这些白色垃圾会离开土壤随风而去，污染居住环境，也造成视觉污染。

（二）工业生产资料污染

工业生产资料的污染和农业生产资料的污染是联系在一起的。马克思说过："新使用价值，新产品或者可以作为生活资料进入个人消费领域，或者可以作为生产资料进入新的劳动过程。"[①] 我国是世界上最大的发展中国家，与发达国家相比不仅在经济发展上存在差距，还表现在我国的生产方式落后方面。发达资本主义国家已经进入了后工业文明发展阶段，而我国仍然处于工业文明上升时期，工业文明发展的成果甚至还没有来得及享受，就已经面临生态危机的威胁。我国工业生产资料的污染主要体现在三个方面：

一是农业领域原材料的污染。由于部分企业的原材料来自农业领域，如果农业领域出现了污染，势必会引起相应的工业产品的污染，这是目前我国与农产品相关的产业之所以产品污染的一个重要原因。这方面的工业主要是指农产品加工行业，包括对农、林、牧、渔各行业产品的加工和深加工，还包括药材种植过程中的农药化肥等残留的问题。因为原材料已经被污染，致使工业制成品或加工品也是问题频出。

二是工业类原材料的污染。这一类的生产资料污染主要包括，工业材料作为原材料进入到新的生产领域而带来的生态问题。工业材料在生产过程中也是问题百出，安全事故不断。包括监管不严格、生产过程的疏松、质量保证问题等；如利用废弃工业垃圾、医疗垃圾、生活垃圾等来生产工业用品、生活用品、医疗用品等，由于原材料本身已经被污染，其中包含的成分可能已经发生改变，所以新制成的产品也极易出现问题。再加上化学污染物的泄漏事件经常发生，或者随意排放废弃物等，致使环境中的化学成分增加，有报告显示我国地表水中含有80多种抗生素和非医药成分，如果生产过程使用受到污染的水作为水源，势必会引起产品质量的下降或者是生产出有毒的产品。化学在社会发展中起着重要的作用，但从保护生

① 《马克思恩格斯全集》（第44卷），人民出版社2001年版，第214页。

态环境的视角出发，新物品的出现却隐藏着巨大的生态风险，不但破坏了既存的生态环境，而且由于许多产品是很难降解的物质，无法进入自然循环系统中，长期积累下来的结果就是对生态环境的持久性破坏。

三是洋垃圾污染。洋垃圾主要包括生活垃圾和生产垃圾，其中一些洋垃圾如电子垃圾又不同程度地进入到了生产过程中，成为某些不法企业追求利润的手段。发达国家在经济社会发展过程中产生的生产生活垃圾，不断地输送到第三世界国家中，包括东南亚诸国和我国。我国是洋垃圾的输入大国，在为其他国家创造良好生态环境的同时，危害着自身的生态环境。虽然海关部门努力管控洋垃圾的进口，但是由于受自身力量的限制，无法对大量走私入境的洋垃圾实施全部或严格的管控。洋垃圾不管其利用价值高低，本身就容易带来生态环境的破坏，再加上部分洋垃圾进入到某些生产领域中，结合我们粗放型的经营方式，会产生二次严重污染，从而危及人们的生存环境，甚至威胁到国家环境安全。从 20 世纪 90 年代之后，从发达国家输入到我国的洋垃圾数量和种类都在不断增加，一般利用"回收"口实进入我国，或者偷渡入境。在 2014 年，海关总署督办的洋垃圾犯罪案件达 96 起，查获电子类、废矿类垃圾 17.8 万吨。一些以洋垃圾为产业链条的地区，利用转售或加工处理的方法赚取利润，虽然经济获得了一定程度的畸形发展，但却给生态环境带来了不可估量的损失。

三　人的肌体污染

可以说，目前的生态环境问题已经威胁到我国民众的生存和发展。随着全球化时代的到来，人们共同生活在一个"村落"里，一个国家的经济危机可以在极短的时间内迅速蔓延到世界各个角落，可以置人于死地的传染病在时间与空间的压缩中迅速传播，带有病毒或者不健康的食品销售打破了国家与文化的界限。从一定程度上分析，现在世界是一个风险性世界，处在这样一个大环境中，我们更要认清楚现状，特别是生态环境现状，努力解决困扰世界性的这一难题。无论是人们的生产生活带来的生存环境的污染与破坏，还是人们赖以生存的物质资料的污染和破坏，都是对人类本身带来的污染和破坏。

（一）抗生素滥用的影响

抗生素在现代医学研究和临床治疗中被大范围使用，在许多疾病的治疗和康复中起到了较好的治疗效果。但是作为一种医疗手段，抗生素不宜过度使用以免造成细菌的耐受性增强而导致传统医药疗效的丧失，否则人类科技的力量永远无法赶上细菌变异带给人们的危害，合理使用才是正确的方法。在现实生活中，新抗生素的诞生大致需要 10 年，而细菌耐药性的产生只需要 2 年，因此抗生素的应用会受到耐药性的限制[1]。抗生素的滥用可以带来生态环境的损害，并进一步威胁到人们的身体健康。抗生素并非万能的灵丹妙药，如果不能对症治疗，非但不会有好的疗效，反而可能引起其他副作用，危及人体免疫系统。长期使用抗生素会带来抗生素的活性状态，如果医院等地方的医疗污水和垃圾进入水中，会破坏生态平衡。尽管抗生素类药物的半衰期较短，但是如果滥用抗生素，就极有可能带来相应的假性持久性污染。[2] 如果抗生素进入饮用水系统，对身体的菌群平衡会带来影响，也会因此波及生态系统。

医学界清楚地知晓抗生素作用的双面性，既可能杀死病菌，也可能杀死人体内的有益细菌，或者是在治疗好一种疾病之后，又为另外一种疾病的出现打下了"基础"。如人体肠道中细菌被误杀，可能会带来肠胃功能的紊乱甚至是疾病。

另外一个比较特殊的领域就是，在我国一些地区的养殖业中也出现了使用抗生素的现象。为了降低牲畜的死亡率，而在饲料或饮用水中加入抗生素，或者是其他种类的药物，以确保牲畜的不生病或快速生长，一般包括土霉素、四环素、头孢类、喹诺酮类及磺胺类、驱虫类药物等。这些药品的应用的确可以为养殖户带来稳定的产量和经济效益，但是药物成分却遗留在动物体内，造成了畜禽产品有害物质的残留或超标现象，带来了食品安全问题，给老百姓的餐桌和身体健康带来了威胁。

由于抗生素等的滥用，也导致了我国对外贸易中食品类的损失加剧。当代国际性市场正日趋成熟，各国之间的贸易往来频繁。人们对消费品的质量要求也水涨船高，相关的国际贸易条款也相继出台。如果抛开国际政治类因素不谈的话，单从食品质量要求的角度分析，我国出口的农牧产品经常会受制于他国的贸易制裁，究其原因就是这些国家的检验检疫严格，

---

[1]　柏萍：《浅析抗生素滥用的原因与危害》，《中国冶金工业医学杂志》2015 年第 1 期。
[2]　沈海英：《合理使用中药将减少抗生素滥用》，《中国民族民间医药》2011 年第 24 期。

科学技术先进，相关法律法规比较完备，一旦检验出药物残留超标，就可能会对我们实施贸易壁垒，采取制裁手段。有关资料显示，我国90%的农业与食品出口单位受国外技术性贸易壁垒的制约，每年经济损失超过90亿美元。抗生素的滥用威胁到了我国农、林、牧、渔等行业的发展，也危害到人民群众的身体健康，对我国相关产业的发展也起到了阻碍作用，更不利于在日益国际化的市场中生存，最终导致内外受损情况的出现，得不偿失，应该引起高度重视，并及时扭转这种不利局面。

（二）转基因食品的威胁

转基因食品是利用基因技术来改变既有基因排列或植入新的基因的食品。对于转基因食品是否健康安全，特别是对人体基因的影响如何，已经争论了很长一段时间，没有形成统一的定论。有人认为转基因食品不管其基因构成如何，在DNA（脱氧核糖核酸）进入人体后都会被身体内的酶分解为分子，不会把新的基因带入人体中而改变人的基因。因此，转基因食品和一般食品是一样的。美国是允许转基因食品在市场出售的国家，近年来少有转基因食品危害性的新闻见之于媒体。在全球范围内，转基因作物种植面积几千万公顷，经济和食品安全并没有受到不正常的影响。但是，也有人认为，转基因食品是不安全的。其不安全性不在于当前对人体是否产生了直接危害，而在于这种危害通过逐渐改变人体基因的方式来实现，慢慢"蚕食"掉人的正常基因而被其他基因组取而代之。其危害性在于，转基因作物和食品的人为力量与自然规律的较量，最终只能有一个获胜者，抑或是人类战胜了自然，抑或是自然战胜了人类。而人类发展至今，战胜自然的情况还没有出现过。并且对自然规律发生作用的条件的改变最终也会影响到人类自身的改变，因为人类就是自然，自然也是人类本身。恩格斯说："我们不要过分陶醉于我们人类对自然界的胜利。对于每一次这样的胜利，自然界都对我们进行报复。"[1] 想必这个道理在分析转基因技术方面还是可以深入思考的。技术本身并没有道德性可言，但是技术的使用却加入了经济的、道德的甚至是政治的因素在里面。

在欧洲许多国家，人们对任何非常规的食品安全还是持非常审慎的态度的，认为其是一种有风险的食品。因为这些国家深受疯牛病、"二恶英"

---

[1] 《马克思恩格斯全集》（第26卷），人民出版社2014年版，第769页。

污染、禽流感、口蹄疫等的影响，并且损失巨大，以至于人们本能地反对这种新技术和新鲜事物。转基因技术作为尖端科技，在增加农作物产量、降低化肥农药的施用量、提高产品质量方面有着明显的优势。人们之所以反对转基因技术，是因为担心这一技术的非道德化使用。当然，对待这一新技术和新产品持审慎的态度是合理的，我们还需要对转基因作物进行长期的跟踪研究，以确定其优势及其劣势所在，既不简单排斥，也不盲目接受。1993 年，全球范围内出现了第一种转基因食品，即在美国市场出现的西红柿。三年之后，由转基因西红柿生产的番茄酱开始在超市上架。从 1993 年至今，在世界范围内包括我国在内，市场上已经出现了种类繁多的转基因食品，如转基因大米、大豆、玉米，各种转基因蔬菜、水果，甚至是转基因肉类等，许多食品已经投入市场，进入老百姓的餐桌。在这种安全性尚未确定的情况下，转基因商品就大量上市并且消费的现象，我们不得不佩服人们的勇气，也许这次做小白鼠的不是个别，而是人们或人类，希望实验结果向着正确的方向发展。

（三）大规模传染病的影响

按照中国疾病预防控制中心的界定，传染病（Infectious Diseases）是指由各种病原体引起的能在人、动物之间相互传播的疾病的总称，主要包括甲类的鼠疫、霍乱，乙类的结核病、艾滋病、SARS、乙脑、狂犬病、禽流感、登革热、炭蛆病等，丙类的麻风病、手足口病等。这些传染病对许多人来说，可谓是谈之色变，因为这些传染病对人类带来的危害范围之广、程度之深，历朝历代的人都有所体会。世卫组织的报告显示，在全球范围内近十几年的时间内发现了 30 多种高度传染病，并且许多传染病在"根治"之后死灰复燃的情况不在少数。如此数量的高度传染病的出现，是自然对人类的真实警告。

有科学家已经发现，大规模传染病的出现可能与自然界包括动物在内，其中包含的微生态的失衡相联系。在牲畜养殖过程中，一般会选择成长快速的品种来喂养，以便能够及时推向市场获取利润。但是，一代又一代快速成长的动物其自身肌体的免疫力是难以保证的，因为在不断促进动物成长的过程中，动物体内原有细胞的生理平衡已经被破坏，其正常功能无法发挥。而人们为了确保它们的存活率和产出率，又开始使用抗生素来维持其肌体的生长。如此质量的食物带给人类的当然不会是强大的免疫力，这一点是不用怀疑的。而动物食用了受到污染的饲料、粮食、蔬菜等，也会带来免疫力的降低。在人与动物免疫力都受到损害的情况下，禽类疾病的传播更是"畅通无阻"，如此一来，我们面临的生态问题就变得更加复杂而混乱。

我们还可以通过分析非洲传染病高发的现象，来找出因为人与自然关系的紧张而带来的生态恶果。在非洲大陆，黄热、霍乱、登革热、疟疾、埃博拉、艾滋病等传染性疾病高发，究其原因大致有三：其一是自然环境的影响。非洲是热带雨林湿热地区，湿热的雨林成为病菌天然的理想家园。其二是许多地区卫生条件较差，脏乱差的环境中蚊虫肆虐，不断传染着各种类型的病菌。其三是非洲许多地方的人们生活习性较为粗野，多以直接取材于大自然的方式为主，嗜食野味，这也增加了病菌从动物宿主到人类宿主的传播速度，容易引起或留下疫病。埃博拉病毒源于非洲，但却影响到了世界许多国家和地区，给这些国家和地区的人们带来恐慌。在人类与自然的相互关系中，人类对自然的索取要保持在一定限度内，并且要爱护自然中的动植物，保护好动植物的家园其实也是保护了人类自身的家园。

第二节　精神生活层面存在的问题

在人与自然关系的发展过程中，人类经历了一个从臣服到征服再到和谐的发展过程。原始社会时期的人类，受制于自然力量和自身力量的影响，崇拜自然、尊敬自然，臣服于自然界对人类的物质恩赐和神秘威力中。工业社会的发展带来了人类自身力量的扩张，人们有能力从自然界中获取更多的物料来满足自身的需求，思想也随之发生变化，从原来的臣服逐渐转变为了征服。然而，生态危机时代的到来再次让人们认识到征服自然只是一种值得赞扬的雄心壮志，尊重自然规律，按照自然规律办事才是更适合人类社会的道路，于是开始谋求与自然界的和谐相处，努力解决生态问题，爱护自然，缓解人和自然之间的矛盾和冲突。我国在建设社会主义小康社会和实现社会主义现代化过程中，提出了推进绿色发展，建设社会主义生态文明的路线和蓝图，表明了我们在认识人与自然关系问题上又前进了一大步。但是，就目前而言，我们仍然面临着诸多需要解决的问题。精神生活层面绿色内涵的缺失是导致生态危机的重要根源，我们从生态理念、消费理念和发展理念几个方面加以论述。

一　生态理念中的问题

在推进绿色发展的过程中，正确的自然理念起着积极的推动作用，而错误的对待自然的理念则容易把人类引向自然的对立面。英国历史学家汤因比说："自然包括人性在内，而人性是人类最难对付，最难驯服的那部分自然。人类用技术征服非人性的自然界，反而使人类变成人类自己最危险的敌人，因为人类现在是用前所未有的致命武器和污染手段装备起来的。"[①] 解决生态问题，首先要确保人们思想观念的正确性，即对人性与自然性之间的矛盾性质和表现形式需要客观地分析。在对待自然的人性中出现了两种影响较大的思想观念，一是人类中心主义理念，二是经济至上的理念。在这两种理念引导下的人的行为与自然性之间相排斥，强化人的主体性，却弱化了自然基础性，带来了人与自然关系的紧张。

（一）人类中心主义的影响

宗教教义中的世界是神灵缔造的，其中人是神灵缔造世界中的最伟大的结果。托勒密的"地心说"认为，地球是宇宙的中心。从这一论断开始，人类中心主义就以本体论论证的姿态开始了它长达 2000 多年的历程。之后，康德的"人是目的"又把人类中心主义推向了新的高度。而科技革命浪潮的一次次到来，更是彰显了人的主体性力量的伟大，至此，人类中心主义已经逐渐接近它的顶端。在工业文明发展过程中，人类中心主义也发挥着不可替代的重要作用，为资产阶级代言和美化。但是，工业发展带来了不可避免的生态危机，人们开始反思这一思想观念带给自然和社会的影响，绿色思潮逐渐兴起，批判人类中心主义的代表人物也纷纷出现。他们从自然环境的不断破坏中寻找着隐藏在背后的思想根源，把矛头指向人类中心主义。

人类中心主义秉持一种为万物立法的基本理念，认为自然界中的万事万物都是为人类而服务的，只有人类具有价值，需要道德关怀，而自然界只是具有工具性价值。基于这样一种立场，完全是为资本谋求更多的价值而辩护。资本扩张过程中，为了尽可能获取利润，资本家想尽一切办法来

---

① ［英］汤因比：《历史研究》，刘北成、郭小凌译，上海人民出版社 2005 年版，第 314 页。

降低生产成本。自然资源作为原材料被纳入资本生产过程之后，无疑会产生出两个问题：一是自然资源有没有价值，需不需要以价值来衡量；二是利用自然资源的过程中会破坏环境，带来污染，如何转嫁这种问题。人类中心主义无疑为资本获利和转嫁成本做了最好的解释。一切围绕着"人"，为了"人"的利益可以置自然环境于不顾，成为工业文明上升阶段的显著特点。而这里的"人"颇具抽象意义，实质上主要是指资本主义社会背后起着决定性作用的资本。在生态危机面前，资本失去了其不断膨胀的本性，人类中心主义的狭隘性在生态危机面前也显得苍白无力，因为生态危机条件下没有哪个国家可以独善其身。

我国在推进社会主义现代化建设过程中，提出了以人民为中心、以人民为主体的思想，推行绿色发展理念，坚持城乡区域协调发展，人与自然和谐发展，并积极摒弃地方本位主义、地方保护主义和人类中心主义等狭隘的观念。以人民为主体的思想内在地要求在绿色发展过程中必须要统筹兼顾，既关注百姓的物质生活水平的提升，也要关注他们的生存环境的改善。从世界范围来看，生态问题是没有国界的。在全球经济一体化的影响下，人类所面临的生态环境问题往往不是某一个国家或某一个地区能够单独解决的，需要许多国家的共同努力；而且一个国家或地区的生态环境问题也可能会引发"蝴蝶效应"，南美的蝴蝶扇动翅膀可能会引起太平洋上的热带风暴，生态危机也会影响到世界其他地区。一个地区的水污染、大气污染将会通过洋流、大气循环的方式成为世界性的生态危机，因此许多的生态问题是没有国界线和区域划分的。同样，当一国资源匮乏，也会影响到世界性资源能源的格局而重新加以分配。在这种情况下，假如只是某一个或几个国家参与到生态治理中，那么治理的效果也不甚理想。我们坚持以人民为中心、以人民为主体的基本思想，发挥"创新、协调、绿色、开放、共享"五大发展理念在推进绿色发展中的重要作用，这一做法可以为世界其他国家和地区治理生态问题提供有益借鉴，也可以确保我国经济社会发展的绿色与可持续，有利于摒弃人类中心主义的不利影响，把我们的社会主义伟大事业不断地推向前进。

（二）经济至上理念的影响

经济至上发展理念主要是指经济是维持社会发展和人的生存的最基本，也是最重要的方面，人是"经济人"，因而追求经济利益是其唯一动力和唯一目标；经济手段是解决其他一切问题的最终方法，经济的发展可以带动社会其他方面的发展，并解决发展中遇到的各种问题。不难看出，经济至上发展理念背后所隐藏的资本主义价值体系，这一体系和自然生态系统之间的矛盾具有明显的不可调和性。"经济人"理念符合新自由主义的价值追求，把经济发展摆在首位，认为"人类生活与社会的运转都应以它为中心"①，其他领域的问题都要遵循经济发展的至上原则来解决，发展经济才是唯一要做的事情。这一理念决定了与经济利益相比，自然界相对于经济发展的从属性地位，要为经济发展提供力所能及的服务。经济至上发展理念不利于自然环境保护的主要表现是：

一方面，过度关注经济理性，而忽视了自然规律。经济至上的理性原则主要是指经济利益的最大化，亚当·斯密认为人们从事经济活动的目的不是方便他人，而是一种自利的打算，即为了获取利益。因此，人的行为受制于经济因素而非其他因素，属于利益最大化的"经济人"。经济至上的理性原则符合资本早期不断扩张的价值需求，激发了资本主义精神，推动了社会发展。然而，经济至上理念过度关注经济理性，却忽视了自然界的价值，并以工具理性价值观看待自然界的客观存在，引发了破坏自然界的一系列经济行为。首先，经济至上理念忽视了人的自然属性。人首先是自然人，然后才可能是社会人或"经济人"，自然属性是人的第一位的属性，人是自然产物并且以自然界为生存的基本条件，所以不能只看到人的社会属性而看不到人的自然属性。如果只关注人的社会属性，只看到人和经济之间的关系，势必会带来人的生态人格缺陷，催生其非自然的行为。其次，把自然的价值限制在了经济领域，而忽视了自然界自身的价值。价值本义上反映的是客体相对于主体需要的关系范畴。经济至上理念中的价值主体比较单一，人是万物的尺度，为自然界立法。自然界的价值就在于它可以为经济发展提供多少物料，只具有服务于人的工具性价值，因此自然界只是一种可以忽略计算的无偿恩赐而已。在这种理念指导下的人的活动，对于自然资源的掠夺和污染成为自然而然的事情。再次，经济至上发展理念只看到人的主体性，却忽视了自然界的主体间性。经济至上理念只看到利益的最大化，这一目标必然会带来功

---

① Cobb Jr., J. B., *Spiritual Bankruptcy: a Prophetic Call to Action*, Nashville: Abingdon Press, 2010, p. 107.

利主义和人类中心主义的价值判断，使"经济人"居于绝对主体的地位，自然界因此被所谓的"经济人"单方面地"去魅"，进而转变为了为经济社会发展服务的单向度的资源库。

另一方面，经济至上理念过度依赖增长的逻辑，而忽视了自然的规律。在"经济人"看来，发展过程中遭遇到的任何问题都可以利用发展的方法来解决，经济发展不但可以消灭贫困，还能够带来社会的和谐与富裕程度的提升。即便是受到生态危机的严重威胁，只要坚持经济至上的"经济人"仍然认为这一问题可以通过经济发展、通过技术发展和市场效率的提高来加以解决，力图用增长的方法来解决人与自然之间的矛盾和冲突，建设一个"可持续的资本主义"①。但是经济至上带来的并不是社会整体的发展和人们的普遍富裕，在资本主义国家中致富的永远是极少数人，国际社会中发达国家与发展中国家的差距不但没有缩小，反而越来越大。秉持经济至上理念并没有给世界带来安宁，反而让人的尊严和自然界的"尊严"扫地，因为为了尽快实现资本的逐利逻辑，自然资源需要源源不断地为经济发展提供大量的原料，大规模砍伐、开采、利用成为资本对自然的唯一态度，这种经济理念和经济模式发展的结果必然是生态危机的到来和生态系统的崩溃。

虽然经济至上理念具有一定的合理性，在一定历史条件下特别是在生产力落后的情况下推动着经济社会的发展，但是其与自然不相适应的一面也日益明显。经济至上发展理念由于割裂了经济发展和自然因素的有机联系，把经济和自然界之间的关系机械化、形而上学化，又把经济因素的作用绝对化，使得经济因素与自然系统整体相分离，带来了经济发展和自然关系的紧张，也是诱发生态危机的思想原因和经济原因。

二　消费理念中的问题

生产力的发展带来了生活水平的提升，人们不再满足于过去的温饱，也不再满足于基本的生存需要，而是有了新的要求与新的目标。随着中国特色社会主义进入新时代，我国社会主要矛盾已经从人们日益增长的物质文化需求转化为对美好生活需要和不平衡不充分的发展之间的矛盾。从主

---

① Foster J. B., Clark B., York R., *The Ecological Rift: Capitalism's War on the Earth*, New York: Monthly Review Press, 2010, p. 53.

要矛盾的发展变化中可以看出，社会在进入新时代之后，各种类型的消费需求增多，给我们的经济建设、社会建设和生态文明建设提出了新要求和新期许。但是，在绿色发展视域中，我们的消费理念还存在着诸多问题，需要正确对待并加以引导。

（一）西方消费主义的影响

消费主义发端于欧美诸国并在世界范围内传播，我国也深受消费主义理念的影响。随着契约消费、信贷消费等的出现，人们的消费理念和消费方式也出现了明显变化，以无限制享乐为宗旨、以大量消费大量废弃为主要表现的消费主义日益成为西方发达国家的主流价值观，用明天的钱买今天的消费品、先消费后付款、"及时行乐"等成为流行的消费方式。用弗洛姆的话说就是，"我们这个时代在相当大的程度上又回到极端享乐主义的理论和实践上去了。……二十世纪资本主义是以已经形成为一种惯例的协力工作和最大限度地去消费产品和服务为先决条件的"①。消费主义以一种已经发生改变的"消费"作为其追求目的，即以消费"消费"本身作为目的的消费形式，而并不在于满足人的合理的生存欲求。消费逐渐从手段转变为了目的，人们追求消费不再仅仅是看重其使用价值，而更多的是看重其符号价值，人生的价值评判也逐渐转变为了占有物品的多少，消费的象征性、符号性成为了追求的目标。用马尔库塞的话来说，就是"人们似乎是为商品而生活"②。

消费的本义是满足人类必要的生存发展条件，但是消费主义使得这种必要条件逐渐转变为了非必要条件，消费本身出现了异化。丹尼尔·贝尔指出，当人们的消费欲求无限扩张而无法得到满足时，消费就从正常发展状态转变为了异化消费。欲求和需要是相对来说的，"需要"发端于人的本质需求，因此要求并不是很高，具有一定的限度；而"欲求超过了生理本能，进入心理层次，它因而是无限的要求"③。"欲壑难填"形容的就是这种情况。

① ［美］埃里希·弗洛姆：《占有还是生存》，关山译，生活·读书·新知三联书店1989年版，第7页。
② ［德］赫伯特·马尔库塞：《单向度的人——发达工业社会意识形态研究》，刘继译，上海译文出版社2008年版，第9页。
③ ［美］丹尼尔·贝尔：《资本主义文化矛盾》，赵一凡、蒲隆、任晓晋译，生活·读书·新知三联书店1989年版，第68页。

消费主义不可避免地会带来过度消费、奢侈消费和大量浪费，而这种消费与资本主义经济生活是相适应的，"英国人所谓 comfortable（舒适的）是某种完全无穷无尽的和无限度前进的东西，因为每一次舒适又重新表明它的不舒适，然而这些发现是没有穷尽的"①。所以说，"需要"所满足的对象性存在并非真正处于困顿中的普通人，而是那些获取了利润的资本家，这种需要的满足带来的不良社会影响就是，资本和劳动的对立在资本主义世界的无法真正克服，因为资本的目的不在于劳动本身，而在于利润。

从思想观念方面分析，消费主义带来的是商品拜物教的物质化、经济化和社会化，"物化的结构逐步越来越深入地、致命地、决定性地沉浸到人的意识中去"②，已经发生变化的思想观念成为异化消费的意识内涵。从社会生活方面分析，消费主义是异化劳动的产物和附属品，也是实施安抚的方法手段。因为异化消费下的劳动者失去了自我，为了弥补因为劳动带来的困顿，就要不断通过刺激人的感官欲求的方法来缓解。但是这种弥补是不真实的，因为消费主义得以发生的物质前提是对财富的占有或者说是对资本、金钱的占有，而劳动者的劳动本身已经属于资本所有，更不要说占有财富。消费主义不但没有给劳动者带来消费的幸福，反而为了满足这种变质的"幸福"而不断去追求财富，去出卖劳动。虽然每个人都拥有消费的自由和权利，但是这种自由和权利的基础却不是公平的，所以消费主义的虚假性与欺骗性昭然若揭。

消费主义对发展中国家的影响尤其明显。因为这些国家无论是在经济发展水平还是在社会发展状态上都无法和资本主义发达国家相比。消费主义在我国也有很大的市场，从个体而言，一些人为了满足自身的面子而盲目消费、高消费、超前消费的现象并不少见，给自己带来了巨大的经济和社会压力。从整体视角来看，消费主义影响到了社会生产的发展，大量消费必然会刺激生产的发展，而大量消费的同时必然是大量的浪费，这对我国本来就捉襟见肘的生态资源环境来说更是雪上加霜。无论是从人的基本生存发展的满足，还是对各层次欲求的满足来说，我们都不提倡消费主

① ［德］黑格尔：《法哲学原理》，张企泰、范扬译，商务印书馆1979年版，第206—207页。
② ［匈牙利］卢卡奇：《历史与阶级意识》，转引自复旦大学哲学系现代西方哲学研究室编译《西方学者论〈一八四四年经济学—哲学手稿〉》，复旦大学出版社1983年版，第289页。

义，特别是在推进绿色发展，建设生态文明社会的过程中更需要我们处理好人与自然的关系，以免带来更大的生态问题。

（二）绿色消费意识的淡漠

人们绿色消费意识的强弱会影响到我国的经济结构与消费结构。随着人们生态环境素养的不断提高，消费模式也趋于合理，绿色的生态的消费成为许多人的追求目标。但是生态领域中的这些变化与推进绿色发展的基本要求之间还有较大差距。也有一些人认为，良好的生态环境是国家应该提供的服务，个人没必要参与其中，也没必要选择绿色消费行为而减少自己对物质财富的享受和追求。也有人认为，保护生态就是遏制经济发展，不利于改善百姓的生活，因此应该先确保经济发展而后再关注生态保护。

在人与自然的长期交往中，人们逐渐形成了一些基本的观点、看法与情感，这些看法和观点在一定条件下可以上升为道德意识，生成德行规范。人们的生产生活实践往往会受到这种德行规范的影响和制约，进而影响到我国的生态文明建设。受消费主义的不利影响，社会上有些人贪图享受，追求奢靡，把消费本身当作社会身份的标志。这种消费攀比风气一旦出现，势必会带来自然资源的快速衰减和大量产品的废弃，不利于生态保护、社会发展和良好的道德风气的形成，容易诱发社会问题，引起生态危机。推进绿色发展，建设社会主义生态文明既需要国家层面的努力，也需要基层民众的支持；既要体制机制的保障，也需要道德伦理的约束。

人们的实践活动总是受一定的意识所支配，并反映其价值诉求。从生态学意义上来看，人们生态化的价值观往往处于人的意识的最深层，并不一定时时刻刻都会表现出来，但是对人的价值判断和实践行为的影响明显。所以，从一定层次上来说，生态危机的出现是由人们非生态化价值观的发展造成的，非生态化的意识是生态危机产生的根源之一。工业文明的发展历程表明，人们所实现的理想并不是自我世界需要的满足，而在于经济利益，以及为了实现经济利益而实施的各种手段，包括促进消费、大量生产等。受消费主义理念的影响，许多人把人生目标的最大化限定在了追求物质财富上，而自然界能否为这种追求提供更多的资源和消化更多的污染，则不在他们的考虑范围之内。在消费主义者眼中，自然界只是可以消费和利用的对象性存在物而已。人们的消费欲望变得越来越强大，以至于生态环境逐渐丧失了其作为人类生存发展基础的功能。自然界开始利用其规律的形式对人类实施严厉的惩罚，也只有此时，人们才懂得自然环境相对于人类发展的重要性和先在性。

所以，生态危机的解决与改变人们的消费方式必须联系在一起，不能分割。绿色化的消费理念强调人与自然的相互作用，强调经济发展和环境保护二者都不可偏废，力图实现人与自然之间的和谐相处，共同发展。为了推进绿色发展的顺利进行，我们提出了创新、协调、绿色、开放、共享五大理念，其中共享、绿色和协调发展理念对于处理生态保护、经济发展、消费模式之间的关系提出了指导性意见，也是对马克思主义价值理念的丰富和发展。在发展过程中，我们要从人民的根本利益出发，协调社会与自然之间的关系，在保护生态环境的同时，充分考虑民众的权益，不以牺牲民众的生存权益为代价，也不为了发展而破坏环境。加强对人们绿色消费理念的培育和养成，真正实现绿色的生活、绿色的发展、绿色的生态、绿色的消费并存的良好景象。

（三）传统节约理念的淡化

勤俭节约历来是我国一直推崇的生活伦理和消费准则，在我国历史发展过程中和人们的生活实际中发挥着重要的作用，特别是在生产力不发达的条件下，勤俭节约更显得凝重而富有教育意义。但是，也有一些知识分子主张从过去那种节俭过活的方式中解放出来，对传统社会中的勤俭持家、勤俭建国思想进行反思和追问，并试图用"去伦理化"的实用主义发展理念来取而代之，认为节约思想应该注入新的时代内容。梁启超讽刺了那些要求他人勤俭但是自己却锦衣玉食的地主官僚，但是他同时也认为守财奴式的节俭会成为正常流通的障碍，所以他也对"尚奢"的积极性的一面进行了赞美。梁启超认为富人的奢侈消费生活使社会财富得以流通，如果富人再投资办厂，其对国家和社会更是极为有益，并最终会使国家达到富强。[①] 但是如果对崇俭消费观的批判超过了一定限度，片面夸大消费的积极作用而看不到消费的消极作用，就容易走入"消费决定论"的范畴。当然，这种消费理念在近代中国时代背景下并不具备实际的操作意义。

无论在什么年代，我们的主要任务首先就是要使自己变得更加文明而

---

① 梁启超：《史记·货殖列传今义》，载《饮冰室合集·文集之二》，中华书局 1941 年版，第 37—44 页。

强大。但是，国家的发展面临着诸多困境，特别是在物质上的贫困和政治上的主权危机，这些困境制约着发展的进程和速度。勤俭节约的思想在这种情况下被重新发掘出来，并用于国家发展和人民生活问题上具有一定的时代价值。自20世纪30年代开始，我们在进行各方面建设时都不约而同地重视节约的价值和意义。中国共产党在领导人民进行革命与建设过程中，坚持把勤俭节约作为党的一项基本方针和力行的原则来看待。在新民主主义革命时代，为了充分发挥有限财力的积极作用，毛泽东提出要"节省每一个铜板为着战争和革命事业"①，"贪污和浪费是极大的犯罪"②。厉行节约，为我国的革命和建设做出了贡献。

相对于近14亿的人口来说，我国的经济发展仍然需要加快脚步，全面小康社会还没有完全建成，还需要我们在资源并不丰富、经济也欠发达的情况下，从我国国情出发，厉行节约。社会主义现代化和民族复兴的实现只靠发展经济是做不到的，还需要生态环境为经济建设、人们的生活、社会的发展提供原材料和适宜的环境。我国人均资源能源占有率远低于世界的平均水平，又面临着严峻的生态形势和繁重的建设任务，如果不厉行节约，是很难达到经济富足、生态良好的社会状态的。在当今社会，节约问题已经不仅仅是一个经济问题，也是一个思想观念问题，更反映着公民个人的素养和水平。特别是在消费日益影响生产行为的条件下，可以说健康合理的消费理念直接服务于国家的现代化建设。绿色消费理念不但有利于促进经济社会发展与生态环境保护的和谐共处，也可以增强个人的幸福指数，如果再辅之以行政手段、法律手段等，绿色消费理念转变为绿色消费行动不仅是可能的，也是极具伦理价值的。

三　发展理念中的问题

发展理念问题一直是困扰我们经济发展的重要问题，长期以来，我国经济发展过程中的顶层设计与基层实践相互脱节的现象比较严重。国家层面的高瞻远瞩、运筹帷幄，制定相关的经济发展规划和相应的制度，但是地方层面在执行和消化上却往往有所差别，各地出现了"自扫门前雪"的

---

① 《毛泽东选集》（第1卷），人民出版社1991年版，第134页。

② 同上。

情况。地方从自身实际情况出发制定相应的发展政策或规划本身无可厚非，但是对于一个国家来说，发展是整体性、全局性和长远性的发展，不仅仅是局部的或某一地区的发展。党的十八届五中全会上我们提出了创新、协调、绿色、开放、共享五大新发展理念，特别是协调发展和绿色发展理念对于我们解决经济发展瓶颈和生态危机问题有着深刻的指导意义，也是转变经济发展模式的实施路径。

（一）地方保护主义的不利影响

当前，我国经济发展和现代化建设进入了深水区。在推进社会进步的同时，也出现了许多的利益冲突和负面效应。其中，地方保护主义的滋长就是利益冲突的最明显体现。虽然地方保护主义我们并不提倡，但是由于它维护了部分地区或部分人的所谓的集体利益，因此在我国经济社会发展中仍然占有很大的市场。但是，在推进绿色发展和建设社会主义生态文明的过程中，地方保护主义的弊端也显而易见。

一方面，地方保护主义不利于社会主义事业的发展和生态系统的整体维护。由于地方保护主义坚持局部利益和地方利益的价值取向，与国家整体利益相矛盾，所以国家历来反对极端的地方保护主义，并坚决予以调整和解决。但是，由于地方出于自身发展利益的需要，对这种损害整体利益的行为并不完全反对，这样一来，社会主义发展的整体性将与地方发展的区域性产生矛盾。解决这一矛盾需要深化我国的经济体制改革，弥补制度中的不足之处，努力以实现国家利益最大化为目标，从整体与长远着眼，发展经济和保护生态环境。生态系统作为一个整体，包括众多的子系统，每个子系统之间都相互联系并产生作用。一个地方的生态环境与资源能源状况会影响到另外地区的生态与资源发展，如果只关注自身区域性的发展而忽视了其他地区的发展，看不到整体性的自然环境的重要性，那么不但容易损害其他地区的生态与经济发展，也容易因为系统的整体效益而影响到自身的经济和生态发展，因为每个地区不可能孤立起来单独发展。党的十八届五中全会上强调的绿色与协调发展就是对这一现象的权威解释，也是对发展路径的指导。

另一方面，地方保护主义不利于社会主义市场经济的发展和对资源的合理配置。市场手段是资源配置的决定性手段，市场根据利益最大化的原则自动调整生产资料、资源能源的流向，从经济效益差、生产效率低的产业和部门流向经济效益好、生产效率高的产业和部门。地方保护主义的出现破坏了社会主义市场经济发挥作用的条件，不利于全国性市场体系的发展，不利于国家的战略布局规划，也不利于从总体上对资源环境的管控和保护修复。一些地方部门利用其掌握的行政、司法、卫生、审计、交通等各方面的权力，设置地方性的市场壁垒，限制了市场经济规则的正常发挥，也带来了不公正的市场竞争和贸易秩序。在推进绿色发展过程中，地方保护主义的出现限制了资源特别是稀有能源的优化，产业结构的升级换代困难重重。一些地区以维护自身利益为借口，大肆搞低水平的非绿色化建设，盲目投资，既破坏了地方性的生态资源环境，也限制了产业结构的升级，不利于国家经济发展水平和竞争力的提升。

当然，对于个别地方来说，地方保护主义的出现确实可以为地方提供方便和利益，但是这种做法并非长久之计，地方保护主义的最后结果也必然会伤害到自己。如果众多的市场主体拒绝与地方保护之下的企业合作，拒绝经济往来，那么伤害最大的还是地方。特别是在经济市场化高度发展的时代，违背市场规律的行为必将被市场淘汰，为保护地方而设置的壁垒，也将成为经济力量、社会力量等进入地方时的壁垒。只把目光瞄准眼前的、暂时的、局部的利益的做法，即使一时顺风顺水，也终将会从根本上危及地方民众的根本利益，不利于地方经济的长期建设。

（二）急功近利思想的不良影响

面对新时期新要求，我们在推进绿色发展、建设生态文明的过程中，一定要破除急功近利思想的影响，树立长期艰苦奋斗的意识，坚忍不拔，把社会主义建设事业的各个方面都稳步推向前进。不管是区域性还是全国性的经济发展，不管是经济结构的优化升级还是生态治理、民生建设，都是长时间艰苦奋斗才可能完成的任务，不可能毕其功于一役。

一是在经济发展过程中要树立正确的政绩观。党员干部在实际工作中不能急于求成，不能为了一时的经济数据就无所顾忌地投资项目，上马工程，大搞经济建设。发展经济既要从本地既存的经济水平出发，量力而行，防止因为跨的步子太大而达不到预期的经济效果；也要从地方性的生态承载能力出发，充分估量经济发展带来的生态后果。当前生态问题已经成为影响民众生存发展的大问题，必须要引起高度的重视才行。一旦因为发展带来的生态问题没法妥善解决而演变为了社会问题，则容易带来连锁反应，不但原来发展经济的效益可能丧失，反而可能产生新的问题。社会主义事业的发展已经进入新阶段，我们也面临着新的要求和任务，评价党员干部的标准不能只看经济数据，应该把单纯的 GDP 上升为绿色 GDP，把绿色因素置于前面，发展经济首先要考虑到可能会产生的生态后果，并对领导干部的追责延续到任期之外，以此来扭转在经济发展和生态保护中的片面发展经济的急功近利行为。

二是要在生态保护中扎实推进，切勿急于求成。生态问题的出现往往不是一朝一夕就出现的，许多问题是由于我国传统经济发展模式和传统生活方式几十年积累下来的结果，生态治理的初衷是好的，但是要稳步推进，切勿急于求成。在肯定许多地方生态文明建设的同时，我们也发现了生态治理的一些问题。生态治理过程中财政或资金的支持问题是否到位，这对于基层乡镇政府或者下面的工作人员来讲影响较大；绿色意识水平是一个方面，而推进绿色发展的经济手段也是一个重要方面，长期的财政支持是一个不小的负担。生态治理不是一朝一夕的事情，可能需要几年甚至更长时间，一些领导干部可能在任期内都无法看到生态环境的最后好转，虽然自己在任期内努力了，但是最终功劳却是别人的。受这种错误政绩观的影响，有的地方对于搞生态文明建设的热情并不高涨，即便是开展了创建活动，也可能是有形式无内容，荒山刷绿漆，草原树石羊。生态文明建设是为了人民群众的根本利益着想，为了子孙后代着想，眼前和长远、局部和整体、个人和组织的关系首先要摆正并且要妥善处理好。

生态文明建设任重而道远，需要几十年，甚至是上百年，要长期坚持不懈才可能扭转生态问题给我们带来的不利影响。我们不能急功近利，而要清除功利主义思想的影响，树立起全心全意为人民的宗旨，尽心尽力，为后人和他人留下良好的环境资本；否则，不仅可持续发展难以看到，还可能继续受到自然界的惩罚。

第三节 社会生活层面存在的问题

从社会层面考察绿色发展，需要对社会大环境中存在的非绿色行为进行分析。社会层面上的民生问题主要涉及人们的生存环境问题、环境群体性事件问题和公共性污染问题。虽然我们实施生态治理工程，加快解决生态问题，但是仍然问题不断，污染区域也在进一步地扩大。一些地方民众情绪的最终累积爆发就直接造成了环境群体性事件的不断发生，而一旦发生了群体性事件，可能会伴随一系列的连锁反应和问题出现。至于公共性污染问题，也要引起我们的注意，公共性资源的破坏以及"公有地"悲剧的不停上演，给我们留下的不仅仅是对事件本身的思考，还有深层次的体制机制和思想意识方面的问题。

一　生存环境的问题

改革开放 40 余年，我国生产力水平上涨较快，经济成果显著，人民群众用以基本生存的物质条件已经得到满足。但是，生态问题也随之而来。并且生态资源能源对经济社会发展的瓶颈约束趋紧，而生态问题的解决却没有跟上经济发展带来的生态问题的产生速度，致使一些地方的生态系统功能逐渐退化，河流逐渐干枯，草原变成荒漠，青山变成了秃山，绿水变成了黑水，优美的环境变成了垃圾场。这些问题不是某个地方的个别问题，在许多地方都可以看到此类情景，生态保护应该引起各级政府和社会各方面力量的重视。

（一）基本生存环境被污染

虽然农村和城市的具体情况不尽相同，但是人民群众的基本生存环境受到污染已经是不争的事实。基本生存环境主要是指与民众日常生活密切联系的社会大环境，如果这个大环境中的生态方面出了问题，对人民群众的正常生活将产生非常大的影响。

首先，农村的基本生存环境受到威胁，生态环境问题成为影响农民生活的大问题。引起农村生活环境恶化的因素较多，包括生活垃圾、生活用水的不合理处理，也包括家庭饲养的禽畜粪便的污染，这些污染不但影响到社会主义新农村建设，还污染了大气、土地与用水，农民是更多与土地和水源接触的人，这些污染威胁到他们的健康与生命。2008 年的数据显示，我国农村每天每人产生的生活垃圾达 0.86 公斤，全国农村每年的生活垃圾量达 3 亿吨，生活污水达 80 多亿吨。[①] 国家非常重视农村环境问题的处理，2008 年召开全国农村环保工作会议，特别针对农村的垃圾污染进

---

① 高博：《农村环境问题：表现、成因及解决》，《理论与改革》2016 年第 4 期。

行了专门指导，同时还设立了专项基金作为农村环境治理的后盾。到2014年底，中央财政累计投入255亿元，支持5.9万个村庄实施环境治理，大概有1.1亿人获益。① 这些获得整治的村庄的生活环境有了极大的改善。但是又有相关资料显示，我国农村实施生活垃圾治理的行政村仅有三成，大约占36%，其余的大部分行政村仍然受到生活垃圾的影响，环境问题突出。这些农村的生活垃圾和污水基本上没有经过处理就随意倾倒，污染了周围的环境。虽然生活垃圾的毒性较低，但是仍然包含很多的有毒成分，倾倒在环境中会污染大气、水源和土地等；还会影响到粮食蔬菜、禽畜的安全，成为农民身体健康直接的或者间接的杀手。我国一些地方的农村存在饮水型疾病与传染病，还有因为众多原因导致的"癌症村"的出现，都与农村生态环境的破坏有着直接关系。

其次，在农村还有一种情况就是乡镇企业的发展带来的环境问题。乡镇企业对我国农村经济的发展起着重要的作用，在解决劳动力就业、推动地方经济发展方面的作用不容忽视。但是，鉴于乡镇企业在经济实力和技术水平上的限制，大部分企业属于粗放型企业。企业生产需要大量的原材料且产出效益不高，但是因为占据着地理、资源和人力的优势，乡镇企业在我国发展仍然很强劲。但是由此带来的环境问题却必须引起警惕。一些地方通过招商引资来的也多是这一类型的粗放型企业，既耗费资源又污染环境，而且还占用了农村大片的耕地。我国乡镇企业大多数在村屯，在乡镇上的不足7%。由于受乡镇企业的地理位置的影响，管理起来较为困难。许多企业往往把生产后的废水、废渣直接倾倒在农村广袤的环境中，造成了农村深层次的环境污染。同时，农村还成为了工业污染和城市垃圾的新倾倒地，把一些城市垃圾和企业垃圾运到农村掩埋，更不用说有毒气体的排放，气体排放问题更加难以监管。虽然三农问题历来是国家关注的头等大事，但是目前看来，生态问题的存在又加剧了这一头等大事的严峻性，我们建设美丽中国、美丽乡村的进程并不平坦。

再次，城市的基本生存环境受到威胁，生态环境问题影响到城市居民的日常生活。城市基本生存环境主要受到以下几种情况的威胁：一是城市

---

① 《环境保护部答网民关于农村生活垃圾处理的留言》，转引自中国政府网站，http://www.gov.cn/guowuyuan/2015-03/30/content_2840316.htm。

的生活垃圾。随着我国城市居民生活水平的提高和城镇化建设的加快，我国城市居民的生活垃圾的数量惊人。这些生活垃圾处理技术目前还没有达到我们满意的水平，仍然以焚烧和填埋为主，不但污染大气、水源，也给周围居民的生产生活带来了严重影响。二是机动车尾气的影响。我国机动车数量近几年呈现井喷式增长，由此带来的尾气排放成为许多城镇居民每天都要面对的事情，不得不呼吸，也不得不深受其害。机动车带来的空气污染和交通拥堵几乎成为每一个城市的通病，既影响到城市居民的身体健康，也不便于他们的日常生活。三是电磁辐射污染。与其他类型的污染相比，电磁辐射污染显得隐蔽得多，也没有引起人们的足够重视。电磁可以轻松穿越人的肉体，假如长时间处于电磁辐射范围内，容易使人体内的细胞受伤害，诱发疾病。现在社会是高度信息化社会，电子产品和技术的应用，使得城市中的电磁辐射污染急剧上升。四是油烟带来的挥发性有机物的污染。城市的扩张带来了餐饮行业的发展，但是油烟带来的污染为城市空气 PM2.5 的形成起到了推波助澜的作用，成为城市污染的新类型。受传统生活习惯的影响，烹饪产生的油烟直接排放到大气中，而城市建设布局和楼房建设规划使得城市空气流通性较差，油烟中的有机物质遇冷凝结，与空气中的其他物质混合，损害了城市的大气质量。五是噪声污染。城市是人口高度密集的地方，人多嘈杂，加上各种商业卖场的噪声、广场舞的声音、机动车的噪声、施工噪声等，带来了城市居民生活的极大不便。2013 年北京市受理的环境信访事项高达 27901 件，其中噪声污染占 7449 件，占比 25.4%。[①] 当然，还有其他方面的影响，在此不一一赘述。

（二）环境污染领域复杂化

环境领域污染的复杂化是我们需要认真面对的重要问题。我国重度空气污染的区域在不断增加，在东部地区、西南地区、北方老工业基地、京津冀地区等城市的空气质量并不乐观。一些企业仍然想方设法排放污水、垃圾、废气，如在厂房内部挖深井直排地下已经成为一些企业非法排污的途径，既难以监管，也无法检测。还有一些小企业开展游击式生产方法，检查人员来了我停，人走我开。大家有目共睹的是 2017 年一年中各地重

---

① 谭柏平：《城镇化进程中社会生活类环境污染防治的法律思考》，《社会科学研究》2015年第 3 期。

度雾霾的天数不在少数。对于这种情况，相关部门应该采取果断措施，及时清理一批污染严重的小、乱、散企业，关停一批有希望整改后继续生产的企业，从源头掐断排污大户的污染行为。

雾霾是污染环境区域扩大化的一种表现形式。自从人类产生之后，人和自然的关系就在不断发生变化。一方面是人类与自然对话的方法、手段和能力的不断提升，从自然界获得越来越多的物质来满足自身的需要；一方面是自然界展现给人类的各种自然现象也越来越多，新的自然现象不断出现，来回应着人类在自然界身上施加的影响。在黄色文明发展时期，人类与自然的对话方法单一，主要依靠自然界春夏秋冬的变化规律，依靠从自然界中简单地获取物品的方法来维持生存，自然界没有被伤筋动骨。这一时期的自然界向人类展示的只是自然界的一般表现，如风暴、地震、风雨雷电、海啸等。黑色文明发展时期，由于机器的大规模应用、技术的快速发展，自然界被深度伤害，自然界随之向人类展示了各种各样的环境问题，如大气污染、土壤污染、水源污染等，这些污染损害着人的身体健康，也威胁着社会的发展变化。近几年，一种从未出现过的天气现象出现在人们的生活中，那就是雾霾。雾霾从最初的华北地区逐渐扩展到东部地区，2013年入冬后又逐渐扩展到全国范围内。雾霾的产生震惊了国人，通过卫星云图发现大陆被雾霾覆盖的地区的云层颜色与周围其他地区云层的颜色已经有了明显的差别。"厚德载雾"、"自强不吸"成为了人们无奈的调侃。但是雾霾之下，没有人可以幸免。雾霾的主要危害：一是容易诱发呼吸类疾病。雾霾中的有害物质高达几百种，如果进入人的呼吸系统，容易诱发肺心病、哮喘等疾病。二是会诱发心脑血管疾病。因为雾霾中的氧气含量低，对心脏病患者不利，特别是对老年人更要小心。三是会诱发细菌性疾病。因为雾霾遮住了阳光，许多细菌会因此快速繁殖。四是提高患癌风险。世界卫生组织已经明确，人暴露在空气污染中容易提高癌症发生的概率。五是容易引发交通事故。雾霾天气下人的视线受阻，容易引起交通事故，危害人民群众的生命财产安全。虽然环境学家们提出了一些解决措施，如减少汽车出行、增强绿色环保意识等，但是对于长期环境污染而积累下来的这种现象，解决起来也并非易事，必须要细致分析，妥善解决。

空气中的污染成分在改变。在我国工业化发展的上升阶段，由于燃料结构的影响，空气污染源从燃煤产生的废弃物逐渐变成了城镇化建设中产生的尾气、扬尘等，空气中的 PM2.5、VOC、NH₃ 等显著增加，可吸入颗粒物已经成为影响全国城市空气质量的首要污染物。[①] 我国城市建设群的兴起，也带来了大气污染的新特点，机动车尾气成为许多地方空气污染的主要来源，或者是尾气与煤烟型污染的混合体。被污染的空气中的成分越来越多，许多污染物之间还可能发生化学反应，产生新的污染问题，即所谓的多污染物共存、多污染源叠加、多尺度关联、多过程耦合、多介质影响。[②]

另外，光化学烟雾污染和氮氧化物排放在逐渐上升。光化学烟雾污染主要发生在京津冀、珠三角和长三角，因为这几个地区的人口密集、机动车数量多、工厂林立，被污染的大气中包含许多氮氧化物与碳氢化物成分，在太阳照射之后会出现刺激性的浅蓝色烟雾，对人的身体器官如眼睛等的伤害很大，容易导致眼部疾病等。汽车尾气中包括大量的氮氧化物，我国机动车数量的急剧增长带来的尾气污染，如果不加以治理，其危害将越来越严重。有专家预计，在未来 20 年左右，我国因为汽车尾气带来的光化学烟雾污染将会越来越多。

二　环境群体性事件

近年来，随着人们对生态环境问题的日益关注和对自身环境权益意识的逐渐觉醒，追求适宜的生态环境成为许多人的目标。生态问题不仅仅是当代人的问题，还涉及子孙后代的生存，因此人们对生态问题变得非常敏感而多疑。从 20 世纪 90 年代末开始，我国的环境群体性事件基本上以年均 29% 的速度在上升，重特大事件不断出现。因为生态环境问题而导致的群体性事件也呈上升态势，成为影响经济社会发展和稳定的大问题。

（一）环境群体性事件的特点

我国环境群体性事件频发的背后，呈现出了一些共同特点，主要表现在：

---

① 燕丽等：《国家酸雨和二氧化硫污染防治"十一五"规划实施中期评估与分析报告》，《中国环境政策（第八卷）》，中国环境科学出版社 2011 年版，第 95—132 页。
② 陈健鹏、李佐军：《中国大气污染治理形势与存在问题及若干政策建议》，《发展研究》2013 年第 10 期。

一是环境群体性事件的发生频率加快。在我国环境群体性事件发生的范围越来越广泛，环境问题在一定条件下成为某些群体或个人表达利益诉求的突破点与引爆点。民众为了表达要求而又不触犯法律法规，"发明"了诸多新词汇，产生了诸多新行为，也颇属无奈之举。2007 年 6 月因厦门 PX 项目选址问题爆发了民众抗议事件，"集体散步"一词就此诞生；2011 年 8 月辽宁大连 PX 项目引起民众的反对；2012 年 4 月天津因 PC 项目而导致民众再次"散步"；2012 年 7 月四川什邡钼铜项目大量群众上街示威；等等。① 环境群体性事件的爆发频率加快，每年都以近三成的速度在增加。经济发展和保护生态环境之间的矛盾在利益选择上遭遇到了困境，特别是隐藏危险性较大的行业更容易导致此类事件的发生，频发、高发成为环境群体性事件的显著特点，这对社会安定团结与相关部门的公信力都产生了消极作用。

二是环境群体性事件围绕相关项目或政策展开，持续时间变长。环境群体性事件的爆发一般不会突然爆发，而是要逐渐累积到一定程度或到引爆点时才会出现。四川什邡事件的持续时间较短，只有两年左右，但是其他地区的群体性事件大多超过两年时间。江苏启东百姓反对王子造纸已经持续了若干年，民众也多次向有关部门反映、投诉、抗议，但是效果不佳，百姓不满情绪的长期积压，最后才导致了 2012 年事件的大爆发。对于这一事件当地政府应该引起反思，持续数年的社会舆情与民众意愿竟然得不到解决，百姓的事情比天大，这些部门不知道在为谁的利益天天忙碌。假如有关部门把百姓利益和意愿放在心上，事件完全可以消失在摇篮中。

三是环境群体性事件的人数变多，民众和有关部门的冲突加剧。人们发现但凡是民众群起反抗的项目大多数是产出利润极高，但又污染严重或者潜在严重危害的项目，这就是经济利益和环境保护之间的角逐。民众对于相关专家关于项目无害的解释根本不相信，更不用说投资生产问题了。这一类投资项目具有明显的区域性，并且持续时间久，人民群众对于项目充满恐惧和不信任，再加上民众追求环境权益的意识的觉醒，因此如果事

① 郭尚花：《我国环境群体性事件频发的内外因分析与治理策略》，《科学社会主义》2013 年第 2 期。

件出现导火索，就会随即爆发，参与人数众多，其中的参与者大多数是弱势群体、基层民众和学生等。王子事件参与者大概 5000 人，什邡事件虽然无法具体统计，但也有几千人之多。这些事件的发生与污染项目选址相关，百姓因为对当地生态环境的未来表现出极大的忧虑，因此他们才拒绝经济而选择生态。一旦有关部门出面维持秩序，很容易引起对抗和冲突，甚至冲击政府机关。

四是地方政府对环境群体性事件的应对方法单一，缺乏充分准备。即便是环境问题引起了长时间民众的反对和抗议，离群体性事件的集中爆发还是有一段距离。当地政府对事件发展的预期不准确，致使事件发生后的第一件事情就是利用相关机关来维持秩序。经济与生态之间的矛盾演化为警民之间的冲突，甚至是群众与政府之间的冲突，事件的性质由此就发生了变化。

（二）环境群体性事件的成因

对于环境群体性事件的频繁爆发，其根本原因在于经济发展和生态保护之间的矛盾冲突，即人与自然之间的矛盾冲突。其具体原因不一而足，主要在于利益分割的不均等以及相关权利的争取等。

一是地方政府迫切发展经济的要求和环境承载力的限制之间的矛盾。一些地方财政收入受到经济发展大趋势的影响，已经不能从房地产行业或汽车行业中或者传统税收项目中获取更多利润，维持当地财政的正常运行已经捉襟见肘，于是开始寻找新的可以支撑地方性财政运转的收入来源。这些年来的环境群体性事件中一个相同点就是，污染严重的企业也是效益较好的企业，是地方政府的收入来源。而 GDP 又是干部升迁奖励的重要指标，为了发展地方经济，也为了领导干部个人的利益考虑，快速发展经济仍然是许多地方及其领导干部的当然选择，为此他们不惜以环境为代价，用生态资本来换取经济的一时发展。"在以经济增长为主要任期考核指标的压力型行政体制下，GDP 和税收财源的增长成为地方官员的优先选择，从而导致他们容易采取重增长、轻环保的污染保护主义行为，并与追求利润的企业家结成利益同盟。"① 因此，当各方矛盾逐渐积聚或者环境群体性事件爆发时，当地政府大多选择优先保护企业，而不是去维护民众的根本

---

① 张玉林：《政经一体化开发机制与中国农村的环境冲突》，《探索与争鸣》2006 年第 5 期。

利益，民众的生存环境和生存权利在许多官员的考虑之外。在这种条件下，人们只能放弃制度化的方式而选择暴力方式来自我救赎。

二是人民群众的利益诉求不能得到很好的满足。我国仍然处于法治化与市场化的建设进程中，许多问题的出现和解决依靠法律和市场规则往往行不通。信访作为民众表达意愿的合法渠道，其受益面和接纳量有限，并且也不是在信访之后问题就可以圆满解决，而是出现了信访是信访、问题是问题的两者脱钩的现象。如果工作人员或干部漠视民众的正当权利，忽视他们的基本诉求，问题和矛盾就容易积累下来成为可能随时爆发的隐患。再加上，所谓的项目建设之前的环评的可信度问题，环评造假问题，"被"同意、"被"参与问题，人们对这些事情的不满也容易成为事件的导火索。启东事件的环评报告中民意调查作假就是例子。民众为了表达意愿，利用信访、起诉与申请游行等方式到企业和政府部门反映问题，但是并没有谁做出积极回应。在民众利益诉求渠道不畅、有关部门对民众意愿漠然视之的情况下，沟通无望，只能诉诸暴力或其他不正当方式来解决。

三是民众的环境权利意识的觉醒与维权方法的不同步。随着公民环境权利意识的不断觉醒，维护自身的生存环境权利成为许多人刻意追求的目标。当经济发展损害到生态环境特别是损害到自己生存的生态环境时，这种权利意识会在短时间内急剧上升并实际表现出来，包括用法律或非法律形式来维护自身的环境权利。但是，环境权利意识的觉醒与权利的获得还不能很好地融合起来，正确的维权方法非常关键，合理的维权有利于自身合法权利的保护。在环境群体性事件中，民众的维权方式简单而且粗暴，许多人不懂得如何利用法律武器来维护自身的权益。一旦遇到自身权利受损的情况，就马上示威、静坐、上访等，扰乱了正常的社会秩序，更有甚者，环境群体性事件被一些人利用而发展为性质变异的政治事件，其结果就是另外一种情况了。

四是在社会转型中的利益纠纷。当前我国处在改革的深水区，各种矛盾和利益纠葛在一起。人们既渴望变革，又对未来深怀忧虑。环境群体性事件表面上是环境出现了问题导致的，而实际上隐藏在事件背后的利益诉求和分配才是最终的原因。环境问题与社会的政治、经济等问题交织在一起，环境权益只是其中的一个方面而已，反映着当前人们对政治体制改革、经济体制改革、社会体制改革中蕴含的环境利益的诉求。环境群体性事件的发生反映了百姓对环境权利的追求，也反映了对政府政治体制改革的基本诉求。以人民的利益为根本，以人民为主体的精神不是空穴来风，而是对社会现实生活中存在的问题的真实提炼和升华。如果社会的经济发展仍然走常规老路，人民群众的根本利益得不到维护的话，环境群体性问题有可能只是矛盾冲突的冰山一角。

（三）环境群体性事件的影响

环境群体性事件的发生给经济建设、社会稳定、民众生活等都带来了不利影响，可以说在环境群体性事件中没有谁是胜利者。纵观众多的群体性事件，最终的解决方法无非是以停止建设作为条件才使得事态得到平息，以政府与企业的让步而终结。表面上而言是民众的抗议取得了胜利，但是实际上没有最终的胜利者。因为无论是经济利益的纠葛，还是环境与生存的矛盾，终究是人民内部矛盾的具体表现，不存在根本的利害冲突。

从事件的爆发到事件的解决，我们看到了解决根本利害冲突才使用的非常规手段，其本意可能是好的，但是方法值得商榷。从政治视角而言，环境群体性事件带来了社会的不稳定，可能会引发国际社会的关注，对我国的政治建设不利；也损害了政府的公信力和形象，成为影响社会稳定发展的重大问题。从经济视角而言，在环境群体性事件发生前，企业一般都已投资，突然之间被"叫停"后，会带来重大经济损失，并且给当地的经济发展环境带来不利影响，一些潜在的投资项目即便是没有实质性的污染，也可能远离这些地区，成为经济发展的障碍，限制了当地经济的发展。

三　公共性污染问题

随着我国经济社会的日益发展，物质文明建设也取得了可喜成绩。然而，在人们享受丰富而大量的物质成果时，生态危机已经开始影响到人民群众的正常生产与生活，危及人们的生存。环境问题属于公共性问题，是影响广大群众生产生活的问题，如果这一问题不妥善处理，可能会影响到人类社会的生存发展。因此，我们一定要充分知晓这一公共问题的重要性和严重性，保护好我们的公共环境，让每一个人都能在良好的生态环境中生存、生产和生活。

（一）公有地悲剧的影响

1968 年英国加勒特·哈丁教授（Garrett Hardin）在《公地悲剧》（*The*

tragedy of the commons）中提出"公地悲剧"一词，主要是指公有地作为公共性资源，每一位公民都拥有平等的使用权，并且不能妨碍他人的使用。因为公有地的公有性质，不属于个人财产，因此每个人都力图尽可能多地使用这一公共资源，而不负有保护的义务。由此带来了森林、渔业等的过度开发，以及生态环境的破坏，产生了因为资源公共性而带来的悲剧。公有地悲剧的产生对于个体而言是无能为力的，因为及时利用公共资源成为许多人共同的心态。但是，公共资源的承载能力也是有限的，牧场上的牛、马、羊的数量不可能无限增长。而对于个别的牧民来说，增加牲畜的数量就可以增加自身的收入。每个牧民增加牲畜的数量都是正当的，但是对于承载力有限的牧场却是毁灭性的。

全球气候变暖就是典型的公有地悲剧的例子。每一个国家都为气候变暖做出了"贡献"，而突破了地球承载力后带来的生态危机又威胁到每一个国家中人们的生存，这是无法回避的现实。气候的变化不但给人类带来了威胁，也影响到了地球生态系统的正常运转。但是，各个国家仍然在这种生态资源环境等问题重重之下挣扎着发展，公有地悲剧仍然在继续上演。从世界范围来说，维持自然环境的生态宜居是理性表现，是确保人类社会生产生活正常进行的前提；但是对个体而言，却往往在实际中以破坏自然来获取自身发展作为其理性判断。

从工业革命发生至今，人们的生存发展都离不开化石燃料，并且经济越是发展，人们的生活水平越是高涨，就愈发离不开这种能源结构的支撑，由此而带来二氧化碳、二氧化硫等气体的大量排放。虽然工业化发展过程中人们对环境污染也表示过担忧，但是也并没有从根本上认识到问题的严重性，最多认为会对当地产生一些影响而已。直到20世纪70年代，环境学家们开始关注气候变暖和二氧化碳的关系，但是工业化发展模式的长期影响并不会在短期内消除或改变，化石能源结构下先污染、后治理的路子仍然在继续。即便是一些发达国家的节能减排技术非常先进，可是它们从自身利益出发并不会无偿提供或轻易提供给不发达国家，而是变本加厉，把污染严重的夕阳产业迁移到这些落后国家和地区。而这些落后国家和地区为了尽快发展本国经济，只能接受这些带有经济利诱的企业，但因为其技术落后，无法消减由于发展带来的环境污染问题，致使温室气体被过度释放。大气属于公共物品、公共环境，任何人都可以利用，但也无法阻挡他人的破坏行为。公共环境的这种外部负效应问题一直是困扰生态环境治理的一个重要方面，如何才能让更多的人自觉理性地维护公共环境，是走出公有地悲剧的可行之路。从经济学理论看，公有地悲剧的出现是由于经济行为的外部负效应带来了市场失灵，此时国家的宏观调控应该发挥出其应有的积极作用。

从1992年《联合国气候变化框架公约》颁布到2015年《巴黎协定》出现，各个国家也都在力所能及地为改变全球性气候问题而奋斗，一方面显示了当前生态问题的严重性，另一方面也反映了人们对解决生态危机的信心和勇气。虽然《巴黎协定》的诞生昭示着我们在解决生态问题上又前进了一大步，但是能否成功克服世界性的"公有地悲剧"，却是一个需要继续深入探讨的问题。

（二）公共性资源的破坏

在人类历史的发展中，对生态环境产生影响比较大的有两类情况：一是战争，二是传统。从古至今，战争对人类社会带来的破坏是非常残酷的，无论是从社会发展，还是对自然环境。特别是近代战争或冲突的出现对生态环境的伤害可能是长久的、伤筋动骨的。原子类、生化类等武器的使用让人们不敢想象战争的结局。假如第三次世界大战爆发，让高科技武器、原子弹、氢弹之类进入战争中，对地球的破坏恐怕是毁灭性的。传统对生态环境的破坏往往需要较长时间才可能显现，如人们的生活习惯、风俗传统、经济发展模式等，这些方面都对生态环境产生着或快或慢、或大或小的影响。

我国传统粗放型发展模式，加重了生态危机。粗放型发展模式主要依靠扩大规模、增加投资、扩充人力资本等方式进行，对资源的使用量较大，加之粗放型企业大多数技术水平不高，管理落后等情况普遍存在，生产过程中的跑、冒、滴、漏现象非常正常，带来了污染，也增加了单位产品的能耗，致使那些本来可以成为产品的原材料直接转变为了环境污染源。大量的资源消耗必须有扩大的资源开发作为支撑，这样一来，在生产过程中以及生产过程两端都给生态环境带来了伤害。

同时，由于我国产业结构存在诸多问题，结构性污染也成为公共性污染的重要表现。长期以来，我国的经济结构中重工业一直占据主要位置，环境视域中的重工业其生产单位产品所消耗的资源和带来的污染都居高不下。即便是在相同的产业结构中，因为科学技术发展水平较低的原因也日益带来资源消耗和污染的增加，并扩大了污染的范围。就目前的生态危机现状和绿色科技的功能来看，科学技术明显滞后于生态破坏的速度和程度。既有的科技无法满足生态治理的需要，而新科技又更新较慢，从构想设计到实际应用还要走很长的路。也就是说，绿色科技在治理环境污染方面的先导性不足。

市场经济是资源配置的决定性方式，有利于资源流向经济效益好并且环境污染低的企业和部门，但是在经济与生态的角逐中，在生态环境问题上市场机制却常常失去其应有的功能。究其原因，一是因为生态危机的负外部效应所致。其表现形式是私人的投资收益与社会的投资收益之间的不平衡性，但是这种不平衡性却无法通过市场手段反映出来，假如此时政府缺位，没有行政力量的干预，这种负外部效应就是破坏公共性资源和生态环境的重要因素。二是因为生态保护的正外部效应所致。任何个体都不具有为社会提供公共性产品的天然义务，生态环境作为一种公共的服务性产品，任何公民都可以消费而不必为此提供相应的义务。因此，保护生态环境也可以看作社会公益性事业的一部分，是具有极强的正外部效应的公共产品。但是这也为一些企业的生态污染行为提供了"搭便车"的可能性，把自身的生态成本推向社会，无节制地占有公共资源，由社会及公众来承担企业生产带来的环境损失。如此一来，公共性资源也就变得稀缺。因此，生态环境保护需要体制机制作为保障，加快完善相关法律法规，以适应市场经济发展的要求，逐渐克服人们对环境保护的肤浅认识和不正确做法。还要加强管理，严格执法，对于破坏资源环境的违法行为坚决打击，以避免更多的生态破坏行为的发生。

第四节　政治生活层面存在的问题

绿色发展与我们国家的政治生活也是紧密联系在一起的。我国政治生活中绿色元素的含量及其作用，直接影响到我国绿色发展进程的快慢和发展的效率。政治生活层面的绿色缺位是指在推进绿色发展进程中，在我们的政治生活领域中出现的与绿色发展相关联的问题。在微观层面上主要表现为公民绿色环境权利的缺失问题，在中观层面上主要表现为当前我们国家干部考评体系的合理性问题，在宏观层面上主要表现为国家政治生活层面上的绿色发展规划问题。

一　绿色权利问题

在不同语义和条件下，绿色权利或环境权利的定义有所不同。美国宪法的定义是："每个人都享有对有利健康的环境的权利。"[①] 法国环境宪章的定义是："人人都有在平衡和健康的环境中生活的权利。"[②] 我们对于环境权利的定义还没有形成统一认可的解释，有学者认为权利的主体应该是一切生物，也有学者认为应该是人。在绿色发展语境中的绿色权利主体一般侧重于人类主体视角，主要是指"公民或个人要求其生存环境得到保护和不断优化的权利，就是我们所说的生态权利"[③]。任何人在生态环境资源方面都享有平等的权利和地位，任何行为都不能以损害他人的这种基本的生存权利为基准。

（一）公民绿色权利的出现

公民绿色权利的出现并发展，是与公民环境权益受到损害相联系的。当公民的正当的环境权益无法得到保障时，他们就诉诸对环境权利的积极追求，并不断应用于实践生活之中。公民绿色权利出现的原因主要有三个方面：

首先，绿色权利之所以日益成为人们追求的一种权利，缘于人们自身权利意识的觉醒和生态危机的威胁。我国的法治化建设正在逐步推进之中，生态文明建设也如火如荼，绿色意识、法律意识已经影响到人们的生产生活，正逐渐成长为人们孜孜以求的权利意识。但是经济发展过程中，非绿色化经济行为对生态环境带来的损害经常会伤害到另外一些人的用以生存发展的自然环境，而又得不到必要的补偿。在利益和成本之间承担了不公正的生态成本，由此引发了一系列的社会群体性事件。民众对自身遭受的权利损失要求赔偿或恢复，并对可能产生的长期性环境后果进行评估，从原来的被动承受逐渐发展到了主动争取，民众的生态权利意识和维护权利的行为日渐结合在一起。

[①] ［美］丹尼尔·A.科尔曼：《生态政治——建设一个绿色社会》，梅俊杰译，上海译文出版社 2002 年版，第 35 页。

[②] 莫神星：《借鉴外国环境权立法，在我国法律中确立和完善公民的环境权》，《华东理工大学学报》（社会科学版）2004 年第 1 期。

[③] 李惠斌等：《生态文明与马克思主义》，中央编译出版社 2008 年版，第 18 页。

其次，维护自身的绿色权利是人们追求生态利益的有效方式。生态文明社会理应是公平正义的、充满活力的。不论民众的生活区域的差异性和经济水平的高低，每个人都拥有平等的权利去追求更加绿色健康、和谐持续的生活，其中的绿色健康特别要求生态环境的美好和宜居。但是，鉴于我国目前经济社会发展的不同状况，东中西部之间、城市和农村之间、不同的行业和产业之间、不同的群体之间等的差距日益扩大，即便是同时代的人之间也表现出了明显的差异性，这也带来了不同地区、不同人群之间的绿色权利的不公正。一般情况下，经济发达地区的生态环境质量优越于经济落后地区的生态环境，但是也不完全如此，因为如长三角、珠三角工业特别集中地区的生态环境质量水平并不高。只是在利用经济作为生态保护的后盾方面具有明显优势，可以投入更多的资金和人力资源来保护生态环境，并不断加以修复。

最后，公民的环境利益诉求无法得到满足而促进了绿色权利意识的成长。公民的环境权利与保障公民权利的法律法规、经济手段和行政手段相脱节，从反面促进了公民环境权利的成长。当公民正当的环境权益受损时，他们会借助一定的手段去弥补这种损失。一是借助法律手段，力图依靠法律的强制力来寻求保护。但是，我国目前的法律对于公民环境权利的保障方面还非常不完善，也无专项律法对这一权利做出解释。为此，我们"必须通过颁布一些评价各种利益的重要性和提供调整这种利益冲突标准的一般性规则方能实现"①。公民的环境权利必须通过法律的形式把权利归属与范围、利益调整的基本方法等加以确定，让民众明白自身的环境权利和义务所在，从而在现实生活中把握好"度"，以免对他人造成伤害。二是借助经济手段。公民的环境权利受到损害之后，寻求一定的经济补偿是平息矛盾的有效方法，特别是在强势群体和弱势群体、发达地区与落后地区之间的这种补偿显得更为必要。实施生态补偿制度是建设生态文明社会的有效手段，可以通过补偿平衡各方面的利益，共同推进和谐社会建设。但是，这种补偿就目前来看推行的进度和效度并不理想，破坏生态环境而置之不理的情况也并不少见。三是借助行政手段。政府是公权力的代表者，当不同利益主体发生矛盾和冲突时，政府应该充分发挥其主导作用，

---

① 刘作翔：《权利冲突的几个理论问题》，《中国法学》2002 年第 2 期。

统一协调治理，进行有效引导，以确保权利的公平公正。① 但是，当上述三种手段都无法确保民众环境权利时，他们就可能诉诸其他的手段包括暴力手段在内，利用极端的方式来表达自己的利益诉求，如此一来就会给经济社会发展带来极大的不稳定因素。

（二）城市居民绿色权利

随着城市化建设的不断推进，城市的生态环境问题也成为生态文明建设中的重点问题。城市由于人口集中、高楼林立、机动车较多、商业发达等原因，致使城市的生态环境状况恶化。一是空气质量不断下降。主要是由于汽车尾气污染、居民生活垃圾污染、企业产生的废气污染，空气中包含大量的 PM2.5 等有害物质，威胁到居民的健康。二是城市缺水问题严重。大中城市缺水比较普遍，有数据显示，我国 600 多个城市中，有三分之二的城市处于缺水状态，影响到了居民正常的生产生活。三是城市垃圾问题较重。因为人口集中，每天产生的生活垃圾数量惊人。2000 年已超过 1.4 亿吨，2015 年，全国 246 个大中城市的生活垃圾达到 19.1 亿吨。② 如此惊人的数量和增长速度，对城市生态环境的破坏可想而知。再加上城市建设产生的建筑垃圾、医疗垃圾等，又进一步恶化了城市的生态环境，生活垃圾已经成为城市的新肿瘤，威胁到了居民的环境权益的获得。城市居民绿色权利的出现是必然的，城市生态系统是城市居民实现其环境权利的关系性存在，而环境权利则是对环境利益主体身份的合法界定。③ “没有权利就不可能存在任何人类社会。”④ 如果各利益主体之间不能实现权利关系的平等化，城市生态系统可能也就陷于瘫痪之中，公平正义是这一系统的基本原则。城市生态系统的良好运行可以为居民的生活提供适宜的环境，而系统的恶化也将由居民承担起相应的责任。

城市居民的绿色权利之所以受到严重影响，主要是以下几个方面的原

---

① 崔义中、李维维：《马克思主义生态文明视角下的生态权利冲突分析》，《河北学刊》2010 年第 5 期。

② 环境保护部：《2016 年全国大、中城市固体废物污染环境防治年报》，转引自中华人民共和国环境保护部网站，http://www.mep.gov.cn/gkml/hbb/qt/201611/t20161122_ 368001. htm。

③ 吴景、王义保：《城市生态权利：问题本质与现实建构》，《天津社会科学》2017 年第 3 期。

④ ［英］A. J. M. 米尔恩：《人的权利与人的多样性——人权哲学》，夏勇等译，中国大百科全书出版社 1995 年版，第 154 页。

因造成的：一是居民绿色意识较低。一些城市居民的生态环境意识较差，并且主动参与环保实践的行为也较少。这就等于变相阻碍了绿色权利的获得，对于已经涉及自身权益的生态问题都不甚关心，更不用说高层次的绿色权利的追求了。二是城市化建设导向问题。城市化建设水平和速度应该与我国的经济发展水平相适应，也要与生态环境的承载力相适应。但是在城市化的推进过程中，一些地方急于求成，盲目扩大城市建设规模，甚至是选择的新城地址也欠科学合理的论证，致使一些新城建成之后成为了所谓的"鬼城"，只有建筑没有人烟。城市建设不仅仅是楼房和街道的建设，其他各方面建设也要跟上才行，需要经济、社会、资源、环境等条件匹配发展。比如服务类的医院、学校，环境方面的城市绿化，确保人民日常生活的各种贸易市场、大小商城等，还要有足够吸引人入住的理由。如果城市建设急于求成，只看重建设速度，看不到建设的质量，很可能带来一系列的后续问题。三是城市的环境管理落后。城市的生态环境建设绝不仅仅是城市绿化那么简单，更需要城市环境管理的及时跟进。在我国，环境管理是行政机关的事情，一些民间环境组织如 NGO 则在环境管理的外围徘徊，对于涉及城市居民生态权益的环境问题即使有切身体会，也难得有管理环境事务的机会。对于一些重大建设项目的环评报告基本上是环境部门管理，具体的项目信息，民众难以得知，即使公布一些，也可能是无关痛痒的数据，民众的信息知情权被温柔地剥夺了。四是经济发展带来的环境压力。城市化进程的加快，机动车数量的激增，人口的迅速集中，商业行业的正常运转，等等。这些都是经济发展带来的城市压力，城市的生态环境承受力也是有限的，不可能无限扩张，面对如此众多的问题，生态系统的功能能否有效发挥都将是一个难题。

（三）农村居民绿色权利

农民在环境权利方面并不占据优势地位，而往往是环境权利的受害者。随着农村生态环境质量的下降，农民的环境权利也受到了严重影响。由于生态环境的破坏而产生的环境风险，并不是均等地由全部公民来共同承担，不同的社会地位、不同的行业领域可能承受的风险各不相同，这是绿色权利不公正的体现。在现实生活中，生态破坏的成本有向弱势群体转嫁的趋势，即强势群体产生污染，而弱势群体承受生态成本。把这种现象加以扩大就是，城市垃圾在不断地向农村输送。2013 年，我国受污染的耕地约 1.5 亿亩，占总耕地面积的 8.3%。^① 其中大部分污染物是来自工业垃圾的污染。也可以这样说，我国经济的发展有很大一部分是用农村生态环境换取了城市的经济发展。而农民则成为生态污染的最直接受害者，他们的生命健康遭遇到前所未有的威胁。在我国众多"癌症村"的出现也是对这一问题的很好阐释。

究其原因，我们发现农民环境权利的实现面临着诸多的困境，包括缺乏法律保障、缺少制度的支持，也缺少经济的支撑等。一方面，保障农民环境权利的法律法规不完善。我国针对农村生态环境保护的专门法律还比较欠缺，规定粗放，缺乏可操作性。现行的生态保护法律法规的制定虽然放眼全局，但是仍然以城市为中心，相关法律政策并不一定适合农村的生态环境治理，农村生态环境治理专门法律被弱化，农民的环境权利缺乏法治层面的有力保障。同时，针对农村生态问题的环境执法效果不理想。我国的环境管理部门目前看来主要在县和县以上区域设置，而县级以下的环境管理部门和人员相对较弱，个别偏远县甚至缺失这一机构。对于乡镇一级的环境管理部门，无论是从其人数还是职能看，都无法胜任复杂的农村环境污染治理工程。再加上相关经费不足、技术不过关等因素的影响，致使农村环境治理无法落实，农民的环境权益也就无法保障。另一方面，保障农民环境权利的经济力量弱小。农村经济相对弱于城市，一些农民的文化教育水平也不高，他们的环境意识与权利意识也相对较低。受农村生产生活环境的影响，其环境行为的自我约束力也不强，在田间地头、屋前屋后，随手丢弃垃圾、存放禽畜粪便的情况比较普遍。如果经济紧张，有些农民往往会为了得到眼前利益而滥采滥伐、毁林开荒，破坏了生态环境。同样的道理，当农民的生态环境权利遭受损害时，由于缺乏经济的支持而无法拿起法律武器保护自身的合法权利，也得不到该有的经济补偿。同时，政府投入到农村的环境治理资金和环境治理设施的力度不够。农村环境治理需要的资金较多，治理起来也非常复杂。而我国环境治理的资金主要流向了城市和工厂，农村获得治理资金的机会较少，更不用说专项专用的环境治理费用。虽然现在很多地方的农村建了垃圾处理池，但是每天往

---

① 贾玥：《我国受污染耕地约 1.5 亿亩占总耕地面积 8.3%》，转引自人民网，http：//politics.people.com.cn/n/2013/0605/c99014-21748726.html。

垃圾池中倾倒的垃圾并不太多，除了距离较近的居民外，很多人仍然是传统的屋前屋后随手倾倒。并且，农村环境治理并不仅仅是垃圾的治理，还包括农村的空气、水源、土壤等的治理。缺乏必要的资金支持，就连农村垃圾的处理费用都捉襟见肘，更不用说改善农民的生态环境、维护农民的环境权利了。

二 政绩考核问题

我国从 80 年代初就开始把环境保护上升为基本国策来看待，但是当前的生态现状展示的却是既定目标和社会现实之间的巨大反差。长期以来，我们的市场经济体系都是以政府为主导，政府的决策方法与体制机制对经济发展起到了巨大的推动作用。与此相关的是，我国的政绩考评体系也是围绕着发展市场经济而建立的，以经济发展的 GDP 作为衡量党员干部政绩，以及奖惩、升迁的重要标准。政绩考评体系的走向影响着各地经济发展的方向，一些官员为了任期内的政绩而大力发展生产力，这虽然无可厚非，但是带来的环境问题却成为影响我国经济社会可持续发展的因素。这种追求短期经济效益的行为很明显是不可取的，不利于国家的整体发展和持续发展，也不利于人们根本利益的维护，更不用说解决生态民生等问题了。

（一）呼唤绿色 GDP

相对于 GDP 考评体系而言，绿色 GDP 体系的发展对经济社会的发展更具有积极意义。传统 GDP 在经济发展模式、利用资源与保护生态方面有着较大的局限性，在干部的经济行为方面具有过度的刺激作用，在推动经济社会的可持续发展方面作用也有限。而生态的绿色的考评体系则把 GDP 和生态相联系，将领导干部的奖惩升迁与经济发展中的绿色因素相联系。对领导干部的评价不再只看 GDP 数据的增减，而是要计算生产过程中带来的生态环境成本，并实行一票否决的制度。这样一来，新的评价体系就把地方的可持续发展，把维护百姓的长远利益与领导干部的个人利益结合起来，促使干部在发展经济过程中努力实现经济发展和生态保护的齐头并进。

虽然 GDP 考评体系承载了太多的期许，也成为许多地方政治体制改革中的重要内容，但是在实际操作中，在地方政府对官员的考核指标中过度依赖 GDP 指标的现象仍然不在少数，而经济发展过程中反映生态成本的绿色指标也依然排在政绩考核的次要位置。由此带来的生态后果是，领导干部在地方经济的发展决策及其实施过程中，传统考评体系及其发展模式依然发挥着强大的作用，资源消耗和环境污染也仍将继续。绿色 GDP 考核体系目前面临着较多的问题，如与地方经济发展的冲突，长期以来我国把推动经济发展作为国家政治经济生活的主题，而把绿色纳入经济发展和政治体制改革中是近一段时间的事情。如考核体系指标设置难的问题，包括政绩考核的主体、客体、载体等重要问题的设置，其中考核主体即谁来考核的问题最为关键，因为主体的行为将决定着评价体系的方式和内容，影响着官员的切身利益。还有就是考核体系的民众参与度太低等。从当前的形势来看，绿色 GDP 的实施仍然处于起步阶段，还有许多的内容需要完善，考评体系从传统到绿色的转变也将会持续很长一段时间。

推进绿色发展，建设生态文明，呼唤绿色考评体系的出现。把生态环境成本纳入党员干部的政绩之中，有利于引导领导干部的绿色经济思维，也有利于推进绿色发展的体制机制建设，完善经济与生态、人和自然协调发展的法律法规。绿色考评体系不管是具体内容抑或指标构成，目前来看还无法形成统一的规则，因为各地的地理位置不同，自然条件不同，经济发展水平不同，生态环境的破坏程度也不同，再加上习惯传统、社会风气等因素的影响，不适合用整齐划一的考评体系考核众多的官员和不同地方的经济发展。虽然我国政府坚持保护生态和发展经济并重的方针指导，但实际操作中，许多地区由于协调不好二者的关系而只能抓一方、放一方，抓经济、放生态，抓地方、放整体。为了更好地发展地方的经济，提升 GDP 数值，短时间内大力发展经济的行为仍然存在，带来了环境的破坏和资源的浪费。并且在生态与经济相矛盾时，也多以牺牲环境为代价保全经济发展，在经济和环境的衡量中经济战胜了自然。再有就是绿色发展意识与绿色发展相脱节的现象的存在，在一些官员和地方那里，思想意识还是思想意识，并没有转变为实际行动，落实到实际的生产生活中去，致使环境问题不断出现，这种情况并不是个别现象，因此全国性的生态环境质量下降也成为必然，民众的生态幸福指数也难以提升。

（二）外部参与不足

就目前来看，我国考评体系的主体仍然比较单一，主要是由相关政府部门来定数量、定方法、定结果，即政府部门来确定考核的指标、方式，并对考评对象的考评结果做出判断。这种考评体系由政府发起，考评过程政府全程参与，结果就是一方面加重了考核主体的工作任务量，另一方面也使得体制之外的力量较难参与进来。由于考评体系缺乏外部力量的有效监督，如果考核主体出了状况，特别受市场经济条件下权力寻租问题的影响，干部考核往往会流于形式，也无法实现考核体系所预定的考核目标。外部力量参与考评体系的不足之处在于：一是人们对于生态政绩考核的标准、原则、内容、目标等内容不甚熟悉，甚至部分民众对于什么是绿色GDP也搞不清楚，对于生态政绩考核的相关指标也不甚了解，更不用说让他们参与到生态政绩考评中去。二是公众直接参与生态政绩考核可能性或机会较少。因为受教育认识水平以及专业知识等方面的限制，我们现在的考评体系中大多数以内部评议与专家评议相结合的方法在进行。政府的内部评议是由上级部门对下级部门的考核，专家评议则是由相关领域的专家参与考核的过程。

对于权利的解析一般都从拥有和行使两个方面进行，因为单方面的权利并不是完整意义上的权利。在解析公民的环境权利时同样如此，公民一方面要拥有权利，另一方面社会应该为公民环境权利的行使提供适当的参与空间。在公民的生态参与问题上，基层民主的完善在其中起到落脚点的作用，公民通过参与基层民主实践实现其作为公民在环境方面的应有权利。"基层民主与把民众单纯视为被动的消费者要相对立，它注重积极公民的概念，希望通过公民参与社群公共生活的过程来转变公民的特征。"[1]在基层民主实践中，特别是在影响到民众切身利益的环境公共政策方面，打破原来的先上后下的政策模式有利于人民群众自己决定自己的命运，包括生态命运与社会命运，让民众有权利去追求新的生存方式，而新的生存方式无论是对生态还是社会都将是有利的。[2] 公民积极参与生态保护实践可以有效提升公民的生态权益，"把社会责任与社会正义结合起来，其基本前提就是要保障每个人的人权和更加广泛的民主权利。如果缺乏政治方

---

[1] ［美］丹尼尔·科尔曼：《生态政治：建设一个绿色家园》，梅俊杰译，上海译文出版社2006年版，第114页。

[2] 同上。

面的自觉和经济方面的自立，那么，追求环境安康如同缘木求鱼一样"①。生态权利越来越成为公民必不可少的权利，提升公民的生态意识和参与意识是维护公民生态权益的重要方法，也是克服生态环境问题的有效途径。

（三）缺乏统一认识

虽然绿色意识被越来越多的人接受，但是在实际的生产生活中是否采用绿色 GDP 来考核领导干部还缺乏统一认识，体现在领导干部和专家学者两大主体对生态政绩考核的观点不统一上。一是部分政府领导干部绿色考核意识的缺乏。这些领导干部固有的思维模式认知很难改变，认为发展经济就不可能有生态保护，即发展与环保是矛盾的，坚持二者只能取其一的思想；经济发展指标依然是最重要的考评标准，以经济发展作为考评指标在任何情况下都不可能发生改变，而且在实际的考评操作体系中，经济的发展水平依然是展现官员政绩高低的首要标志。所以说，人们对官员是否实施生态政绩考评并不太关注，见怪不怪的想法仍然有一定市场。二是不同的专家学者对生态考核重要性的认识也不一样。由于受各自专业研究领域的限制，一些专家对于资源环境与经济社会发展之间的关系的认识并不一致。从 20 世纪八九十年代的人口增长是否对环境带来过大压力的争议，发展到现在的炒菜做饭也影响到 PM2.5 增加的争议，以至于让百姓一度怀疑以后还要不要做饭的问题。虽然生态环境非常重要，但也是与人们的正常生活相比较而言的，因为任何事情都过犹不及。持生产力决定论的学者认为，通过发展生产力就可以解决发展中遭遇到的一切难题，不管是生态环境还是生产生活，都可以在不久的将来实现更好的发展，生产力决定论者还提出了强有力的证明，那就是社会越发展，人的寿命就越长，而不是相反。故而可以得出结论，对于人类而言发展才是第一性的。在这种思想影响下，许多人可能只关注经济发展而忽略了生态问题。

虽然目前考评体系改革的呼声很高，特别是对于绿色 GDP 所占考核比重的问题，希望能够彻底改变传统 GDP 考核方式，尽快实施绿色 GDP 的考核制度。但是理论与实践之间还存在一定差距，绿色 GDP 尽管为越来越多的人所接受，却仍然缺乏体制机制的有力支持，对于领导干部讲话精神

---

① ［美］丹尼尔·科尔曼：《生态政治：建设一个绿色家园》，梅俊杰译，上海译文出版社 2006 年版，第 110 页。

的贯彻，许多地方还是各取所需，有所偏重。尤其是关于考评体系方面的法律法规、体制机制、考核方法、考核过程、指导思想、考核结果等，大多数是框架性的、原则性的，缺乏可操作性，以至于考核的操作张力较大，可松可紧、可宽可严。也可以说，绿色GDP考核还停留在宏观层面，专门性的、专业性的考核细则还有待进一步研究和制定。即便是有相关的内容也只是散见于一些领导干部的考核中，并且大多数是官样文章，如实施"环境保护目标责任制"和"环境问责一票否决制"等，当目标责任不明确或者对领导干部的政绩达不到一票否决的条件下，环境问题又将消失在传统考核体系框架中。绿色GDP虽然对于经济发展和环境保护意义重大，但是如果没有明确的规章制度，这种考评体系也将失去权威性，更不用说在全社会范围内大力推广。目前全国只有少数省份的生态政绩考核付诸实践，这就是最好的证明。并且在我国的考评体系中，生态政绩考核所占的权重偏低。对相关官员的考评一般包括德、能、勤、绩、廉等方面，其中"绩"占据了五大块其一，干部的政绩是与政府的绩效相联系的，这些绩效又涉及政治、经济、社会、文化、生态环境等内容。所以综合来讲，绿色GDP考核的也只是官员政绩的其中一部分，是考评体系中的小方面。以广东省为例，生态考核指标体系在国内可谓是遥遥领先，在评价指标体系中生态环境因素所占比例已经达到30%，但即便如此，也只是干部考评体系的三成而已，如果把官员的德、能、勤、廉再加入其中，生态政绩所占比重就越来越低了。由此看来，在生态政绩考核建设方面，我们还有很长的路要走。

三 发展规划问题

在全球性生态危机的威胁下，我国要实现经济社会发展的现代化目标必须要从自身的实际情况出发，制定绿色发展规划，完善推进绿色发展的政策法规，确定中长期目标，加快建设绿色经济发展体系。党的十八届五中全会提出了绿色、共享、协调等基本发展理念，要求我们在推进经济发展的同时，关注生态环境保护和资源能源的利用效率，以改善人和自然的紧张关系。在推进民生导向下的绿色发展过程中，发展规划问题事关全局，事关经济发展的方向和生态环境保护的基本立场，因此我们要从生态空间与经济发展之间的合理布局、绿色发展规划的全面协调、绿色发展过程中多种手段的共同运用等几个方面加以论述。

（一）生态空间与经济发展之间布局要合理

生态空间与经济发展之间的合理布局，要从各地的生态环境状况、人口数量质量、经济发展水平的不同情况出发，制定各具特点的发展规划，以合理配置自然资源，对生态空间、环境保护与经济发展之间不相容的方面加以协调。特别是对于那些发展程度较高、生态承载力有限的地区，实施合理的空间布局规划，如京津冀地区就属于此种情况。对于那些仍然有较大发展潜力、生态承载力较强的地区，实施重点开发的策略规划，如西南地区就属于此种情况。对于那些生态承载力一般、发展潜力一般的地区，实施先保护、后发展的策略。对于关系到我国生态环境安全的重要功能区，实施强制性的策略加以保护，如三江源、三峡库区等。这些方面，既有全局性的总体性的规划，也有地方性的局部性的规划，各方面的发展规划相互补充、共同作用，以确保生态空间和经济发展之间合理布局的形成。

为了更好地促进生态空间和经济发展之间合理布局的顺利进行，有必要加快资源节约与绿色产业规划建设。一方面，要制定国土、耕地、矿产等的发展规划和保护规划。对于一些重要矿产资源，国家已经限定开发或者实施有计划的开发策略；对于重要水资源，国家开始实施专项治理和建设规划，特别是对于七大江河流域的保护规划正在加紧实施中，以保护水源，建设节水型社会。另一方面，要积极推进绿色产业的发展，加快发展绿色经济。绿色经济的主要特点是资源能源消耗较少，生态成本较低，产出效益较好的经济发展模式，低碳循环绿色是其显著特点。推进绿色经济发展的规划主要包括：发展绿色能源、核电、可再生能源等，实施对各种资源能源的综合性利用，推动环保产业的发展。

（二）国家制定绿色发展规划要全面协调

绿色发展并不是单指经济发展的绿色化，也指经济、社会、生态之间的协调发展，因此，绿色发展规划涉及社会主义市场经济发展、社会主义和谐社会建设、生态文明建设等多层次的内容。鉴于发展的层次、规模和重要任务要求，首先需要国家层面的主导，继而各级地方政府、各行政管理部门一起参与，从我国实际情况出发制定相应的发展规划。国家在推进绿色发展中是带路人，也是指导者。绿色发展规划的制定和执行要充分实现公平正义原则，在决策过程中要发扬民主，集中各方面的智慧和力量，虚心接受各方面的意见和建议。要拓宽人民群众参与的路径，吸引社会力量和私有企业等的参与，甚至放开国际社会中关心支持中国绿色发展事业的力量的参与，充分发挥这些国际性力量的正能量的一面，更好地推进我国的绿色发展体系的建构。

推进绿色发展规划的全面协调，一方面要充分重视生态环境的保护和修复，以缓和人和自然的紧张关系。保护生态环境的规划主要包括：全国性的生态环境治理规划、生态功能区保护规划等，地方性的大江大河大湖的保护规划，专门性的农村垃圾治理规划、厕所改建规划、饮用水安全规划等。另一方面要加强生态环境的综合治理。绿色发展不但要求资源节约，也要求环境友好。无论是节约还是友好，都要求加强生态污染的治理，主要包括大气污染治理、水污染治理、土壤污染治理等。

（三）实施绿色发展规划要多方面共同努力

实施绿色发展规划需要充分发挥多方面的共同作用，其中政府的引导作用居于首位，同时也不能忽视市场作用和非市场手段的作用。要积极鼓励企业与个体从自身和全局利益出发，开展与绿色发展相关的投资或科研。政府的主导性和各方主体性力量的相互结合，形成共生共荣的依存关系，通过发展绿色经济实现经济增长和产品竞争力的提升，集合全社会的力量共同推进绿色生态治理工程。为此，国家要及时制定并实施绿色发展的相关政策，建立新的绿色的考评体系和国民经济核算体系，推进生态补偿机制、排污许可证制度、绿色金融制度等的改革。通过运用不同的方法和手段，把生态成本融入到市场价格体系中，谁生产，谁污染，谁付费。要引导消费者尽可能消费绿色产品，树立绿色消费理念，从消费层面倒逼或给予生产企业压力，迫使它们转型升级，生产绿色低碳无污染的产品。在资金支持方面，要尽快完善绿色金融体系，尽快从当前主要依靠政府的投入，转向以市场化、社会化的投融资体制为主，必要的情况下可以考虑建设国家绿色发展银行，主要为解决生态问题和推进绿色发展而服务。但是政府的财政力量毕竟是有限的，而生态环境治理和保护，以及绿色发展的持续推进却是不可计算的，因此鼓励政府之外的金融力量进入环保领域，鼓励社会融资，也不失为一个可行之策。

虽然我国尚未建成完善的绿色发展体系，但是通过政府的引导和市场手段，再加上社会性力量的支持，我们对于建设生态文明社会充满信心。在实施绿色发展规划的过程中，我们要充分认识到我国生态问题的严重性，也要认识到自身力量的局限性，多方面力量的共同作用是推进绿色发展、解决生态问题的重要方法。

第五章　民生导向视野下绿色发展的基本原则

　　坚持民生导向下的绿色发展，就需要坚持一系列的基本原则，以确保绿色发展的顺利进行。从改革开放到现在，我国历届政府和领导人也都在努力探索民生之道，提出各种惠及民生的方针政策，并秉持全心全意为人民服务的宗旨，以人民的根本利益作为民生事业的出发点和落脚点。在推进社会主义事业发展的过程中，我们始终坚持社会主义本质和属性，将国家调控与市场调节结合起来；将坚持公有制与多种所有制经济结合起来，大力发展社会主义市场经济。在推进绿色发展、建设生态文明过程中，我们要不断实现技术和管理的创新，加强环境保护，实施最严格的环境保护政策和相关法律制度，以确保每个人都有在良好的生态环境中进行生产生活的权利。在全球一体化的大背景下，我国既要不断研究国内绿色发展的现实基础，总结我们在民生改善和绿色发展中的经验教训，并深刻理解两者的关系，将绿色发展与民生发展融会贯通；又要注意世界带给我们的各种挑战，借鉴国外相关思想与经验，实现国内与国外发展的紧密结合。民生事业的发展需要各方面、各要素的齐心协力，共同把这一伟大事业推向前进。

　　我国的民生建设一直坚持从人民的福祉出发，为了人民的幸福而努力。生态问题影响到了民众的正常生产生活，危及我国民生事业的发展，为了能够有效克服生态危机带来的民生隐患，我们提出了建设社会主义生态文明国家，加快推进绿色发展的建议。绿色发展理念的提出，既与世界性生态局势相适应，也与民众的民生追求相吻合，有助于社会主义现代化建设的顺利进行。同时，在民生建设过程中，我们一贯秉持社会主义建设的基本要求，把制度属性与市场经济相调和，充分发挥市场在资源配置中的决定性作用以及不断完善政府的服务功能，发挥社会主义制度引领社会主义现代化建设方向的重大作用，深刻认识社会主义对促进绿色发展的优势和优越性所在。我们应努力实现民生建设和绿色发展的齐头并进，要坚持运用多种手段，综合处理发展中的各种问题。通过技术和管理的不断创新来加强生态保护，实施最严格的环境保护政策和相关法律制度，以确保每个人都有在良好的生态环境中进行生产生活的权利。而对于那些危及自然环境的行为要执行最严格的处罚，并进行相应的补偿。我们还要积极引导群众参与到绿色发展事业中来，提升民众的生态素养，将绿色发展与民生发展融会贯通，为实现和谐发展而努力。

第一节 坚持以人民为主体的基本原则

坚持以人民为主体，是中国实现治国理政的重要步骤，也是补齐民生短板、解决民生问题、推动民生事业向前发展的基本准则。中国自古以来的思想发展中就包含着以人民为主体的基本思想，例如民贵君轻和民为治国之邦等思想。自新中国成立至今，我国历代中央集体也都在努力探索民生之道，提出各种惠及民生的重要政策，并始终坚持以人民利益作为民生发展的出发点和落脚点。也可以说，我们的民生思想和政策历来都坚持为了人民的幸福生活而服务，国家各项发展的最终目的和落脚点也是人民。当前，生态危机给人民的生存发展带来了威胁，影响到民生福祉的提升，为此，我们提出了大力推进绿色发展的基本理念。绿色发展是国家积极应对经济发展与生态保护之间矛盾的重要举措，顺应了人民群众"盼环保、求生态"的热切期待和要求，有利于为人民群众创设良好的生态环境，力争实现并确保老百姓的根本利益不受损害，丰富并发展以人民为主体的基本内涵。

一 为了大多数人福祉原则

坚持以人民为主体的基本原则，这里的人民不仅仅是指为了单一的个人或小团体，更是指为了社会主义国家的每一位公民而言，是为广大的人民群众谋取福祉。人们都生存在同一片天空之下，成长于同一片土地之上，所谓的民生问题就是与百姓的利益密切相关的问题，改善民生就是要改善百姓的生活条件，追求更加美满幸福的生活。民生问题的妥善解决可以有力地推动国家的发展，因为只有广大人民群众发挥其强大的团结力量，才能更加有力地推动国家的各项事业不断前进，社会主义事业不断强大。相对于"排他性"和为"少部分人"的发展而言，绿色发展是普惠式的福祉，是一种实现社会公平正义的发展方式。在这种改善民生、普惠民生的发展方式中，生态文明建设成为提高人民生活质量的着力点和增长点，我们应努力建设生态文明的社会以保障和改善民生，不断增进人民福祉。民生导向视野下的绿色发展蕴含着丰富的生态民生思想，在发展过程中要坚持依靠人民群众的力量开展实践活动，提升人们的思想认识水平，树立起生态化、绿色化的民生发展理路，为绝大多数人谋求利益，创造出更多更好的发展成果，让绝大多数的人民有权利和能力分享这些成果。

（一）为了人民是基本立场

改革开放后，我国的经济建设取得了非常大的突破，但同时各种社会问题层出不穷，各种矛盾也接踵而至，如贫富差距问题，再如与民众的生活密不可分的住房、教育、医疗等领域都存在着深刻且尖锐的矛盾，再加上所有制结构的调整、经济体制改革的深化，社会出现了众多阶层并且各阶层之间分化程度也越来越严重，社会结构濒临失衡，利益分配的多样化和多元化变成了社会的现实问题。"为了大多数人"谋利益的理论首次运用是在无产阶级革命运动年代，后来这一原则成为革命的宗旨和目的。"为了大多数人"谋利益的理论的成熟经历了一个比较长的历史发展过程。马克思恩格斯曾这样评价道："无产阶级的运动是为绝大多数人的，为绝大多数人谋利益的独立的运动。"① 列宁在 20 世纪初将"为了大多数人"谋利益的理论进行了拓展和升华，把这一理论上升到人生观层次，列宁在回答为谁服务的问题时讲道："为千千万万劳动人民，为这些国家的精华、国家的力量、国家的未来服务。"② 随后，又对"为了大多数人"这一理论的内涵进行了多次补充与概括。毛泽东在《为人民服务》一文中，提出了"为人民服务"的思想，把"大多数人"发展为了"人民"，这是对马克思主义人民主体思想的历史性贡献，并将这一理论从为人民服务的一般

---

① 《马克思恩格斯文集》（第 2 卷），人民出版社 2009 年版，第 42 页。
② 《列宁全集》（第 12 卷），人民出版社 2017 年版，第 1 页。

理念层次上升为党和国家的指导思想。江泽民则在继承"为人民服务"思想的基础上，将这一思想发展为"为绝大多数人谋利益"，并把"为绝大多数人谋利益"的内涵再次补充扩展，加入了实践的因素，反复强调"努力实践"的重要性，坚持全心全意为人民服务的宗旨，表明了新的时代条件下"为人民服务"的实践性实质。

站在人们的立场上是民生导向视野下推进绿色发展的基本原则。这里要特别强调指出的是，由于社会中存在着许多的利益群体或组织，站在什么样的立场上、代表谁的利益就显得特别重要，不同的立场会带来不同的经济社会发展方向，也会影响到人民群众的利益问题乃至社会整体状况。虽然我们是社会主义国家，但是现实社会中仍然存在着太多的尖锐矛盾和复杂问题，存在着许多利益集团或阶层，在这种情况下能不能始终坚持为了人民群众的利益而奋斗，坚持为了人民的根本立场，影响到中国共产党的长期执政和国家的生死存亡，以及社会主义的最终命运。当前我国的环境治理是站在人民群众的立场上，始终为大多数人谋利益的，不仅使执政的中国共产党拥有强大的道义力量，而且符合了社会发展的前进方向。反之，如果国家为大多数国民所反对、排斥时，即民众认为国家已经不代表自身的利益时，统治阶级就必须要勇于剖析自身，勇于面对自身的问题，寻找解决问题的办法而不是逃避。绿色民生发展道路的提出就是中国共产党带领人民不断克服困难、不断前进的切实体现，代表了人民群众的根本利益，有着可以预知的光明前途。

（二）为人民谋利益是价值目标

在实现中华民族伟大复兴的实践过程中，人民群众的根本利益是事关社会主义事业兴衰成败的最具决定性的因素，也是当前我们治理生态环境问题的基本出发点。生态环境治理需要具有相同的世界观、价值观和共同理想的人聚集起来，共同维护自己生存的环境。

绿色发展是基于民生价值目标之上而提出的，是为了大多数人的利益而奋斗的发展理念，追求民生幸福是绿色发展的目的。改革开放以来，为了尽可能地解决困扰我国的经济问题，提高人民的生活水平，我们努力发展生产。人们通常用幸福指数来反映民生幸福的发展变化，幸福指数是人们根据自己的价值标准和主观偏好对于自身生活状况满意程度而做出的主观评价。① 幸福指数的高低反映了社会发展状况的好坏，反映了人民生活的真实状态，也可以说是反映一个社会中人民幸福程度的重要标志，是社会发展措施应用是否到位和有效的重要参考因素，有助于人们更好地考核国家政策的可行性。幸福指数涉及范围广泛，包括人格魅力、人生观、人身健康、财富、友谊等方面的主要内容。关于幸福指数，以往人们常常用经济的发展程度、人们的收入水平来衡量。当然在分析社会发展中民众的幸福指数时，不管是经济发展还是民众收入，都不难看出衡量指标因素大多集中于人的方面，立足于人的基点之上。当前，生态问题纳入了人们的视野，生态幸福指数也逐渐成为衡量人们幸福与否的重要指标。我们可以从生态民生的幸福指数在民生幸福指数中所占的比重中分析出生态民生的终极目标，是为了大多数人的利益。从我国当前经济社会发展的现状来看，为了大多数人的利益，就是要在发展中把握民生大方向，坚持绿色发展理念，为了大多数人服务。

一方面，从民生建设的基本原则分析。无论是社会主义理论体系给我们的系统性阐述，还是社会主义核心价值观的典型性解释，都显示着人的因素是最重要的因素，全心全意为人民是我们改革开放和社会主义现代化建设的初衷和归宿。在为人民谋利益的过程中，要尊重人民主体性作用的发挥，确保人民的正当权益不受伤害，避免不和谐因素的出现，实现共同富裕。在人的全面发展问题上，我们要坚持把改善人民生活作为正确处理经济发展和环境保护之间关系的结合点，确保在发展的出发点、发展的归宿、发展全过程、发展的成果中的人民主体性原则的实现。让生态民生的基本原则即为了大多数民众谋利益的说法不流于形式。另一方面，从当前的收入水平以及贫富差距来看。社会主义本身就是一个要消灭两极分化的制度，无论是先富的人，还是后富的人，从整体上来看最终都要达到富裕的状态。改革开放政策实施之初，邓小平已经定下了发展的基调，就是：社会主义必须是使人民致富，如果实现不了共同致富就不是合格的社会主义。但是富裕并不是少数人的富裕，而是站在人民群众立场上的共同富裕，出现少数人早富也是为了大多数人的富裕，这充分表明了我国实行改

---

① 马立平、杨作毅：《居民幸福感的测量——关于北京居民幸福指数的编制与分析》，《首都经济贸易大学学报》2007 年第 2 期。

革开放政策的目的是为大多数人谋利益，而不是单纯在中国培养极少数的
财富者。针对当前贫富差距以及收入差距扩大的问题，不管是处理分配层
次的结构性矛盾，还是面临着当前的财富不均现象，我们的改革内容都不
能离开社会各阶层、各领域的劳动者主体，不能离开人民群众的民生福
祉，必须以人民的根本利益作为我们追求的价值目标，坚持人民主体性地
位。在国家治理过程中，特别是在生态环境治理方面更要把人民的利益放
在首位，为人民发展、靠人民发展，使人民能够朝着共同富裕的方向稳步
前进。推进绿色发展，就要坚持为大多数人福祉原则，坚持公有制的主体
性地位，确保发展成果为多数人共享，维护人民群众生存发展的经济基础
和生存环境。

（三）处理好基本关系是关键

生态问题的治理离不开广大人民群众，针对当前复杂的生态环境问
题，一是要正确处理好多样化与根本性的关系问题。在生态治理过程中，
我们面临着环境治理主体分化的现象，企业要想获得较高的商业利润，就
需要节约成本，这样一来，企业就需要在原来生产成本的基础之上，增加
对成本的投入，特别是在生态治理时需要添加污水处理设备，或者使用新
型的可持续的能源资源等，这些投入在无形中已经降低了企业的利润。企
业为了获取或保持原来的高利润率，就会提高产品的市场价格，从而带来
物价上涨的情况，由此也加重了消费者的负担。这与我们当前绿色发展理
念、与大多数人的主观愿望是相违背的，与实施生态治理的初衷也相差甚
远。二是要妥善处理局部和全局的关系。生态问题的解决既要从大处着
眼，也要关注小的方面，防止新问题演变为大问题。在治理过程中，我们
既看到整体也要看到局部，还要注重整体和部分的平衡，坚持部分服从整
体、局部服从全局的原则。政府是解决民生问题、实施环境治理的主导
者，而不是问题责任的全部承担者或独有者，在生态民生问题上不应该出
现政府"垄断"的现象。"无论何处，只要存在竞争它就会趋于对效率产
生一种有益影响，这与企业之间竞争的效果是相同的。"[1] 民生问题的解决
需要政府的参与，也需要各行业、各社区，甚至个人的参与，需要这个社
会中大多数人参与其中。也就是说，我们需要政府的力量，也需要其他组

---

[1] ［美］缪勒：《公共选择理论》，杨春学等译，中国社会科学出版社 1999 年版，第 328 页。

织以及群体发挥效力。三是要正确处理眼前与长远的关系。在《联合国教科文组织第一次中期计划（1977—1983 年）》报告中指出，"发展不纯粹是经济现象。……发展是集科技、经济、社会、政治和文化，即社会生活的一切方面的因素于一体的完整现象"①。国外发展的历史教训和国内的改革开放的历史经验告诉我们，不能粗浅地认为经济增长与人民群众的生活水平和幸福指数呈现出正相关的关系，也不能简单地将经济增长当作最终目的，把生活水平的提高和社会的进步都归因于经济现代化的实现。因为发展不仅仅关系到当代人，还关系到未来世代的发展，不能为了当前的经济发展而破坏了后代人生存发展的自然基础和社会基础。否则，当代的经济社会发展也将失去其价值或意义。为了大多数人谋福祉，当然也包括后代人的福祉。处理不好眼前和长远的发展关系，也就难以处理好生态问题和经济发展的关系，二者之间是相互印证和相互支持的辩证关系。

总的来说，我们之所以坚持以为大多数人谋福祉的原则作为生态环境治理的宗旨，是为了最大多数人民更好地生存，也就是在绿色发展过程中生态价值追求与大多数人利益相一致，这是生态民生要实现的社会发展目标，而不仅仅是为了少数特权集团、阶层谋利益。社会主义事业要依靠社会大多数人、依靠人民群众的共识与共同奋斗才能得以实现，而不是仅靠少数精英。

二　坚持人的全面发展原则

从以往的历史来看，任何一个国家在发展的起步阶段一般都会将注意力更多地集中于经济发展上。从某种程度上说，这种做法有其合理性和必然性，但是也容易产生片面性。这种片面性主要表现在，特别重视经济的或物质利益的满足，把获取物质利益或资本增值看作经济社会发展的目的。在经济发展水平还比较低的时期，以经济增长和满足人们的基本生活需求作为发展的主要目标，这样做是合理的；但是当经济发展到一定程度，人们的基本需求得到满足之后，社会发展的目标就应该逐渐转向如何提高生活质量，如何促进人的全面发展方面。目前我国已经进入了中国特色社会主义发展的新时代，人民的生活水平已经发生了较大变化，但同时

---

①　联合国教科文组织:《发展的新战略》，中国对外翻译出版公司 1990 年版，第 4 页。

消费能力和消费欲求也大大提高，消费结构发生变化。如何满足人们不断增长的这种对美好生活的向往，努力建成小康社会，提高人们的素质和幸福指数，推进人的全面发展，成为我们的当务之急。

（一）满足不断发展的消费欲求

人的全面发展可以理解为，人们在追求物质财富并且达到一定的富裕程度之后，再进一步提升自身的修养，以获得对自身价值和精神境界的更高追求。得益于改革开放政策，我国的经济高速发展，人民的生活质量和生活水平得到显著改善，实现了由解决温饱型到建设小康社会的历史性进步。人们在拥有了坚实的物质基础之后，继而把目光转向精神领域、政治领域、文化领域、生态环境领域等；不再满足于对物质的占有和消费，而是开始审视自己，并转向更高领域的精神向往和生态追求上，以更好、更全面地发展自身，获得更加美好幸福的生活。

从城乡居民的收入水平、恩格尔系数、基尼系数、消费支出结构、消费层次等指标的发展变化上可以看出，改革开放之后，人民群众的生活发生了明显变化，生活质量也得到了显著提高。消费水平的提高预示着人们生活水平的上升，也意味着人们对自身的发展有了更高、更全面的要求。社会发展是一个物质财富的增进过程，也是一个人民生活水平和幸福指数提升的过程。当前人们的精神文化生活丰富多彩，比较活跃，但也异彩纷呈，差异性、独立性、选择性和多变性的思想文化日趋明显。百姓对于思想道德水平的提升与精神文化产品的丰富提出了新的要求。虽然我国城镇与农村家庭中人均教育文化消费水平和发达国家或同等发展水平的国家相比还有一定差距，但是较之以前已经有了长足的进步。就我国国内情况而言，农村居民的文化消费水平低于城镇居民，虽然其中包含着个人经济状况的影响，但是从另外一个方面看，人们对于不均衡的社会服务分配还存在着不满意的地方。实现城乡之间服务设施和服务水平的均等化的道路还比较远，这是贯彻民生发展过程中需要解决的现实问题。当前我国在公共服务发展的理念、政策以及制度安排方面尚有缺陷，公共服务的支出水平难以满足公共日益增长的多样化的物质和文化需求，尤其是在公共服务的非均等化发展使得社会弱势群体享受到的公共服务水平与强势群体之间产生了较大的差距时，公共服务就显得更加重要和迫切。

在人民群众日渐丰富多样的精神文化生活之余，追求良好的生态环境也成为人们正常的消费欲求。当生态问题成为影响民生的大问题时，人的全面发展就会因为生存环境的恶化而让物质生活、精神文化生活、社会生活蒙上阴影，生活质量也将受到影响。与此相适应，人们不但追求民主权利、生存权利，也开始追求环境权利，环境权利于是走入了社会生活。生态环境作为公共物品，其好坏程度反映着国家的社会发展状况及其对民生的关注程度。推进绿色发展，创建良好的生态环境成为我们在深化改革和发展社会主义事业过程中的重要着力点，在党的十九大报告中已经对民生问题及其生态环境问题做了详细的论述和说明，对此我们要高度重视。

（二）解决影响全面发展的问题

建设小康社会有利于人的全面发展的推进，然而在发展过程中却也产生了各种各样的新问题。在改革开放40余年的历史进程中，我国已经取得了不小的成就，社会已经达到了小康水平，但这个小康尚处于水平较低且不全面、不平衡的发展阶段，在这样一种发展状态下，必然会遭遇到许多问题，面临许多挑战。德国学者贝克指出，"在现代化的进程中，生产力的指数式增长，使危险和潜在威胁的释放达到了一个前所未知的程度"①。也就是说，现代化建设在促进生产力飞速发展的同时，也给社会发展增加了风险。综合观之，当前在我国社会的发展过程中，由于个体被卷入到了日益增加的开放性和不确定性中，导致个体在现代化社会中的无力感和焦虑感日益增加，同时，现代社会生活中的各种不确定性所带来的问题也呈现出多样性，容易引起人们的不安全感。在这些波及人们生产生活不安全感的因素中，除了直接危害居民安全的社会治安水平之外，还包括经济的安全、医疗卫生保障、食品蔬菜的安全和生态环境的安全等多个方面。更为重要的是，现代化过程带来的风险具有系统性特征，个体在当前的系统性风险面前是无能为力的，需要政府和社会发挥主导作用，给居民创造一个充满安全感的小康社会。小康社会的顺利建成，将为人的全面发展提供便利的、和谐稳定的发展环境。

随着经济体制改革与市场化的深入，非公企业发展势头良好，各种利益群体也逐渐形成。这些利益群体具有自己的利益追求和与市场经济相适应的价值取向，个人利益意识普遍较强。不同的社会成员、群体、行业、

---

① 国家统计局：《2007年全国群众安全感调查主要数据公报》，2008年1月18日。

企业之间，甚至中央、地方之间的利益矛盾也愈发凸显，容易引起社会的分化，社会利益格局从一元化逐渐发展为多元化状态。政治领域中的现代化发展带来了民主法制的现代化，民主法制发展又规范着社会的政治环境，为公民的自由参与以及获得公正待遇创造了条件。文化意识领域中的多元化使得原来的一元化格局被打破，出现了世俗化与理性化并存的局面。生态环境领域中权利主体的多样性带来了对生态环境的不同需求，绿色发展面临着环境治理主体和污染承受主体多样化的局面。这些问题的存在已经影响着人们的基本生存发展了，更不用说促进人的全面发展。因此，坚持人的全面发展就要及时解决这些影响民众生存的政治、经济、文化、社会、生态等领域中的重要问题。

（三）提升社会发展的整体质量

随着社会的、政治的、经济的、文化的等方面的发展，人们对促进人的全面发展也提出了严格要求，即要实现主体的人与客体的自然之间的和谐统一，而统一的程度和水平又是衡量社会发展的重要标准，也是绿色发展与民生发展能否融会贯通，共生共荣、共同发展，以实现发展的最大化。而衡量这些方面发展程度和水平的重要标尺就是人们对美好生活追求的满足程度，乃至人的全面发展的程度。这就产生了一个问题，高质量的生活离我们到底有多远？进入到建设小康社会的冲刺阶段以后，人们的生活方式或生活内容已经从关注数量进入到日益重视质量的阶段，生活质量成为人们的日常用语，生存质量的好坏成为全社会关注的重点问题。人文发展指数是对人类生活质量进行总体衡量的重要指数，涉及三个主要方面的内容，即预期寿命、文化程度和人均 GDP。在当今世界，人文发展指数逐渐成为衡量人类综合发展水平的标尺。从近 30 年来整体的发展情况来看，世界各国人民的发展指数都出现稳步提升态势，我国人民的发展指数也在不断上升。但同时也要看到，我国人民的发展状况与其他国家相比并不乐观，基本维持在中等发展水平，与发达国家还存在着较大差距，发展的提升空间还很大。我国无论在世界上的排名还是在具体的指数数值方面仍然需要大力发展，不进则退。与同为发展中国家和人口大国的巴西相比，我国人民的发展指数和生活质量低于巴西，因此要提高我国社会的发展水平和人民生活的质量，推进人的全面发展，还需要社会各方面的共同努力，特别是在面对生态危机的威胁时，更应该同心协力来解决困扰我国经济社会发展的环境问题，推进绿色发展。

三 坚持以人为本的基本原则

坚持以人为本的基本原则符合马克思主义人本逻辑要求，是马克思人本思想的重要内容，也是紧跟时代步伐、建设新时代社会主义的最深厚的动力源泉。中国共产党始终身体力行地坚持以人为本，从领导人民群众进行革命开始，再到新中国成立和社会主义建设，一直秉持为全人类幸福而努力奋斗的目标。坚持以人为本就要始终坚持以马克思主义思想为指导，坚持为人民服务的宗旨，维护人民的根本利益，带领人民共同奋斗，为实现强大而美好的中国梦想而努力。

（一）马克思主义理论应有之义

以人为本符合马克思主义理论的基本要求。马克思虽然没有准确提出"以人为本"，但是在他的理论著述中却包含着丰富的人本观点，表达了无产阶级理论家对工人阶级的关心、尊重与爱护。马克思曾经指出，关于人的学说未来将成为一门科学。以此为依托，我国出现了一门新兴的学科即人学，主要是以马克思主义唯物史观为指导，围绕人而展开相关研究的科学，是"描述人们实践活动和实际发展过程的真正的实证科学开始的地方"①。人类社会的主体是人类，是处于一定社会关系中的人彼此影响和相互作用而形成的；与此相对应，社会发展史就是人类实践活动和社会关系不断演化的历史，人类依然是历史发展的主角。马克思认为，"社会结构和国家总是从一定的个人的生活过程中产生的"②，这句话中的人是指活生生的现实的人，而不是概念或想象中的人，由此这些人被赋予了一定的特性，即离不开实践活动，并且要经常性地重复物质生产和再生产过程。"因而是在一定的物质的，不受他们任意支配的界限、前提和条件下活动着的。"③ 马克思分析人类社会发展的历史，就是从活生生的生命个体开始的，指出人是"处在现实的、可以通过经验观察到的、在一定条件下进行的发展过程中的人"④。马克思认为人从动物界中一升华出来就开始了生产

① 《马克思恩格斯选集》（第1卷），人民出版社2012年版，第153页。
② 同上书，第151页。
③ 《马克思恩格斯选集》（第1卷），人民出版社1995年版，第71页。
④ 同上书，第73页。

维持自身生存发展的生活资料，现实性是人区别于动物的最明显的主观特征，是对人们的实践活动的形象描述。

人总是处在一定的社会关系中，从事着实践活动的人。在实践活动中，人不仅和他人发生着关系，还与自然界发生联系。离开了这种相互联系着的社会状态，个人是无法生存的。当然，离开了个人及其人的活动，社会也就不会存在。人与人之间是相互依赖、相互联系的，人的各方面、各层次的需要，是在实践活动中产生并随着社会关系的变化而变化的。由此可以得知，人总是社会历史发展的产物，受到生存于周围的他人的制约。当人们利用时代所提供给他们的现实条件进行实践活动时，人的社会性本质就得以充分展示。"人的本质不是单个人所固有的抽象物，在其现实性上，它是一切社会关系的总和。"① 人的本质受到后天社会生活的影响，影响人的本质形成的后天社会环境就是这些社会关系的总和，这是现实中的人得以生存的前提条件。所以说，人在生产自己的现实活动中生产着自己的历史，也生产着人与人之间的社会关系。虽然人生产了自己的社会关系，但是在生产过程中仍然会秉持一定的基本原则，马克思的人本思想即是对这种原则的准确阐述。人们不但生产着现存的社会关系，也为未来社会关系的产生做着准备，并且现存的社会关系会逐渐变成既往的社会关系，新的社会关系也会变成现存的社会关系，人类社会的历史也是在这种新旧更替的社会关系中向前发展的。每一个人在社会关系的历史剧中，既是剧中人，也是剧作者。总而言之，马克思主义理论中关于人的学说与关于人类社会发展史的学说是一致的，都是反映主体性的人的实践活动的历史。在马克思主义理论中，关于人的问题自然就成为其理论研究的焦点，围绕着人的问题展开，为了解决人的问题而不断探索和实践，坚持以人为本的原则是马克思主义理论的应有之义。

（二）党的宗旨的集中体现

"以人为本"是党的宗旨的集中体现。从成立的那一天开始，中国共产党就以无产阶级的解放者姿态出现，为了解放全人类和为了人类的幸福而努力奋斗。历史发展正反两方面的经验已经证明，当党在人民的支持下、为了人民的利益而奋斗时，才能够保持党的本色不变质，并成功克服

---

① 《马克思恩格斯选集》（第 1 卷），人民出版社 2012 年版，第 139 页。

革命、改革和建设中的问题。人民、人民的拥护是党的生命源泉之所在。也正因为如此，中国共产党始终坚持绿色发展中的人民主体地位，以人为本，以人民的利益为本。当中国共产党顺应民意发展，解决民众之需，时时处处为了人民的利益考虑，从人民的立场出发去思考问题、解决问题时，就会始终得到民众的爱戴和支持，也才能立于不败之地。

胡锦涛指出："必须围绕人民群众最现实、最关心、最直接的利益来落实，努力把经济社会发展长远战略目标和提高人民生活水平阶段性任务统一起来，把实现人民长远利益和当前利益结合起来。"① 这就要求我们在发展经济的同时关注社会的民生事业，贯彻落实国家的各项方针政策，真正为百姓解决教育、医疗、就业、保险、住房、收入等民生问题，真正做到全心全意为人民谋福利。我们搞经济建设，就是为人们的生活质量和生活水平的提升打下坚实的物质基础。我们发展政治建设，就是为了确保人民的民主权利的公平、正当与合法，不断把政治体制改革推向前进。我们发展文化建设，就是为了满足人们在精神层面的需求，满足人们道德建设和文化建设的需求，创造更多的精神财富。我们发展社会建设，就是为了缓解社会矛盾、调整分配格局、增强社会活力，为人民群众的生产生活创造一个稳定和谐的社会环境。我们发展绿色生产，就是为了确保人民群众可以在碧水蓝天、山清水秀的良好的生态环境中生活，既有利于提高人们的幸福指数，又有利于人们的身心健康。总而言之，我们要把人民满意与否、把为人民的利益作为各项工作的检验标准，既妥善处理影响经济社会发展的各种矛盾，又兼顾不同群体的利益需求，真正把为人民落到实处。在各级政府制定发展规划、实施建设方案的过程中，要坚持以保障群众的利益为前提，正确处理当前影响较为广泛的贫富悬殊差距、利益条块分割、社会阶层固化、食品污染问题、医疗安全事故、环境破坏问题等，为群众办实事，办成实事；并在为人民利益努力奋斗的过程中，引导人民去关心自身权利，为了自己的根本利益去奋斗。

（三）激发群众的力量源泉

在马克思主义理论体系中，尽管英雄人物的作用不可忽视，但是人民群众才是创造历史的决定性力量。把这一观点应用到社会主义事业乃至生

---

① 《胡锦涛文选》（第2卷），人民出版社2016年版，第58页。

态文明建设过程中，仍然是人民群众在创造着历史，推动着社会主义伟大事业的前进。如何才能激发人们的主动性，并积极投身于社会主义现代化建设中，充分发挥他们的聪明才智和力量，就涉及中国共产党的性质、宗旨，以及社会主义的本质属性的现实体现问题。要始终坚持以人为本的基本宗旨不动摇，并尊重人民群众的主人翁地位。当前，我国社会主义现代化建设进入新的发展时期，面临新的任务与新的要求，我们应该及时调整国家的相关政策，以适应不断变化的社会阶层结构，让劳动、知识、人才等要素在全社会范围内充分发挥力量，并为这些要素的发展提供广阔的空间。在协调好利益、处理好矛盾、加强团结的基础上，为我国现代化建设阶段性目标的实现增加新的力量，在全社会开创各尽所能、人尽其才、物尽其用而又和谐相处的良好局面。人民群众是社会主义建设的力量源泉，坚持以人为本的基本原则有利于激发人民群众的积极性，要求我们在各项工作中坚持群众观点，走群众路线，与人民群众打成一片，不能高高在上当官老爷；要深入基层、深入生活、深入社会，从人民群众的立场出发，发现问题并解决问题。

坚持以人为本，就要避免以少数人或小团体为本。坚持以人为本有利于团结人民，激发干劲，为了共同的利益目标而奋斗。但是如果以少数人为本，大多数人奋斗却不能够受益的话，那么我们的社会主义事业就变质变味，从而失去发展的动力源泉。当然，如果社会主义事业的发展过程不能吸引人民群众的参与，大量人口会失业，社会也将动荡不安，安定团结的社会局面就会消失，经济社会发展成果也难以享受。人民群众在社会主义事业中的受益程度，与他们的实践活动参与程度密不可分，社会主义社会有能力也有义务确保人民群众在政治、经济、文化、社会、生态等方面的正当权益不受侵犯。社会主义的性质和宗旨体现出为了人民的利益的正当性，也证明了以人为本原则的可行性。

第二节　坚持体制之下的市场调节原则

我国是一个将马克思主义思想与客观实际情况相结合的社会主义国家，可以说我们既要坚持原则性又要与时俱进，体现时代发展的客观要求。在社会主义的发展过程中，我们一方面始终坚持社会主义本质和属性，将国家调控与市场调节结合起来；另一方面又充分发挥公有制的主体作用，并与非公经济相结合，大力发展社会主义的市场经济。在深入推进社会主义生态文明建设的过程中，始终坚持生态文明建设的社会主义制度属性，遵循其本质特征和建设规律，发挥其对经济社会发展的积极作用，同时也深刻认识到社会主义对促进生态文明建设的优势和优越性所在。中国特色社会主义可以更好地坚持市场调节原则，建设生态文明的社会，实现绿色经济的创新和发展，创建人与自然和谐相处的绿色社会，建立一个安定、有序、健康、美丽的美好未来。

一 主导：坚持绿色发展的社会主义制度属性

推进绿色发展，首先就要始终坚持绿色发展的社会主义制度属性。我国的经济社会发展并不那么顺利，经历了曲曲折折的发展历程，特别是在克服计划经济的缺点，发挥计划和市场各自的优势，创建社会主义市场经济体制的过程中遇到了许多困难和阻碍。随着社会主义市场经济的初步建成，并逐步走入正轨，我国的社会主义现代化建设也取得了突飞猛进的发展，尤其是在经济上的巨大进步为改善民生提供了坚实的物质基础。

（一）社会主义本质属性的保障

始终坚持并遵循社会主义的制度属性，这是绿色发展得以在中国顺利推进的重要前提。在面临新形势新任务的当今社会，能否坚持社会主义制度的发展方向，能否利用中国特色的制度属性来解决经济社会发展中遭遇的生态难题，推动绿色发展，也直接影响到了我国民生事业的发展和民生问题的解决。

我们要继续强化社会主义的制度属性及其优越性。社会主义之所以能够在世界范围内在资本林立的环境下得以成立并不断发展，就是得益于社会主义制度属性及其优越性在社会主义建设实践中的作用的发挥。邓小平吸取了国内外建设社会主义正反两方面的经验教训，尤其是我们在社会主义建设过程中遭遇到的挫折和失误，进而提出了"什么是社会主义，怎样建设和发展社会主义"的历史性课题，并为回答这一问题在不停地摸索和追求。1992年邓小平在南巡过程中对社会主义本质特征做了准确概括，"社会主义的本质，是解放生产力，发展生产力，消灭剥削、消除两极分化，最终达到共同富裕"①。这一本质概括既体现了我们发展经济、提升人民生活水平和生活质量的决心，同时也提出了不同于资本主义的社会发展状态和未来发展归宿，坚决杜绝出现新的剥削阶级，避免不公平的社会现象的发生，实现全体人民的幸福和福祉追求。当前，生态危机成为困扰我们的大问题，面对生态危机的威胁我们应该如何继续解放生产力、发展生产力，如何清除生产力发展过程中的不利因素，提升民众的生产生活水平，并且避免不公正的社会现象的出现，特别是经济效益和生态成本的不公正分配问题，是社会主义本质属性在当前遭遇到的重大挑战。社会主义的优越性能否充分发挥，能否推动生产力的快速发展，解决既留的环境问题，满足百姓对优秀的生态环境产品的需要，创造民生福祉是摆在我们面前的迫切问题。反过来说，只有继续保持生产力的发展水平，并不断提高人民群众的生活质量，并且不损害生态环境的条件下，才能说符合了人民群众的根本利益，也符合了社会主义制度的属性要求。当然，能否做到这一点也是在民生领域中社会主义国家与资本主义国家的根本区别所在。

当然，社会主义生态文明建设需要一个历史过程，社会主义只有在秉持其本质特征的前提下大力推进我们的绿色发展事业，才可能给人们创造更好的生活条件。坚持社会主义公有制属性，有利于克服私营企业或地方性企业带来的逐利行为，并解决不同地区的经济冲突。公有制属性本身与生态环境作为公共产品本身是相互契合的，也只有在公有制属性的背景下，社会才能为人民提供更好的公共产品，任何企业或个人都没有这种天然的义务。坚持社会主义的按劳分配原则有利于绿色发展过程的顺利推进，因为生产成本和生态成本的归属问题，特别是当资源能源被企业以公有的名义消耗，但是带来的生态成本却又以社会承担的形式出现的时候，这种利益和责任之间的不公正分配就与社会主义的本义相违背。我们应该对相关的理论内涵进行拓展，按劳分配不仅仅局限于生产领域中，尤其是在我们必须要把生态成本计入到产品生产过程中去的今天，更应该考虑分配问题的公正性。坚持共同富裕的原则在推进绿色发展过程中同样适用，因为共同富裕也不仅仅是指经济生活的富裕，还要扩展到人们赖以生存的生态环境的"富裕"即生态环境良好上，坚决反对某些人或某些企业在一

---

① 《邓小平文选》（第3卷），人民出版社1993年版，第373页。

个地方生产、污染、获益，而去另一个地方享受山清水秀的现象，或者出国移民等。社会主义制度就是要消灭各种不公正的政治、经济、文化和生态现象，满足人民生存和发展的需要。通过解放社会主义生产力，生产出更好更多的产品来满足人民在生活、生产、生态方面的需要，也把中国建设成为富强民主、文明和谐、生态绿色的国家。

（二）社会主义优越性的具体表现

中国特色社会主义的优越性首先体现在制度上。我们国家历来对民主政治建设非常重视，社会主义政治文明也在不断地完善。党的十二大报告强调："社会主义的物质文明建设和精神文明建设要靠继续发展社会主义民主来保证和支持。"① 在坚强有力的政府领导下，我国的民主政治建设不断获得突破，政治体制改革也在向前发展，并呈现出强大的生命力。政治体制的不断完善和发展为国家统一、民族团结、社会建设提供了强有力的政治保障，也彰显了社会主义政治制度的先进性。在文化事业的发展上，改革开放以来特别是进入社会主义现代化建设新时期之后，我国的文化体制改革也取得显著成效，文化产品异彩纷呈、种类繁多，人民群众的文化生活进入到繁荣发展时期；与此相适应，社会风气明显好转，道德伦理的软约束效果越来越好。为了使社会主义文化事业、文化产业健康正常发展，国家加大了对文化建设方面的投入，以确保人民文化权益的维护和文化需求的满足。

在国家建设的总体布局上，我们经历了从"两手抓"到"五位一体"的发展变化。20 世纪 80 年代，邓小平从我国面临的国际国内形势出发，提出了一手抓物质文明建设、一手抓精神文明建设的基本思想，为解决当时面临的经济社会发展问题提供了思想指导。继而在《关于社会主义精神文明建设指导方针的决议》中对经济建设、政治建设和和文化建设做出了部署。在党的十六届四中全会上，针对当时我国的实际情况提出了社会建设的策略，提出要建设社会主义的和谐社会的思想。在党的十八大报告中又把生态文明建设提上了国家的议事日程，提出了政治、经济、文化、社会、生态文明五个方面共同推进社会主义现代化建设的总方针。在党的十八届五中全会上，

---

① 《十一届三中全会以来历次党代会、中央全会报告公报决议决定》，中国方正出版社 2008 年版，第 147 页。

为了推进社会主义生态文明建设，我们提出了大力推进绿色发展的基本理念。虽然社会主义制度本身与生态危机的产生之间并没有直接的必然的联系，但是当自然灾害发生时，社会主义制度在集中人力物力财力、在迅速果断救援方面、在最大限度地降低损失方面，却发挥着资本主义无法比拟的优势，社会主义已经成为面对困难、解决问题、凝聚社会力量的强有力的制度保证。我们把人民群众放在重要位置，把人民群众的利益和生命放在重要位置，这种做法本身就已经表明了社会主义的制度优势。

（三）在绿色发展上优于资本主义

在积极应对生态危机问题方面，社会主义制度优越于资本主义制度。当前我们要结合中国的实际状况，从遭遇到的生态问题出发，充分理解社会主义制度的内涵与本质，走绿色化发展道路，解决困扰民众生产生活的生态问题。一是社会主义制度可以为绿色发展提供最丰富的公共物品。社会主义国家公有制属性与生态环境的公共性具有直接统一性，这一点在前面已经略有论述。公有制属性决定了社会主义经济发展的出发点和立足点并不是以获取效益为主，获利是资本的首要和唯一的目的，除此之外，资本再无什么可以追求的东西。追求目的的不同必然带来追求过程和使用手段的差异，资本主义上升时期的资本原始积累的血腥已经不用赘述。处于后工业发展时期的资本主义国家，为了维持既存的政治经济利益和国内的生活水平，就要维持现存的经济发展速度和规模，甚至要不断扩张。但是，资源能源问题是世界性的问题，资本主义国家也无法幸免，面对这种两难困境，资本获益的唯一手段就是掠夺资源和转嫁污染，尽可能降低生产成本和生态成本，保持自身利益少受伤害。而社会主义国家的公有性质却决定了其生产发展的目的与民生紧密相关，任何违背民生生存的做法都将被制止，包括为了物质资料的生存而破坏生态环境的行为也将不被允许。虽然社会主义制度也存在这样或那样的弊端，但这一制度的优越性已经显现，也不可能被掩盖。二是资本主义国家受制于自身矛盾而无法真正解决生态问题。资本无限扩大的趋势和资本日益集中在少数人手中的事实相矛盾，这一矛盾是资本所无法克服的，即便是在资本主义国家内部也是一样的。资本追逐利润的脚步不会停止，但是会受到诸多条件的限制，资本越是扩张，受到的限制就越多。为了在残酷的市场竞争中生存下来，资本要投资科学技术、人力资源、机器设备等，还要获取资源能源，开拓商品消费市场，刺激人们的消费欲望等，资本才可能实现最后的增值。在生态环境日趋紧张的现代社会，无论是生产过程，还是消费市场，抑或是能源市场都给资本带来了巨大压力。并且，资本主义世界并非都是发达状态，许多资本主义国家仍然要听从于强国的号令，受它们制约，不公正的经济政治秩序同样存在于资本主义世界内部，弱肉强食的现象经常发生。当资本扩张与扩张受到限制的情况无法克服时，就可能发生生产力和生产关系之间的变革，甚至是暴力革命。社会主义国家不以获取利润为目的，获取利润只是手段。绿色发展的提出及实施，带来了经济发展的健康和社会发展的持续。从维护人民的根本利益出发，国家环保机关和政府机关合力而为，推进绿色发展的展开，为此我们已经关停了一大批粗放型的生产企业。即便是一些利润大户如水泥、化工、造纸等企业，也因为生产模式落后而被淘汰，与人民的长远利益、根本利益相比，这些企业的经济损失是在社会可以承受范围之内的。

二 主体：坚持绿色发展中市场与计划相结合

当前，我国的经济体制改革进入关键阶段，各种问题和矛盾交织在一起。一边是大规模生产带来的需求过剩，使得许多产品的市场供求关系失衡，价格暴跌。一些行业如钢铁、煤炭、石油等加速了破产、重组和转型的过程；一边是瓶颈效应的显示，尤其是在能源、交通、原材料供应方面日趋紧张。计划调节和市场调节能否发挥好各自的作用，取长补短，共同推进社会主义现代化建设的发展，还有待实践的检验。

（一）发挥计划与市场的长处

在推进社会主义社会绿色发展的过程中，计划与市场的分工相对明确，计划手段和市场手段在调控经济发展方面具有不同的作用和领域。计划手段主要是从宏观层面上来指导我国经济的发展，使社会主义市场经济发展的方向不至于偏离；市场手段主要是从微观层面对我国的经济发展起着推动作用，这两种经济手段各有所长，又有不足，需要取长补短、共同作用。由于计划经济和资源环境之间存在着一定程度的不相容，带来了物质文明后的生态不文明现象，自然环境的破坏日趋严峻。即使人们已经认识到了生态保护的重要性，但由于受到经济利益的影响而无法最终落实，生态问题日积月累。

　　计划和市场之间的相互依存、不可分割，失去谁都会造成经济发展的不平衡。社会主义市场经济体制的健康发展需要计划调节，也需要市场手段，偏废其中的任何一方都可能带来发展的片面性，所以应该妥善处理好二者之间的关系。近年来，我国政府深入进行经济体制改革和政治体制改革，在一定程度上规范了政府职能。但这并不意味着社会主义市场经济的发展不需要宏观调控，宏观调控必不可少，任何在市场和计划之间进行绝对化选择的观点都不利于经济的发展。资本主义也有计划经济，也进行宏观调控，但是它们的计划经济和宏观调控从属于资本追求利益的需要。当宏观调控手段与资本利润相矛盾的时候，这种手段就失去了效力。

　　党的十九大报告指出，在推进绿色发展的过程中，要充分发挥好计划和市场两种手段的长处。发挥好计划经济的长处主要是从两个方面入手：一是要创新绿色制度，二是要转变政府职能。关于创新绿色发展的制度方面，"制度"一词涉及的内容颇多，如技术、资金、分工、观念等，这些方面的变化影响到我国经济增长方式的转变和升级。按照相关的分类标准，可以把制度分解为经济组织形式、经营管理方式、法律法规体系等。绿色发展的推进，需要市场手段的支持，也需要计划手段的干预，离开了制度的约束与激励，发展就无从谈起。在经济利益和生态保护的角逐中，强制性的制度规范更是经济发展模式转型升级必不可少的条件。我们不仅要看发展的速度也要看发展的质量，要从关注发展效益出发，保障生态环境安全，把绿色变为发展的价值取向，并用制度体现出来。关于转变政府的职能方面，"职能"一词主要涉及管理职能的内容，改革政府的行政管理模式。由于政府是权力的拥有者，也是方针的规划者，还是市场的管理者，因此市场秩序的规范、体系的完善、不足的弥补等都需要政府作用的充分发挥，以确保绿色发展的顺利进行。党的十九大报告明确指出，政府的职能要逐渐从规制经济发展方面，转向为经济发展提供公共服务与创设适宜的发展大环境方面，由主动干预转变为主动服务，确保市场决定性作用的正确发挥。但是，政府应该在宏观方面做得更好，在遵守市场规律和自然规律的前提下，对推进绿色发展的相关管理体制进行改革和完善，协调好经济和生态、人和自然的关系。

　　（二）突出市场的决定性作用

　　发挥好市场机制的长处。市场是资源配置的决定性方式，可以把各种市场主体按照一定的利益分配方式组织起来，并最终实现经济发展模式的升级。受市场竞争规则的影响，各市场行为主体需要在公正有序的环境中参与市场竞争，才能把绿色发展推向前进。除了宏观调控中的政策机制外，还要利用市场机制中的价格、供求、税收等手段来调节或解决资源环境问题，有效地改变资源能源利用率低的情况。通过市场机制的影响，引导资源从利用率较低转向利用率高的行业、部门或企业中。市场手段运用得好，就越有利于资源能源的配置和利用，越有利于经济发展模式的转变。但如果市场手段被看作经济社会发展的唯一动力，就容易走入发展的误区，抑制计划手段的积极性的一面。在经济发展方式转变过程中较好的处理方式就是，基于市场手段基础之上寻求计划手段的支撑和帮助，在相互促进中共同发展。从一定程度上来说，市场经济的优点可以在计划经济的缺点中找到对应的地方，反过来也成立，协调好计划和市场的关系对于经济社会发展的重要性不言而喻。

"决定性作用"是指市场对于资源能源在全社会领域内进行分配，并直接影响到生产、消费等领域中产品的价格。市场起决定性作用的相关配套机制是指价格、供求、竞争、激励、约束等机制。通过市场机制的作用，可以有效引导各生产要素自觉流向效益更好的部门和领域，利用价格杠杆来合理控制供求之间的比例，实现全社会领域中的供求平衡状态，让原材料价格、商品消费市场、利润分配等依托市场来实现。历史已经证明，在资源能源的配置和利用效率方面，没有比市场更有力、更有效、更持久的手段了，任何其他手段都无法取代市场的位置。但是，市场的决定性作用并不是对宏观调控的否定，反而对政府提出了更高的要求。在解决生态问题、推进绿色发展的过程中，社会主义的市场经济优越于资本主导下的市场经济，因为社会主义本身即是效率和公平的代名词。在体现公平的基础上提高效率，本身就是对政府角色的正确定位。在宏观层面上，政府可以利用其所具有的管理和服务职能，预防经济出现较大波动，补齐市场本身无法解决的短板。国家不仅仅是经济发展的保护者，还是经济发展的服务者，通过制定发展规划，利用财政、货币、税收等手段实施宏观管理。不过需要注意的是，发挥政府作用，不是回到传统计划经济的老路上，更不是直接地参与和干预经济行为。

三　主要方法：实施专项治理和整体推进的结合

在绿色发展过程中，我们既需要在总体上统筹规划、合理安排，把握生态文明建设的形势和环境治理的发展趋势，也需要具体问题具体分析，有针对性地开展生态环境保护、环境污染治理的专项工作，抓重点难点，解决关键领域的关键问题。

（一）加快实施生态专项治理

生态领域的专项治理就是指，对不同地区不同类型的生态问题要具体分析，寻找相应的对策，专事专办，针对不同的环境问题展开生态治理。由于生态问题往往存在于多个领域中，在实施生态治理时就要求我们既要针对不同的领域提出不同的解决方案，也要考虑到生态治理带来的其他影响，从整体上综合推进生态治理工作，推动生态文明建设的发展。

由于我国在生态治理方面还处在起步阶段，经验相对短缺，有必要吸收发达国家治理生态环境的先进经验和管理模式，结合我国优秀的传统文化和我国前期的环境治理经验与教训，从我们的基本国情和面临的生态问题出发，以社会主义绿色发展为依托，以为人民谋求生态福祉为目标，处理好经济与环境这对矛盾统一体的辩证关系，从"五位一体"总体布局的高度把握好生态治理的进度和程度，在治理理念和方式上，在治理的体制和机制上，探求经济社会可持续发展的途径，共同推进经济、政治、文化、社会、生态等各方面的发展。习近平同志指出，在实施生态治理的过程中要把目标导向与问题导向结合起来，解决问题时要抓重点，还要统筹规划，下大力气解决生态治理中的难题，推进生态文明建设的发展。在抓重点问题方面，我们要着力开展重点水域的污染和治理工作，如海河、淮河、滇池、巢湖等；也要抓重点行业中的重点问题，如造纸、化工等污染大户的治理；还要抓落后地区的生态环境保护和治理工作，特别是对于经济落后地区的生态破坏问题要特别关注，如澜沧江、怒江等。在涉及民生领域方面，要对食品污染、添加剂、农药等问题重点关注，对于交通安全和汽车尾气污染要引起重视，等等。对于这些直接影响到民众生存发展的问题要一抓到底，争取获得较好的治理效果。

（二）确保生态治理整体推进

切实加快绿色发展，整体推进生态治理工程。面对日益严峻的生态问题，我们开展了生态治理工程，取得了一定的成绩和经验，基本构建起一套相对完整的生态治理模式。第一，加快法律法规建设。在生态文明建设过程中，治理生态环境离不开制度和法治的保障，用制度和法律来调节经济与生态、人和自然的关系，以期形成集国家、地方、个人为一体的，行政、市场、社会力量为中心的多主体治理结构。在这一点上，我们应该从欧美发达国家中获得相关的经验，加快建设覆盖面广、涉及领域多的生态环保法制体系，建立相关的生态治理制度体系，贯彻污染单位治理污染、污染单位承担费用等原则，建立权责明确的制度。第二，大力发展绿色科技。科技在生态治理中的作用非常显著，发挥着事半功倍的效果。例如在农业生产过程中，我国许多地方都大量使用塑料薄膜等作为农业生产的辅助手段，但是由此带来的白色污染却越来越严重，并且解决的办法极其有限，国家应该加大此种污染治理的人力物力财力的投资，在必要的条件下可以作为国家项目实施。欧美发达国家早已开始实施企业综合衡量的评价体系，即评价一个企业的效益既要看这个企业的生产效益，也要看企业的资源能源利用率，从总体上对企业进行审核。第三，要推进绿色发展过程中的生态民主建设。生态民主建设主要是指，在生态治理过程参与主体的多元化，除了政府和企业之外，还要发动社会力量参与到生态环境治理过程中，鼓励公民参与治理，发挥舆论媒体的宣传作用，发挥环境 NGO 的优势等。第四，要尽快建立并完善我们的生态环境治理体制。包括各种相关的制度建设、法律法规建设、各种政策措施的颁布等，如目前正在实行的生态补偿机制等。

（三）专项治理与整体推进相结合

为了更好地坚持体制下的市场调节原则，我们有必要将专项治理与整体推进相结合，各方面共同发力，具体问题具体分析，针对国家发展中出现的社会问题、经济问题、生态问题等，及时调整对策和方法，在改善条件的基础上实施治理。党的十九大中提出，我们要根据我国的具体发展情况补齐生态环境领域中的民生短板，解决人们生活中遭遇的实际问题，坚持经济与生态、社会和自然共生共荣的基本发展战略，将绿色发展理念更好地融入到民生发展中，推动人们生产生活的绿色化进程。社会主义经济、政治、文化、社会和生态等方面的发展是一个不可分割的整体，牵一发而动全身。坚持专项治理和整体推进相结合的原则，既要关注局部、部门、个体，也要关注全局、整体、集体的发展，发挥各部分在生态治理中的各自优势。这样，既解决了实际生态问题，又可以促进国家的整体发展，提升综合实力，实现中华民族的伟大复兴。

第三节　坚持多种手段综合运用的原则

实现民生建设和绿色发展的齐头并进，就是要坚持运用多种手段，综合处理发展中的各种问题。在推进绿色发展、建设生态文明过程中，我们要不断实现技术和管理的创新，加强环境保护，实施最严格的环境保护政策和相关法律制度，以确保每个人都有在良好的生态环境中进行生产生活的权利，每一位公民的生态环境权利都是均等的。同时，对于破坏生态环境、浪费资源能源的做法也要给予相应的教育与惩罚，对环境资源进行相应的补偿。我们还要积极发动群众，激发他们的主人翁意识和创造能力，提升群众参与生态建设的自觉性，共话建设之策，共同推进城乡与区域间的协调发展。

一　城乡与区域协调共进

我国社会发展中城乡二元制的影响长期存在，并产生了诸多的社会问题，致使在经济发展过程中城乡发展的速度和效率也往往不一致，出现了快慢不一或畸形发展的情况。再加上我国东中西部地区发展差距的影响，使得城乡本来就有较大差别的现状变得更加严重，推进城乡与区域的协调发展是缩小城乡区域的发展差距和实现共同富裕的重要方法，在推进绿色发展过程中应根据实际情况加以推进，避免新一轮隔阂的出现或者差距的拉大。

（一）协调发展是内在要求

党的十八届五中全会强调："协调是持续健康发展的内在要求。"[1] 中国特色社会主义事业的发展过程是各方面、各领域共同推进的结果，社会主义事业是整体性的事业，在这个系统整体中包含着众多的行业和领域，需要我们正确处理系统整体内部各部分的矛盾和冲突。其中，需要重点解决的是城市与乡村之间、中东西部之间的协调，经济社会发展与生态保护之间的协调，坚持"五位一体"指导思想不动摇，共同推动城镇化与工业

---

[1] 《中国共产党第十八届中央委员会第五次全体会议公报》，人民出版社2015年版，第6页。

化，农业现代化与绿色现代化的发展，这样既有利于提高社会主义国家的政治、经济等方面的影响力，也有利于提升社会主义的整体发展水平。

协调发展并非社会主义特有的经济社会现象，资本主义发达国家存在，发展中国家也大量存在。从世界范围来看，发展的不协调问题对任何国家都会产生不利影响。关键是该用什么样的理路来分析社会各方面发展不协调的各种现象与根本原因之间的关系，为问题的解决找到正确的出路。当前我国正在加快推进社会主义现代化建设，加快经济的发展在所难免，如何在发展过程中解决城乡问题、区域问题，解决经济与生态环境的矛盾问题等都是我们实现全面小康社会目标的关键内容。协调发展是经济发展的内在要求，只有区域城乡之间发展协调了，社会主义生态文明建设才可能走得更远。

（二）协调发展是历史经验

从我国经济社会发展的历史进程来看，我们在推进城乡区域的协调发展方面有过成功的经验，当然也有失败的教训。共同推进城乡与区域的协调发展是长久以来中国共产党不断努力解决的一项重要任务，它是与民生发展紧密相连的问题，也蕴含着绿色因素。

邓小平是改革开放的总设计师，他在城乡区域协调方面做出了许多努力，特别是提出了该方面的思想理论，并成为协调发展的指导思想。邓小平创造性地提出了"一部分地区先富起来"的思想观点，鼓励沿海地区可以利用其优先地理位置，实施技术创新，率先发展起来，继而再鼓励、帮助中西部地区的发展，推动中西部各地区之间的协调发展，最终达到全国范围内的共同富裕。同时，邓小平还根据我国社会经济与文化发展的现状，提出了"两手抓两手都要硬"的思想，体现了邓小平对于物质领域和精神领域之间协调发展问题的关注，即在抓物质生产、促进物质文明发展的同时，也不能放松精神文化的生产，以促进精神文明发展。江泽民同志针对东西部地区发展差距越来越大的问题，及时提出了西部大开发战略，把缩小东西部之间的差距作为一项长期坚持的重大政策来执行，以实现区域之间的协调。在此基础上，积极开展农村各领域的建设，加快我国城镇化建设，统筹城乡发展，减少城乡之间的隔离和对立状态。另外，在邓小平"两手抓两手都要硬"的基础上，江泽民又提出了建设社会主义政治文明的思想，至此，统筹协调三个文明发展成为国家政治生活的重要内容。

胡锦涛同志为促进区域协调发展，不至于使地区之间的发展差距越来越大，及时提出了振兴东北老工业基地的战略和中部地区崛起的战略。同时，他还积极推进社会主义新农村建设，为进一步缩小城乡差距、促进城乡一体化发展、统筹城乡的协调发展而提出了一系列建设措施。习近平总书记在区域协调发展方面继续探索，提出了推进"一带一路"、长江经济带、京津冀协同发展三大区域性发展战略，成为继实施东部地区先发展、西部地区大开发、东北振兴老工业基地、中部地区的崛起之后区域性发展的总体战略规划。在城乡协调发展方面，我们主要是以工业化和城市化来带动三农事业的发展，推进城市与农村的共同繁荣。特别是城镇化的发展效果比较明显，实施城镇化与农业现代化协调发展的战略，推进公共资源均衡配置与城乡要素的平等交换，力争破除城乡二元结构的藩篱。简而言之，以上各种观点都是在不同时期为城乡与区域间的协调发展而提出的观点，也为我国的可持续发提供了实践经验。

（三）协调发展的主要内容

推进区域与城乡之间的协调共进可以从以下几个层次入手。第一，在人口发展战略上，要特别关注人的因素的影响，注意人与自然环境的关系发展。一个区域要维持可持续发展状态，就需要将区域内的人口总量限制在自然环境所能承受的范围之内，并不断增加人们对协调经济发展和环境保护的重要性的认识，不断提高人们利用自然资源的效率和保护生态环境的水平。第二，从资源能源角度看，各地区要正确对待自身的利弊得失。对于拥有自然资源的地区，发展地方经济占据着天然的资源优势，而对于本身没有资源的地区来说，资源问题就是限制性因素。但是无论何种情况，当前我国的资源能源都在急剧下降，供应形势不容乐观。区域可持续发展需要以资源的价值化为导向，认清区域内的资源形势，有条件的地区要尽可能开发资源替代品，调整资源的利用结构，提高资源利用效率。第三，在保护环境方面，要求将环境因素纳入生态治理体系中。区域性可持续发展要求建立区域内环境评价、环境预警机制与环境规划方案，把环境保护乃至人类活动的各项发展都计划在内。第四，维持区域性可持续发展的经济增长战略要实现从传统增长观念到绿色增长观念的转变，同时要创新成本的概念，在生产成本的基础上再加入生态成本，争取把外部不经济性逐渐内部化。第五，在城乡发展过程中特别要注意公共资源的合理分配，对于农村的基础设施要坚持长期建设、定期修复的方法，不能目光短浅搞短期行为。在社会事业发展上，要把农村和农民列为主要的发展对象和发展区域，推动城镇公共服务向农村延伸。在此基础上，继续提升新农村的建设水平，把农村建成美丽宜居的地方。

统筹城乡与区域之间的协调发展，要更多地关注城乡和区域之间的差距，推动城乡和地区之间的合作、优势互补和共同发展，积极运用更加灵活的方式加强城乡和区域间生产要素的合理流动，采取有效的举措缩小城乡和区域间的差距，最终达到共同富裕。

二 科技创新和管理创新

科技创新与管理创新都是实现绿色发展的重要手段，称为绿色化的科技与管理，也是当前对技术和管理创新的总称。绿色化的科技与管理是建设生态文明、推动绿色发展的必然要求，有助于实现新时代社会主义社会建设的高要求，实现祖国的繁荣富强。

（一）坚持科技创新

科技创新是推进绿色发展的有力手段。推进科技创新的发展就要完善有利于绿色技术发展的有效机制，为技术创新创造适宜的环境；要全面实施绿色科技工程，通过开发绿色科技与革新管理方法来升级传统发展模式，构建绿色金融体系，建立先进科学技术研究应用和推广机制，提升绿色技术的转化率。党的十八届五中全会提出了推进绿色发展的新思想，绿色发展离不开绿色技术，绿色技术推动着绿色发展。所谓的绿色创新是指，以保护自然系统为目的、与绿色发展密切相关的技术和管理的创新。这类创新体现了从创意到研发、从研发到市场等一系列过程的创新，创新过程贯穿着绿色元素，要求关注生态环境的承受能力、生态成本的使用程度等。绿色创新是推进绿色发展的必然前提，绿色发展也为创新提供了市场和可能性。绿色发展秉持自然整体性思想，注重维护经济、社会、环境之间的系统性功能，在推动生态文明建设过程中实现可持续发展。绿色创新摒弃了能耗多、成本高、污染重而安全系数又低的陈旧技术和过时产品，将绿色理念、绿色效益融入到绿色创新的目标体系中。在发展经济和保护环境的矛盾关系中，寻求二者的最佳结合点，抛弃人类中心主义和自然中心主义的不利影响，围绕经济发展、社会稳定、生态平衡等多维目标，推进经济、社会、生态的和谐统一。

（二）坚持管理创新

在进行技术创新的同时，我们还要进行管理创新，管理创新需要企业和政府的共同努力。作为企业来说，需要对自身所面临的各种环境进行正确估计，主要包括需求、竞争、技术、资源等几个方面的环境。这些方面的环境不是固定不变的，而是不断发展变化的，环境的变动性要求企业及时评估其管理现状与企业内部各组成部分的联系，根据环境的变化调整自身的功能，构建协同创新的管理架构。新管理架构的建设需要企业根据具体情况，特别是企业本身的发展实力和环境条件的限制，来进行适当的改革，以建设理想的管理模式。当然，作为市场行为主体的企业而言，还要从企业所处的大环境中对创新流程展开必要的核查，并进行规范化建设，促进新架构内部各部分之间的关系和联系，使创新流程更加规范和顺畅，并实现创新流程过程和各部分联系的制度化。

作为政府而言，要不断实现管理上的创新，主要是指政府管理的绿色化。首先，政府管理的绿色化要求发展理念和价值观念的绿色化，要求树立绿色发展理念，实施绿色管理并节约资源能源。同时，要根据实际需求增加对绿色管理的财政支持，确保政府机关工作人员绿色参与的积极性，推动绿色管理的实施。其次，政府服务的绿色化。政府服务的绿色化要求政府及时调整自身的组织机构，实行职能转变或者建立新的组织机构对整个社会的生态系统进行绿色管理，同时也要严格要求管理工作人员，确保绿色管理的健康运转。再次，发展战略的绿色化。发展战略的绿色化与绿色化的管理机制相适应。国家推进绿色发展战略，以确保生产实践的绿色化，绿色化影响到国家的长期发展和社会稳定，是全局性的、根本性的问题，国家应该统筹规划，有步骤、有计划地推进。

当前，推进政府管理创新势在必行，绿色管理作为与我国经济社会发展相适应的可持续管理模式给政府管理带来了新鲜血液，不仅有助于政府管理的发展，也有助于经济社会的可持续发展。

三　资源环境产权和补偿

全球化进程的不断推进，经济发展水平的不断提高，物质财富的不断积累，人口数量的不断急剧上升，对自然资源的需求量节节攀升，使得我国的生态问题更加严峻。面对日渐恶化的生态环境，我们要反思目前在环境治理中存在的问题，寻找治理政策中还存在的漏洞，在加强政府宏观调控能力的基础上，在依赖行政手段治理生态问题之外，不断创新生态治理的政策法规。资源环境产权手段的进入为我们实施环境治理和生态保护提供了可行的路径，可以说是对我国现存的治理手段的完善和补充，有助于缓解主体的人及其各自要求与客体的自然环境之间的矛盾，促进我国"两型社会"的建设，也为绿色发展的推行提供坚固壁垒。资源环境补偿主要是用经济手段来弥补因为一方对资源环境的过度消耗而对另一方带来的伤害情况，以限制个别主体或企业的行为，确保生态资源可以维持未来世代的可持续发展。它也为生态环境的恢复与治理，为绿色发展的顺利进行提供重要支持，成为环境保护的坚强后盾。

（一）资源环境产权

资源环境产权主要是指行为主体所拥有的环境资源方面的权利，包括生态资源所有权、生态资源使用权、生态资源转让权和环境资源收益权。[①]一是生态资源的所有权归属问题。这一权利主要涉及生态资源归谁所有、使用、维护等问题，这一类的资源包括自然资源与人工资源两种，并且人工资源的比重变得越来越大。生态资源权利逐渐成为人民追求的正当的也是最基本的权利，这一权利在环境权利体系中居于前提和优先的位置。二是生态资源使用权。这一权利主要是指权利主体有权使用自然资源环境，以维持自身的生存发展需要。但是，由于权利主体的延续性，现在人类和未来世代的人类作为同等的权利主体具有同等使用自然环境资源的机会，因此这一权利的使用环境和条件约束性较强，如政策的约束、法律的约束、伦理的约束、风俗习惯的约束等。三是生态资源转让权。这一权利主要是对资源所有权和使用权的转让，即对环境资源所有权与环境资源使用权的转让。受国家政治体制的影响，自然资源的所有权一般情况下都归国家所有，即归人民所有，但由政府代替人民行使所有权，因此转让资源时所有权无法让渡。人工资源的所有权却有所不同，部分人工资源环境归集体或法人所有，在符合了特定条件时其所有权是可以让渡的。当然这种所有权的让渡具有相对性，任何资源环境的所有者最终仍然是国家。四是环

---

① 张永任、左正强：《论环境资源产权》，《生态经济》2009 年第 4 期。

境资源的收益权。这一权利主要是指为资源环境做出贡献的单位或个人有从中获得收益的权利，或者是拥有资源产权的主体从权利转化中获取一定的收益。

资源环境产权制度的构建需要立足于既存的产权制度和生态环境法律法规基础上，通过与各地具体的资源环境状况和经济社会发展状况的结合，减少不利于制度建设的各种制约因素，构建与我国实际发展情况和未来发展要求相吻合的资源产权制度。通过新的资源环境产权制度的建设，实现宏观和微观、国家顶层设计和具体经济激励目标的结合。在宏观层面上，国家实施宏观调控可以避免由于市场失灵带来的非市场化现象，环境资源产权制度可以成为国家管理公共事务的有力手段，确保资源能源的有效配置和生态环境的实际保护效果。在微观层面上，通过把自然资源能源纳入市场规律的运行中，实现市场决定资源分配的价格机制和交易机制，把资源能源的外部性问题转变为内部性因素，实现资源的合理流动与高效利用，约束环境资源使用者的使用行为，促进自然资源的节约，调节自然资源的供求，最终实现经济发展和生态保护的双赢。

（二）资源环境补偿

资源环境补偿有其发展的必然性和必要性。首先，人口膨胀与经济发展对资源的需求量不断扩大，使得耗费资源的数量和范围快速增长，甚至是消耗比率超过了人口的增速，致使环境压力不断增加，有限的资源能源相对于人类无限增加的欲求而言日渐萎缩。并且，我国资源能源的储量和质量不容乐观，受庞大人口基数的影响，虽然部分资源的储量较大，但是人均占有的资源能源却少得可怜，石油、天然气等更是不到世界人均的十分之一或二十分之一。其次，我国资源环境日趋紧张，要求我们必须尽快完善资源环境的补偿机制建设。传统的经济发展模式造成了资源的大量浪费；科学技术的使用使得自然资源的开发与利用越来越快，甚至超过了经济需求水平，致使一些行业出现产能过剩现象。一些地方的自然环境因为发展经济而被严重破坏，而自然环境的修复又困难重重。我国每年因酸雨带来的经济损失高达千亿元，治理淮河的费用比发展经济带来的效益还要高，并且很多生态资源与环境的破坏是不可逆的，资源一旦用完即永久消失，环境一旦被破坏也难以修复到原来的水平。再次，环境资源补偿符合可持续发展的基本要求。要确保经济社会的可持续发展，就需要考虑资源能源的持续性与环境承载力的可承受度。随着人口的不断增长和资源环境的不断恶化，可持续发展问题成为当今世界的前沿性课题，经济发展对各种资源能源的消耗和需求，生产过程带来的环境污染等，都超过了其承受限度，通过合理补偿来适当调节环境资源权利和义务的关系迫在眉睫。

环境资源补偿对于推进绿色发展，实施生态治理具有重要意义。一方面，实施环境资源补偿对于推动环境资源的优化使用和经济的绿色发展具有重要意义，符合绿色发展的基本价值追求。同时，国家实施环境资源补偿政策还体现在，政府应及时提供足够的资金支持研制和开发不可再生资源的替代和更新，改变传统资源消耗模式，坚持走清洁生产、低碳生产道路。还可以通过经济手段来限制资源能源的消耗特别是浪费行为，并通过经济方面的支持推进资源能源的再生；可以利用经济手段来制约各种污染行为；等等。另一方面，实施环境资源补偿有助于树立新的资源环境观念。树立绿色价值观，资源有价但绿色无价，这一点在理论上已经逐步得到大家认同。在充分估量资源价值量的基础上，明确补偿的基本尺度和补偿的具体方法。一般情况下，资源环境的供给量和社会对资源能源的需求量之间的动态平衡有助于社会的正常发展，但是一旦在资源能源的开采和利用方面出现过度行为，势必会破坏生态系统的平衡，受伤害的最终是人类自身。因此，我们要辩证地看待环境和人类之间的关系，正确认识有限性和无限性、自然资源的供给和人类社会的需求之间的矛盾，严格约束自身，节约利用资源，以实现资源环境的可持续使用。

四　综合决策和群众参与

在推进绿色发展的过程中，坚持综合决策是指为维护经济社会的可持续发展，将生产成本、生态成本维持在可承受范围之内的"制度"。绿色发展强调在保护环境和节约资源的基础上进行发展，所以应该实施一种有利于生态文明的综合决策来促进生态管理与发展。作为环境管理的政府机关应该依托其权力性质来协调综合决策的内部关系，通过激励等方式来强化综合决策的外部性联系，以提升经济核算效率等关节点来建设综合决策的评价体系，确保民众参与环境治理的公正性。推进绿色发展是我们的大政方针，是人民群众的重要任务。当群众不再为基本生存问题困扰时，就要寻求更高水平的生活，包括高质量的生态环境。这就给予了人民群众参与生态文明建设事业的不竭动力。随着全球性生态参与的发展，我国民众参与环保事业的积极性也越来越高涨，我们应在正确分析人民群众环境参与状况的前提下，在坚持综合决策的基础上，激发群众参与绿色发展的积极性。

（一）发挥政府决策作用

由于生态问题对经济发展的瓶颈制约日益明显，对于作为管理者和决策者的政府而言，更应该积极行动，通过制定相关的法律法规与政策措施，实施对生态资源环境的保护，治理既有的生态问题的同时避免新问题的出现，以推动绿色事业的向前发展。所谓的环境与发展综合决策，就是指在制定国民经济与社会发展纲要、环境法律法规、城镇建设规划、社会各行业规章制度、重大建设项目推出时，都须把生态环境问题摆在优先考虑的位置，开展环评与综合效益评估，减少因决策问题带来的损失，从源头上避免生态污染与破坏。① 从发达国家的实际情况来看，经济建设与生态环境之间并非不可共存的矛盾双方，而是可以调和的矛盾统一体。我国在发展经济与保护生态方面做得很好的例子也有许多，经济与生态并不是此消彼长的关系，这给生态危机之下的地球带来了光明与希望。

对于政府而言，一定要根据本国、本地区的实际情况来制定确保经济与生态协调发展的规章制度、战略规划等，给人们提供高质量的现代化生活和高质量的生态环境的可能性是存在的。特别是对处于第三世界的中国而言更是如此，避免走向保护生态环境或者发展经济的两极。由于我国受制于经济发展水平、传统发展模式、人口数量和质量等，实现经济与生态的双赢的状态并不容易，我们需要付出更多的努力或代价来解决新旧生态问题。作为国家各项事务管理者和决策者的政府，既要成为保护生态与推进绿色发展的主体，也要努力成为实际的参与主体，与各企业、人民群众、社会力量等一道共同把我们的社会主义建设好。

（二）完善群众参与机制

在加强国家综合决策基础上要鼓励广大人民群众不断参与到绿色发展过程中，提高公众的绿色参与意识。完善群众参与机制，可以通过以下途

---

① 李耀新：《上海市公众可持续发展意识的调查与分析》，《中国人口·资源与环境》1998年第4期。

径不断提高公众参与度。首先，完善群众参与机制的前提就是要提高政府综合决策信息的透明化和公开化。人民群众不是没有任何判断力和选择能力的盲从者，而是有自主性和完全行为能力的主体，有权利了解自身所处的环境状况和质量。作为管理者的政府需要经常性地公开各方面、各领域、各行业的环境指标和环境信息，让人民明明白白地参与到绿色发展中，从自身利益出发自觉参与生态建设。其次，提升法律法规的执行力，增强约束力。由于经济利益的驱使，生态保护领域中的法治形象并不那么高大威武，执法不严、有法不依等现象破坏了政府在人民群众的形象。所以，增强生态领域中执法水平可以更好地吸引群众参与进来，特别是对于人民群众反映强烈、影响较大的生态问题要及时处理，避免引起不良的连锁反应。再次，不断提升人民群众的绿色意识和参与环境治理的意识。人民群众生态素养的提升在更加广泛的范围内影响着生态文明建设的进程和效果，不但可以影响到自身的行为，还可能影响到周围环境或下一代生态素养水平的提高。最后，在政府制定经济社会发展政策时，应该吸引群众的积极参与。政府制定相关政策法规时要公开、公正、透明，并且要尽可能吸引群众参与到决策的制定过程中来。这样一来，就可以尽可能避免决策制定者和实际实施者分离的情况，避免决策中不公正行为的发生。政府也会因为有了群众的参与，而使得决策更具可行性。当然，这里面还包括环保专家、环境组织、其他社会力量的参与，广开言路、广纳良策，及时调整决策中不合时宜的部分，让决策具有更强的执行力和推动力。

第四节　坚持国内与国外发展相结合原则

绿色发展是一种既关系当代又惠及子孙的可持续性发展，已经逐渐被世界上大多数国家认可，吸引着人们的共同参与。在全球一体化的大背景下，我们既要不断研究国内绿色发展的现实基础，总结我们在民生改善和绿色发展中的经验教训，并深刻理解两者的关系，将绿色发展与民生发展融会贯通；又要注意世界带给我们的各种挑战，吸取国外相关思想与经验，实现国内与国外发展的紧密结合，为新时代条件下实现人和自然和谐共生、推进现代化建设发展奠定坚实的基础。

一　立足国内绿色发展的现实基础

生态环境问题是全世界共同关注的问题。绿色发展虽然已经获得了诸多的共识和支持，但是环境污染问题依然存在并不断增加。推进绿色发展有利于改善生态环境的质量，确保资源能源的可持续。我国的资源环境形势堪忧，在未来一段时间内我们应该努力改善这种状况，从我国的实际情况出发为推动绿色发展寻找合适的突破口和解决途径。

（一）绿色文化意识不强影响到绿色发展

当前，推进绿色发展，建设社会主义生态文明成为社会主义事业发展的必然要求，有助于解决民生难题，推动国家的持续发展。但是，生态环境问题成为难以逾越的障碍，阻碍着经济社会的进一步发展。解决生态问题的困扰需要各方面的共同努力，其中，人民群众绿色文化意识的提升成为推进绿色发展的主观力量。面对严峻的生态现实，我们采取了多种措施，加大绿色发展理念的宣传教育，努力提高民众的认识水平，以促进社会与生态共存共荣发展理念的形成，但是当前来看，效果一般，民众的绿色发展意识总体上仍然较弱，或者即便是具有绿色发展理念的轮廓，也缺乏绿色参与的积极性和紧迫性。与之相关，虽然国家大力提倡并支持推进绿色发展理念的教育体制机制改革，但是系统性的教育体系依旧在计划之中。甚至，对于一些舆论媒体、学者研究的支持也都流于了形式，经济发展在一些地方仍然大张旗鼓、大行其道、肆无忌惮，在经济利益与生态利益的角逐中，经济仍然是胜利者。如此一来，生态环境的破坏依然没有停止，人与自然的矛盾也仍然在激化之中，绿色发展之路并不平坦。

一方面，社会整体上呈现出绿色意识淡薄的情况。民众的绿色文化意识淡薄，普遍性的绿色意识有待形成。在日常生活中，带来生态环境破坏的情况屡见不鲜，反绿色现象仍然不可忽视，如塑料垃圾带来的白色污染、一次性商品等。浪费资源能源的现象也大量存在，如粮食蔬菜的浪费、资源的粗放型使用、商品更新使用频率太快等。再加上绿色发展理念教育的缺失等。这些方面是导致绿色意识淡薄的原因，也是生态问题的现实表现。从总体来看，人们的绿色文化意识水平不高的情况并没有从根本上得到改观，社会性的绿色文化意识观念有待形成。

另一方面，我国的绿色文化产业处于起步阶段，亟待发展壮大。与发达国家相比，我们在发展绿色文化产业方面远远落后，这成为限制我国绿色发展的又一重要原因。一些企业为了降低生产成本，规避生态风险，往往会有意避开绿色发展，杜绝绿色理念的影响，因为对于一些产能落后的企业而言，绿色即意味着资金的大量投入、设备的更新换代、人员的教育培训等，而这对于急功近利的人来说是不可以接受的情况。"企业界普遍缺少进行绿色投资的动力和激情。"① 同时，作为国家管理者的政府在财政投入、技术支持的力度方面仍然有待提高，致使绿色文化产业的发展缺乏一定的规制，由此也带来了品牌意识、营销意识的弱化。品牌是企业的无形资产，我国绿色产业的品牌效应仍然较小，影响力较弱，竞争乏力，这些方面给绿色文化产业的发展带来了威胁和阻力。

（二）传统发展方式与消费方式制约绿色发展

我国受传统发展模式的影响的时间较长，资源环境的消耗与物质产品的产出比例失衡现象比较严重，这是我们推进绿色发展遭遇到的体制性困境。特别是在 20 世纪 80 年代我国的产业结构发展侧重于重工业，资源能源的消耗量巨大，带来的污染也非常严重。再加上市场体系的滞后和漏洞百出、行政手段在资源能源市场上干预较少、评价机制体制的不健全、企业环境意识较弱等原因，致使能源产业大幅度增加、能源型城市大量产生、依托能源的产业链条日渐庞大，社会负担也日益加重。这种情况的出现势必会引起经济发展和生态保护之间的冲突。在资源能源的市场化方面，由市场决定资源价格的机制尚未形成，价格杠杆无法对传统发展模式带来结构性影响，也无法促进其产业结构的升级改造。而 GDP 至上成为一些地方政府的座右铭，市场形成价格的机制被破坏，资源环境的压力进一步增加。这种影响没有因为我们进入社会主义建设新时代而消除，在许多范围和领域内仍然存在着并发挥作用，阻碍了绿色发展的顺利进行。同时，对于作为污染主要来源和资源消耗大户的企业而言，其环境治理功能并没有充分发挥出来，污染企业和治理污染之间也没有形成协同治理的有效机制。虽然污染和企业密切相关，但是治理污染似乎与企业脱节，除了因为污染得到的惩罚性手段。这样不仅不利于企业绿色发展的推进，反而陷入了思想上重视而实践中忽视的怪圈，给生态文明建设带来了阻力。

---

① 何潇：《加快我国绿色产业发展探析》，《吉首大学学报》（社会科学版）2008 年第 5 期。

工业文明的发展带来物质财富的激增，但也带来了消费主义、拜金主义、物质主义，带来了异化消费现象，消费形式的异化进一步破坏了自然环境与人类社会的和谐状态，加深了人类需求无限性和自然资源有限性之间的矛盾，人与自然关系愈发紧张。虽然攀比性消费、奢侈性消费、超前性消费等是人们生活实践中普遍要经历的阶段，但是这些异化消费形式并不具有可持续性，而且带来了不良的社会影响。因此，我们应该从当前的生态环境现状出发，尽可能消除因为不良消费对生态环境带来的压力和对生产实践带来的影响，以推动我们经济社会的可持续发展，建设社会主义的生态文明。

（三）法律法规体系与绿色发展实践相脱节

绿色发展离不开制度体系的保障，特别是法律法规对绿色发展的推进具有其他方法无法比拟的优势。通过法治力量来实现生产力的现实转换。为了确保生态文明建设的进行，我们也制定并颁布了一些法律法规，但是法治治理的效果并不理想。一个关键的原因就是，相关法律法规过于抽象，缺乏具体的可操作性，在面临实际问题时无法有效实施，再加上配套体制机制的缺失，使得我国环境方面的法治建设仍然任重道远。同时，相关监督体系的不健全也弱化了法治的力量，致使在面对一些问题时法律法规形同虚设。监督体系的不健全主要表现在，一是不熟悉监督对象的详细信息，特别是生产过程诸环节的信息，致使无法对企业的违法行为及时做出回应，更不用说加以处罚。二是我们的制度本身不完善造成的问题，监督不成熟、不透明等带来的监督结果不佳。

关于法律法规体系与绿色发展实践相脱节，还有一种现象需要引起注意，那就是生态环境保护领域中的"双面人"现象也大量存在。一是在我国的干部考核体制机制中 GDP 和绿色 GDP 并存，并且干部考核中的绿色 GDP 往往会被经济 GDP 偷梁换柱，干部考核的绿色化指标在许多地方只是流于形式，纸上谈绿色、实际谈经济的情况并不少见，一些地方甚至在环境保护问题上作假欺骗百姓和国家，如山西阳泉海螺水泥搬迁事件。二是绿色观念的宣传和推广大多在知识读本、座谈会、讲座、汇报和国民教育相关资料中有所提及，而在法律文本中却不常见，绿色生活与绿色法律相脱节，无法形成健康全面的良好环境。三是绿色法律法规的执行力度弱，对于污染严重的行为处罚力度不够，无法形成威慑力。企业往往在缴纳环保罚款之后，继续其污染行为，谁污染谁治理的政策转变为了谁污染谁交钱的模式，污染与治理之间脱节和滞后现象普遍，起不到教育与引导企业发展的效果，不利于绿色发展的深入推进，也不利于全面小康社会的建设与现代化目标的顺利实现。

二　借鉴国外绿色发展的有益经验

在绿色发展方面，一些发达国家的经验值得我们学习借鉴，虽然我们与发达国家经济发展水平差距较大，但是在解决生态问题、治理环境污染和发展经济上却有共性或相通的地方，不能不分青红皂白地一概加以拒绝。

（一）借鉴国外绿色发展的有益经验

虽然我们为解决生态与经济的矛盾提出了绿色发展理论，但是对于绿色发展的实现路径探索我们还要积极借鉴发达国家的相关经验，从实际情况出发，把我国的经济、地理条件、传统习惯、科技文化、政策法规等诸多方面考虑在内，认真研究，制定出适合我国实际情况的绿色发展道路。如果抛开政治因素的话，欧美一些发达国家的绿色发展经验和进路值得我们去进一步学习。在推进绿色发展过程中，借鉴他国的经验是行之有效的方法。美国在推进其绿色发展的过程中，将环境治理、绿色产业发展、可替代性能源的研发使用、节能减排等方面作为其绿色发展的重要内容，并且这一发展模式目前在欧盟国家也得到广泛响应。可以借鉴丹麦发展绿色经济的做法，比如利用其独特的地理位置发展绿色能源，如风能、太阳能等。我们国家幅员辽阔，一些地方也非常适合发展绿色能源，包括风能、水能、太阳能、地热能等。可以借鉴英国发展绿色城市的做法，让城市从灰色的钢筋水泥中释放出绿色的活力，提高人们生存发展的质量，为此英国政府专门颁布了相关法律，包括净化空气、公共场所的维护等，对城市进行强制性改造升级。在我国推进城镇化建设过程中，可以学习英国建设绿色城市的经验，用绿色来保障城镇居民的健康生活。可以借鉴德国发展绿色技术的经验，特别是德国绿色生态工业的发展经验，实施各领域能源的高效使用战略，并扩展能源使用的范围，利用智能循环的方式来提升资源的利用效率。同样，我们在推进绿色发展过程中，也可以参考这些国家的做法，将能源、治理、发展等纳入其中，大力发展资源消耗低的产业和企业，倡导适度健康的消费模式，建设可持续的能源体系，推动社会主义现代化发展。

（二）学习国外绿色发展的相关理论

从 20 世纪六七十年代开始，欧美一些国家开始出现大规模的绿色运动，绿色理念得以在世界范围内传播开来。在美国、意大利、比利时等国家，绿色运动的发展推动执政党纲领的绿化进程。之后生态马克思主义的出现继续推动着绿色理论的发展，并展开了对资本及其逻辑的批判。生态马克思主义从对生态危机的分析出发，希望从批判中发现引起生态危机的经济、社会的诱因，并找到克服危机之策。1989 年，"绿色经济"一词开始出现并逐渐在世界范围内展开，强调生态保护与经济发展的并重。进入90 年代之后，可持续发展理念逐渐发挥其影响力，并与生态价值理论一道成为绿色发展理论的来源，主要是从经济视角、社会视角探讨生态危机问题及其解决的办法，试图从政治体制、经济体制、文化体制等方面进行探讨和分析。2008 年之后，温室效应对世界产生了较大影响，资源能源紧缺形势日益严峻，经济领域爆发了金融危机，这些世界发展过程中出现的负面效应，对绿色发展理念的丰富起到了推动作用。绿色发展理念成为推动世界经济体制结构重新组合与生态治理的重要方法。以福斯特为代表的生态马克思主义对世界性绿色理念的发展起到积极推动作用，这一理论还传入中国，成为理论界研究和借鉴的对象。生态马克思主义认为，生态危机的根源在于资本主义制度自身，因此只要对资本主义进行彻底的批判，克服资本本身的局限性，才可能解决这一问题。新的生产方式和社会制度应体现人、自然、社会之间的和谐与共生。

近几年来，有机马克思主义作为生态研究的新领域引起了国内外理论界的关注，一些学者对这一理论展开了持续性的研究与批判。有机马克思主义认为，资本的全球化使得人道主义灾难和环境危机越来越严重，改变现存生态危机的办法就是转变全球性经济发展模式，而要转变全球性经济发展模式的前提之一就是树立正确的发展理念。有机马克思主义认为，资本主义带来了社会的两极分化和社会不公正，而根据不同地区或国家的需要进行"有机的"改革并不会削弱一般性主张。资本的扩张带来了生态危机，发展的马克思主义作为治疗资本与生态之间矛盾的替代方案是可行的。有机马克思主义把研究从一般转向了具体，从理论转向实践，并提出了推进实践的原则、政策和措施。一是要回归有机生物学。从新达尔文主义产生开始，生物学研究就被局限在了"还原论"的视域中，局限于生物化学、化学与物理领域，而对于从有机体视角分析生物现象的做法则被看作是反自然主义的。但是，生物科学的发展已经证明了微生物同样是有机体，与周围环境有着内在联系。比如单细胞生物可以感知外部环境，神经细胞的演变和神经系统的形成规律，特定的结构具有特定的功能等。每一个有机体都是有目的的，哪怕是"微生物游过葡萄糖梯度食物走向食物源"① 这样的运动都具有目的性。二是发展生态系统理论。随着遗传学和微生物学的发展，人们对有机体及其环境的关系有了更好的了解。新生物学不但研究有机体主体作用的发挥，也对有机体主体之间的作用产生了兴趣，由此新的生物科学就产生了。生物学研究表明，基因与环境之间是彼此作用、相互影响的，并共同推动着有机体的变化和发展。诺贝尔奖得主杰拉德·埃德尔曼甚至把人脑看作是"不断进化、相互联系的系统整体，并与周围环境互动"②。每个有机体都是一种生态系统，在这种生态系统内部的子系统之间发生联系而成为整体，同时这种系统又与其他种类的系统相联系。

---

① ［美］菲利普·克莱顿、贾斯廷·海因泽克：《有机马克思主义：资本主义和生态灾难的一种替代选择》，孟献丽等译，人民出版社 2015 年版，第 161 页。

② 同上书，第 164 页。

第六章　民生导向视野下绿色发展的路径分析

随着世界经济的飞速发展，人类对适宜生存发展的环境的渴求越来越强烈，但不可否认的是，这个世界对环境的破坏也越来越严重，资源减少和消失的速度也越来越快。有的地方为了追求经济利益而从事了涸泽而渔、焚林而猎式的开发，使得某些生态环境极度恶化，一些物种面临绝种的威胁。人的生存发展离不开自然生态环境，环境的恶化、资源的短缺、物种的锐减也直接或间接地威胁到人类的生死存亡，民生问题更是接踵而至。为了缓解资源环境带来的生存压力，解决各种因生态问题带来的民生问题，人们开始寻求改变：改变原来的非绿色、不民生的经济发展模式，转而追求生态文明建设，倡导一种宜民生、宜生态的"绿色经济"。可以这样认为，发展"绿色经济"是促进绿色发展、解决民生问题的一种基础性的路径选择。民生问题是关系人民生存发展的问题，如何处理好这一关键问题，直接影响到民心向背和国家的未来发展，因此转变传统的非绿色发展模式，实现经济发展的绿色向度成为国家和执政者的当然选择。

在服务民生的理论旨归下，我们要科学看待经济发展和生态保护之间的关系，把推进绿色发展看作国家发展的重要战略。马克思严厉批评了资本对自然的破坏性以及对人们生态权益的危害，"资本主义农业的任何进步，都不仅是掠夺劳动者的技巧的进步，而且是掠夺土地的技巧的进步"①。这种所谓的进步不过是资本获取利润途径的进步，以及对自然界破坏的加快而已，是一种不可持续性的进步。在党的十八大报告中，我们针对生态环境与经济社会发展之间的矛盾提出了把生态文明建设"融入经济

---

① 《马克思恩格斯全集》（第43卷），人民出版社2016年版，第531页。

建设、政治建设、文化建设、社会建设各方面和全过程"的重要理念。生态文明建设要和经济建设相融合，加快经济发展模式的转型升级，大力发展循环、低碳、绿色的经济。生态文明建设要与政治建设相融合，完善绿色考评体系建设，把政治体制改革推向前进。生态文明建设要和文化建设相融合，将绿色发展理念融入到社会主义文化建设中，努力提高全民族的生态素质。生态文明建设要与社会建设相融合，加快绿色治理的力度和深度，建设更加宜居的环境，保障人们的生态民生权利。

第一节　发展民生导向下的绿色经济

经济基础决定上层建筑。强大的经济是一个国家中其他方面的事业得以发展的基础，而绿色经济的崛起必将成为当前和未来很长时间内衡量一个国家是否强大的标志，这与当今世界所追求的生态文明建设目标完全吻合。民生导向视野下的绿色经济内涵丰富，包含绿色农业和工业、绿色服务业、绿色企业和绿色科技、供给侧结构性改革、建立绿色金融体系等各个方面的内容。

一　发展绿色农业和绿色工业

工业和农业相对于一个国家经济发展的基础性作用不言而喻，大力发展绿色农业与工业是对传统的既存产业的生产方式进行创新，这种创新与当今世界可持续性社会发展的基本要求相融合，是一种新型的绿色经济发展模式。

（一）农业的绿色发展

绿色农业指的是在绿色种植、养殖、加工、流通等方面实行的一体化经营。[1] 可以说，绿色农业是传统的农、林、牧、副、渔等众多产业的集合体，属于大农业；又是集中了生产、加工、销售等诸多环节的综合性农业。绿色农业与当前市场经济的发展要求相同步，具有现代化、综合性的基本特征。绿色农业涉及人民群众生活的方方面面，包括食品安全、就业问题、环境问题、国家政策补助等，都是事关民生的重要问题。由于物质生活水平的大幅度提高，人们转而把目光聚焦在了食品安全和健康上，这

---

[1] 董建恩等：《绿色农业的发展意义及对策》，《现代农业科技》2012 年第 23 期。

方面的意识在不断增强，人们对绿色健康产品的需求量激增，消费绿色健康食品已经不是超前消费和预支消费，而逐渐转变为平民化的消费行为。在不久的将来，绿色产品有望进入寻常百姓家，成为人们生活的必需品，但是这给我们提出了高标准和严要求，能不能重视绿色食品的生产、加工以及种类的丰富来满足市场的需求，解决老百姓的食品安全问题成为必然选择。绿色农业的出现将对农业一体化发展起到明显的促进作用，还将对集约型经济发展模式、城乡收入差距缩小、农民收入的增加和生活质量的提高起到辅助作用，它可以为农民解决适当的就业岗位和就业机会，如此，将对困扰我国经济社会发展的三农问题的顺利解决提供一条可资借鉴的思路和方法，缓解经济发展过程中带来的农村剩余劳动力的压力，避免农业发展中的摩擦性失业和结构性失业问题。传统农业向绿色农业的转变使得以牺牲环境为代价的传统发展模式转向防止污染、改善环境、维护生态平衡等并重的发展模式。为了确保绿色农业的顺利发展，国家可以给予诸如财政、政策方面的支持与补助。从我国农业发展的实际情况出发，按照 WTO 相关规则对绿色农业的界定，适当调整或改善农业财政支持，并制定出合适的惠农便农政策。同时也应完善发展支撑绿色农业的基础设施，推动农业的健康良好发展，其中要特别关注科技在绿色农业发展中的重要作用，依靠科技的力量加快农业的绿色转型与升级。在条件具备的地方还可以建立形式各样的绿色农业发展基金，支持绿色农业实践活动。这些方面都与百姓生活直接相关，对解决民生问题产生了重大影响。

（二）工业的绿色发展

发展绿色经济除了要关注农业的发展之外，还应该对工业的绿色发展提出新要求和新标准。丹尼尔·贝尔在《后工业社会的来临》一书中早就指出："清洁的空气和水已越来越成为稀缺的物品。"[1] 虽然现代工业的发展在一定程度上解决了传统工业带来的许多问题，但仍然存在大量工业发展问题或历史遗留问题亟待解决，需要引起我们反思。工业发展带给人类的灾难与其带给人类的幸福是等值的。[2] 工业发展的负面效应较多，其中

---

[1] ［美］丹尼尔·贝尔：《后工业社会的来临》，高铦等译，新华出版社 1997 年版，第 7 页。
[2] 肖忠东、孙林岩：《工业生态制造——剩余物质的管理》，西安交通大学出版社 2003 年版，第 14 页。

主要表现在生态问题与资源消耗过度两个方面。人们不难发现，因为经济发展而带来的环境破坏和资源浪费问题已经或正在或潜在地对人们生活造成了较大影响，直接或间接地伤害了广大人民群众的生存发展。可持续发展是践行绿色工业的基本宗旨，可持续发展实践得以推行的前提条件之一就是要坚持经济发展与生态保护并重，实现生态系统与经济系统之间的良性循环，形成自然和社会、经济效益和生态效益的统一。绿色工业的主体是企业、消费者和政府，其主要内容是以民众为服务对象，以经济社会的健康发展为现实指标。随着人们对产品质量与性能的要求越来越高，绿色环保意识越来越强，人们对工业生产对自身生活环境所造成的影响的关注度也在不断提升。所以说，关注民生需要重视绿色工业的发展。大约从20世纪90年代开始，一些国家尤其是西方发达国家中的跨国公司就开始思考并着手实施传统企业的"绿色转变"，绿色工业发展之路由此拉开了大幕。这些跨国公司或企业为了在这种具有强大生命力的发展模式中站稳脚跟，都在积极研发绿色产品，并实施与绿色产品相配套的一系列实践活动，包括绿色营销、商标、管理、教育等。同样，我国也加快了向绿色工业发展的转型与升级，推行以清洁生产为中心的工业污染综合防治战略，这是一种兼顾经济发展和环境保护的比较实用的方法和措施，以期在满足人们生活需要的同时，合理配置和使用资源环境。为此，我们开展了清洁生产的试点工作以积累相关经验，并逐步建立起促进清洁生产的管理体系、政策和运行机制，通过可行有效机制的推动，再建立一大批清洁型的大型公司或大企业。虽然前进之路困难重重，但是发展绿色工业已经逐渐成为共识，21世纪将成为绿色现代企业大有作为、绿色工业大放异彩的新时代。

当然，为了更好地推进绿色工业的健康发展，我们应该听取一些可行性建议。首先就是营造发展绿色工业的宽松大环境。大环境的宽松或紧张对经济发展起着导向性作用，决定着一个国家或地区的未来经济发展实践，我们应该逐步完善推动经济绿色发展的产业模式，包括产品研发、生产、销售、服务、教育等，强化工业运行中的技术指导，推进绿色工业和产品的不断发展，增强绿色工业产品的国内国际竞争力。其次，需要建立完善相关的法律体系，以确保绿色工业的平稳有效运行，杜绝资源的无效浪费和环境的无休止破坏。最后，制定符合自己的绿色工业的发展图景，坚持可持续性发展，提高资源能源的利用效率，我们不能只看到自己，还要为子孙后代谋取福利，留下一片绿树蓝天。

二　加强绿色服务业建设

在推进绿色工业、绿色农业发展过程中，我们也要加快绿色服务业的建设进程。当前在国际社会中，一个国家服务业发展水平的高低往往成为衡量这个国家经济发展程度和现代化建设程度的重要标志。

（一）绿色服务业的时代性

我们国家的经济实力在不断上升，人民群众生活水平在不断提高，但同时人们越来越关注生活的质量而非满足于生活的物品数量。作为衡量经济社会发展水平重要标尺的服务业，在面临生态问题和解决生态问题的过程中也发生了显著变化。绿色经济的发展离不开工业和农业，同样也离不开服务业，特别是与绿色经济发展紧密相关的，甚至是支撑绿色经济发展的服务业显得更加不可或缺，成为绿色经济发展的重要支撑产业。虽然服务业不能与工农业发展并驾齐驱，但是服务业的优势也显而易见。特别是在污染环境或者破坏环境方面，服务业相对于工农业而言是真正的绿色化产业，破坏很小甚至可以忽略不计。当经济社会发展受困于生态环境的制约时，经济结构调整成为必然，我们需要将视野从环境与工农业的传统思维中解放出来，做出相应的调整，将目光和范围拓展到工农业之外的第三产业中去，尤其是关注绿色服务业。绿色服务业与可持续发展观的基本要求相一致，反映着经济发展的必然趋势和未来社会发展的必然要求，这一行业的充分发展将会极大地影响到人们的生活习惯、消费方式，进而影响到自身的行为。绿色服务业的发展对于企业而言更具优势，它可以影响企业公共政策的制定，并成为企业发展的新增长点，在提升企业的实力和竞争水平方面贡献颇大。[1] 这些方面的变化对于推动经济社会的健康发展，改善人们的生活，追求美好的未来有着战略性意义。习近平指出："人民对美好生活的向往，就是我们的奋斗目标。"[2] 而服务业水平的高低，特别是在应对生态危机过程中的地位和作用的显现正是人民追求美好生活的一

---

① 参阅夏杰长等《积极推进服务业绿色转型》，《中国经贸导刊》2011 年第 9 期。

② 《十八大以来重要文献选编》（上），中央文献出版社 2014 年版，第 70 页。

个重要体现，也从侧面凸显着民生状况的起伏变化。

（二）绿色服务业的相对优势

一般来说，传统服务业更多的是提供一种无形产品，但在实践过程中服务业的发展还离不开有形的物质产品的支撑或参与，这样一来，物质产品的消耗就带来了不可避免的环境污染，而且由于一些服务行业自身附带的诸多问题如运行机制不当和消费导向缺陷等，也会带来物质产品的浪费，给生态环境和资源能源带来破坏。发展绿色服务业是指发展有利于资源节约，环境保护和经济、社会、生态效益整体提升的第三产业。① 它主要涉及两个内容：一是对传统服务业要实施转型升级的政策而不能因为其非绿色行为而被排除在外，要使其逐渐实现绿色化和信息化等，比如建设一些绿色商店和绿色银行等；二是要加快推进一些新兴绿色服务业的建设，大力发展文化产业、生态旅游业、技术开发等生态化和知识化要求高的产业，使其在产业结构中的比重不断上升。随着全球性绿色运动的展开，人们生活观念的转变，以及生态保护意识越来越强烈，带有绿色属性的产品和服务越来越受到人们的欢迎。对传统服务业进行的绿色化改革，使得老百姓的生活更加方便快捷，我们可以根据人民群众的生活需要，建立各种网络购物平台，简化网络购物；可以丰富或简约企业网页设计；可以推进政府各种维权措施或政策的实施，为消费者提供法律支持；等等。再比如支付宝等网上银行的设立与运行，自助取款机的普遍实行等都可以说是服务行业逐渐绿色化的现实体现。值得鼓励的是，一些新兴服务业如火如荼的展开带来了积极影响如绿色饭店等，一些酒店将生态保护的绿色概念引入到酒店管理之中，绿色之风蔚然生成。在绿色服务业中，人民群众可以经常体会到的就是绿色旅游业的发展。受国家假日经济的影响，人们经常在工作之余参与到绿色旅游和生态旅游中，娱乐方式与娱乐生活更加多元与精彩。人们在享受了绿色健康的生态环境的同时也越发休闲娱乐，既有益于自身素质的提高，又增强了生态意识。国家在积极推动绿色旅游、乡村旅游业发展的同时，也促进了民生问题的解决。绿色服务业的发展体现了国家在政策上、资金上的帮助和支持，给当地百姓提供了更多

① 参阅刘亮、王雅利《绿色经济对产业发展方向的影响》，《科技创新与生产力》2011年第1期。

就业机会，拉动当地消费，进而带动着其他产业的转型升级。

（三）绿色服务业的重要意义

总而言之，绿色服务业的发展无论是对服务业自身，还是对其他行业的发展都有着重要意义。首先，绿色服务业的转型和升级有利于产业方式的调整。绿色服务业的发展对于民生需要的满足至关重要，它可以推进服务业自身的完善，创新服务业态，并且可以提供众多就业岗位，为我国就业压力问题的解决做出贡献。其次，绿色服务业的发展有利于生态方面高素质人才的培育和创造，有利于强化绿色教育的发展研究，壮大国家知识分子队伍储备，为探寻国家绿色发展路径，设立完整而创新的发展体系起到重要作用。再次，绿色服务业的发展还可以推动国家文化产业的发展，在传承国家文明、推动人民对国家文化的认同感方面起到重要作用。发展绿色服务业有利于将国家文化推向国际，彰显国家深厚的文化底蕴，吸引国外友人学习我国文化，增强我国文化软实力的影响，使之屹立于世界文化之林。最后，绿色服务业的发展符合时代发展的潮流。当今社会是一个对环境要求相对严格的社会，物质生活在许多地方已经变成了非必须第一位的生活需求。由于人类经济活动的影响，环境污染、生态破坏现象严重；而大自然对人类也展开了报复，给人类的正常生活造成了困扰与危害。绿色服务业的发展可以有效减轻人们对环境的压力，缓解人与自然之间的矛盾和冲突，缓和人类生活的紧迫性。在这一点上，各级政府可以在政策扶持、宏观调控等方面加强力度，比如可以通过投资绿色服务业的发展，对植树造林、生态保护、污染治理等进行财政补贴，在解决生态问题的同时解决民生问题。

三　推进绿色企业和绿色科技发展

推进绿色企业和绿色科技的不断发展，对于我国绿色事业的发展，甚至对于社会主义现代化建设伟大事业的推进都具有积极性的一面。绿色企业的发展有利于经济与民生事业的绿色转型，绿色科技的运用有利于提高资源能源的利用率以及更好地解决环境问题。

（一）大力发展绿色企业

绿色企业是指对企业内部建立和发展绿色经济系统的法人实体的统称，它是绿色经济在实践中的表现形式或行为主体。绿色企业坚持以可持续发展理论与市场经济理论为指导，从对自身负责任的立场出发坚持市场经济的基本原则，从对社会负责任的立场出发坚持可持续发展的基本理念，对企业经营的全过程实行"绿色"控制，在绿色科技与绿色经营模式下实现企业的绿色发展，包括制定绿色的产品规划、服务策略、营销策略、文化策略、绿色环境策略等来实现绿色化转变，它的最终目标是要实现经济社会与自然环境，即实现人与自然的双赢。

在这个环境污染日益严峻的时代，无论是企业自身的发展还是其生产规模的扩大，都对生态环境造成了严重伤害，使得生态系统受到破坏或不堪重负。社会各界对此越来越不满意，各国政府也纷纷采取措施要求企业减少污染。在这种情况下，企业迫于行政的、社会的，甚至是自身发展的压力，纷纷进行改革，绿色企业兴起成为不可逆转的发展趋势。在国际社会，一些国家纷纷采取积极的或被动的应对措施，特别是在1992年里约地球峰会之后，可持续发展理念得到世界各国的普遍认可，卓有远见的跨国公司纷纷加快了绿色发展的进程。巴西、芬兰等国都采取了积极的应对措施，效果明显；中国也在这方面进行了深刻的变革和探索。中国的探索是从顶层设计开始，由政府或大型国企、公司等引导，进行企业发展的绿色转型。一些具有超前意识的企业在自身绿色转变过程中找到了新的发展机会和利润新增长点，实现了环境和利润的双赢。虽然企业是独立的法人主体，但是它的发展离不开人这一主体因素，发展最终也是为了人们日益增长的物质、文化、生态等各方面的需求。人的因素是起主导性作用的关键因素，企业的发展变化与人的发展变化息息相关、不可分割，企业的发展必然会影响到人民群众的发展。

绿色企业的发展对于解决民生问题的重要性在于：第一，促进企业的绿色发展有利于实现现代化建设的阶段性目标与全面实现小康社会。"全面"体现的是发展的系统性与协调性，不能仅侧重于经济的发展，注重物质内容的增长，还要追求更加环保健康持续的经济发展方式，与此同时，要注重与绿色相联系的精神生活，实现思想道德建设的绿色化发展，进而推动广大人民群众正确的绿色价值观的形成；这也为更好地推动全面小康社会目标的实现、完成新三步走的战略目标、增强人民幸福指数而奠定坚实的基础。第二，促进企业绿色发展有利于增加企业绿色产品的生产。绿色产品相对于绿色企业发展的重要性不言而喻，是绿色企业的核心内容和重要标志。绿色产品是指从产品的构思、设计、生产、出售再到回收、重新利用的全过程中，尽可能不对生态环境产生伤害，是符合特定的环保要求、可以再次回收利用的产品。[①] 绿色产品可以有效保障人民食品安全，保证人的身体健康，有利于人们更好地生存与发展。第三，发展绿色企业有利于推进我国的城镇化建设，有利于三农问题的顺利解决。城市是人口大量聚集和企业较为集中的地方，由此而来的发展与环境问题也比较突出。受制于国内外诸多历史条件，我国的城市化进程明显滞后于工业化发展速度，其中城市的环境污染问题十分突出。三农问题历来是我国政府着力应对的首要问题，但这一问题并没有从根本上得到解决。随着近几年的发展，人们逐渐认识到，通过城镇化建设来推进农业产业化进程，推动经济的绿色发展将是解决三农问题的重要方法。同时大量企业的相对集中，区域性、地方性、行业性污染也非常明显，如果不进行绿色化转变，无论是对周围环境还是企业生产等都将是遗患无穷。所以大量发展绿色企业，建立循环低碳绿色的经济增长点，对于实现经济增长与环境保护两方面而言都没有失败者。三农问题就是民生问题，三农问题的解决有利于资源能源的有效配置，也有利于国民经济的健康发展。同时绿色企业的发展对于推动公共服务体系的建立、促进城乡居民保障体系的完善、缩小城市与农村居民收入的差距、实现社会公平、推动经济社会健康有序的发展等将大有裨益。也可以说，绿色企业的发展情况对于民生问题的有效解决起着重要作用。

（二）积极推进绿色科技

当然，绿色企业的发展需要科技的支撑，没有绿色科技的绿色企业是很难获得发展的长久生命力的；科技是实现企业发展的重要手段，两者的相互结合才能更好地、更有力地推动经济的绿色发展。"科学技术是第一生产力。"无论是经济社会的发展变化，还是企业公司的转型升级都需要科学技术的支持。但是科学技术的双刃剑效应在生态危机时代更加明显，它在给我们带来超额的物质财富的同时，也产生了不可避免的生态资源环境等问题。也正是基于日益严峻的生态危机的压力，加上老百姓对居住环境、衣食住行等的要求越来越高、越来越迫切，因此绿色科技在经济社会

---

① 参考刘红叶《管理伦理学》，兰州大学出版社 2009 年版，第 198 页。

发展中的重要性就日益显现出来。

　　绿色科技不是单一指向的某种科学技术，而是指可以促进经济社会可持续发展的众多科学技术的集合体，特指由这些科学技术构成的体系。绿色科技主要体现在开发利用资源过程中的利用效率与保值增值的价值归属，体现在生产过程或产品附属性方面就是绿色清洁生产与产品的健康绿色，拓展到人们的行为方面就是绿色产品的消费行为和消费习惯的养成。也可以说，绿色科技主要是指可以对经济社会发展和生态环境保护产生方向性引导、生态化规范的科技体系，并把这些技术应用于生产过程中以节约资源、降低能耗、提升效益、满足社会需求。① 绿色科技是实现经济绿色与否的重要判断标准，事关企业的生死存亡与经济发展的前进方向。在党的十九大报告中，习近平总书记对我国社会的主要矛盾进行了新的阐述，明确指出我国当前的主要矛盾已经转变为人民日益增长的对美好幸福生活的需要与不充分不平衡的发展之间的矛盾。人们美好幸福生活的实现需要老百姓收入水平的切实提高，也需要以民生为主要内容的社会建设的支持，上述两个方面都离不开经济的持续健康发展。只有在确保经济持续健康发展的前提下，才可能不断提升国家自身的各项实力，各种民生项目的发展才有坚实的经济基础，具备了上述诸多条件之后才能谈及民生及其改善问题。为此我们需要在发展经济的过程中，努力提高科学技术的创新性与绿色化水平，提高经济发展中的节能环保含量，进而为经济水平的提升与加强产品国际话语权、为改善民生状况而奠定扎实的物质基础。周光召提出："绿色科技实质上应当是一种可保持人类社会持续发展的科学技术体系，它强调自然资源的合理开发，综合利用和保护增值，强调发展清洁生产技术和无污染的绿色产品。"② 由此，实现经济发展的可持续性是解决民生问题的当然选择和必由之路。在新时代新任务新要求下，我们在发展经济过程中更需要关注严峻的环境形势，关注百姓的健康与生命，关注百姓的生活水平和质量的起伏变化所折射的人与自然环境之间的矛盾和冲突。人的因素是至关重要的因素，我们应该优先考虑或解决与民生密切相

---

　　① 参阅包庆德《生态哲学视域：绿色科技的时代规范与研究进展》，《社会科学辑刊》2008年第2期。

　　② 周光召：《将绿色科技纳入我国科技发展总体规划中》，《环境导报》1995年第2期。

关的、关系到百姓日常生产生活的生态问题。为此我们应革新技术，加强环境保护与治污的力度，确保百姓的食品和饮水安全，在治理既存的环境问题的同时，防止新生态问题的产生，保障百姓的生命财产安全，为他们提供适宜的居住环境。

绿色科技的发展表明维持经济社会可持续发展的重要性和紧迫性，同时也表明科技绿色化之后对环境的积极作用，以及对人民的生存发展、对解决民生问题的重要意义。当然，绿色科技的发展离不开科技人员的努力，经济发展对绿色科技的需求给科技人员提出了更高更新的要求，也为他们才能的发挥提供了施展的空间和舞台。科学技术工作者不断通过努力，提高自身的科学素养并进行自我创新，创造了财富也获取了更多的就业机会。受绿色科技发展的影响，人民群众的生活出现了明显变化，社会的物质文化生活水平也有了明显提高，人民生产生活也越来越便捷。同时，绿色科技的发展对于尊重和弘扬人的个性有着重要作用，而人的个性发展又对人的科技发展能力与创新水平的提高产生着或好或坏的影响。只有尊重和弘扬人的个性，人的潜能才可能得到发挥，发展空间得以拓展，聪明才智得以展现，伴随而来的绿色科技才可能革新与发展，也才最终有利于人的全面发展。

四 加强供给侧结构性改革

实施供给侧结构性改革，就是从源头上对所供给的原材料进行严格把关，坚持多种手段的创新应用，以改革的思维促进经济结构的调整，在调整过程中实现各种资源的合理配置，使其能更加灵活且更加全面地推动市场供给与需求的相平衡与相适应，确保经济发展的有序运行。加强供给侧结构性改革可以有效提高各生产要素的合理配置与利用效率，更好地满足老百姓各个层次的需求，促进经济社会又好又快地发展。对供给侧实施结构性改革是我们当前和今后很长一段时间内努力实现的重要任务，这一任务受到上至国家、下至各界人士的关注。习近平总书记指出，实施供给侧结构性改革是为了更好地为经济社会发展、为人们生产生活提供高质量的原料或产品以满足不同层次的需要。供给侧结构性改革彰显着国家顶层设计的民生大义，为了人民，为了民生，服务于人民，服务于民生，这是党和国家治国理政的根本出发点和落脚点，体现了社会主义社会的本质要求，也体现了践行供给侧结构性改革的紧迫性和重要性。实施供给侧结构性改革要求我们不断提升社会生产力的整体发展水平，又要贯彻和落实以人民利益为主、注重民生的发展思想，不断满足人民群众日益增长的物质、文化、精神、生态等多方面需求。

当前，我们正处于深化改革发展的关键时期，新旧问题交织，特别是事关民生的诸多问题亟待解决。民生问题如若不能妥善处理，将会波及安定团结的大局，降低人们生活的幸福感。在实现小康社会、实现中国梦的历史征程中，我们应努力探寻供给侧结构性改革的各种途径，以期切实解决困扰经济社会发展、困扰人们生产生活的生态问题。生态问题不同于一般的社会性问题或气候变化问题，生态恶化背景下没有人可以不做幕中人，人人都会从生态问题中"收获"伤害；而生态问题又是与人民的生活最紧密相关的，要处理好民生问题，就要注重对生态环境的保护。改善生态环境、促进绿色发展和建设生态文明都是供给侧结构性改革的重要领域。随着我国经济社会的不断发展，城市化进程的加快，社会（包括人在内）对物质产品的需求欲望也越来越强烈，随之而来的是对自然资源的索求度也在不断上升，自然环境的压力越来越大，结果就是严重的环境污染、生态资源的浪费与资源能源短缺并存的现象，使得生态环境与经济发展的关系出现了质的变化，人与自然的关系变得紧张。习近平在党的十八届五中全会上指出，"生态环境特别是大气、水、土壤污染严重，已成为全面建成小康社会的突出短板"①。加快推动供给侧结构性改革，从源头上或者从链条过程中把不符合绿色发展的原材料、半成品等消灭在初期阶段，这是符合绿色发展基本要求的。当前我们要不断改进并创新经济发展模式，让供给侧结构性改革与绿色发展相互作用、相得益彰。

供给侧结构性改革对于改善民生具有重要意义。实施供给侧结构性改革可以弥补基础民生的短板，有力推进社会公平。那些维持民众基本生存的基础民生要确保公平优先，因为我国目前仍然存在着城乡收入差距较大、城乡基本保障设施不一致的情况，所以要实现各个方面的均等化，促进基础民生的公平正义仍然是很长一段时间内民生发展的着力点。为此，

① 中共中央文献研究室编：《习近平关于全面建成小康社会论述摘编》，中央文献出版社2016年版，第178页。

一是要做好扶贫和脱贫工作，政府要加强对社会最低收入群体的政策支持力度，为缩小城乡之间的收入差距提供条件，保障其公平性。例如可以通过实行精准扶贫等方式，完善社会扶贫保障体系，最终实现全面脱贫。二是要建立健全的社会保障制度，包括医疗保险制度、社会各种救助制度等，以统筹城乡和区域间的发展，加强基层之间联系。在养老、教育、医疗卫生等领域，要加快市场准入放松的进程，例如，高水平的物业管理不仅可以带来新的商业增长点，也能切实改善生活品质。① 三是要加速推动基本公共服务的均等化，加强对公共服务设施的建设和管理，推动中国特色社会主义公共服务行业的进程。在供给侧结构性改革过程中，政府作为管理者应该发挥好自身的作用和职能，以助力民生建设的发展。一方面政府应该为"大众创业、万众创新"提供合宜的社会大环境，包括为社会提供更多的就业渠道，给予高校优惠政策，鼓励高校给学生更多的创业机会，提供更多的就业创业平台等，为大学生创业提供更多的政策支持和财政支持。另一方面作为管理者的政府要完善国民序列教育体系，努力提升教育质量，为国家培育大量优秀人才。一个国家的强大需要人才队伍的强大，政府应该为人才培养、为大学生就业和创业提供一个稳定的环境，借助科学技术和思想道德建设，发挥人才优势，提升社会的整体性发展。

实施供给侧结构性改革是维持经济新常态、转变经济发展方式的重大举措，是"四个全面"发展战略的具体实践，也反映了党和政府所秉持的"五大发展理念"，有利于推进生态环境的改善，促进经济绿色发展。但是任何事情的发展都存在两面性，有利就有弊，保护环境的出发点无疑是正确的，但是对环境保护的各项工作却并不一定带来令人满意的结局，我们还面临着许多的挑战，需要高度关注，积极应对。实施经济的绿色低碳发展是未来社会的发展趋势，反映着当前与未来我国社会和百姓的极大期望。加强对资源环境的约束力度，会直接影响到供给侧结构性改革的方向和价值选择。在坚持绿色发展理念的基础上，我们要制定严格的环境保护制度与条例，强化供给侧结构性改革的发展，推动供给侧结构性改革朝着绿色发展方向不断前进，形成绿色、低碳、健康、环保的经济发展模式和生活方式，不断满足人们日益增长的对美好生活的向往和追求。

---

① 参阅曹红辉、熊文《如何认识供给侧改革的基本内涵》，《人民论坛》2015 年第 36 期。

五　健全绿色金融服务体系

绿色金融是实现绿色经济发展的重要组成部分，它在促进绿色产业的发展，乃至推动社会的可持续发展方面意义重大。2015 年 9 月 21 日，相关部门发布了《生态文明体制改革总体方案》，该方案明确了建设绿色金融体系的总体规划。在"十三五"规划建议中也提出了"发展绿色金融，设立绿色发展基金"。而对于如何界定"绿色金融"，在学术界还未能达成一致，也有学者把它称为"环境金融"或"可持续金融"。我们可以从以下几个方面进行理解：第一，有专家认为所谓的绿色金融，就是将金融作为一种重要工具，来促进生态环境的保护，保护生态多样性；第二，要求金融服务部门秉持生态环境保护的基本理念，贯彻可持续发展的基本方略，以推动环境资源保护和经济协调发展为基本要求，在促进人与自然协调发展的同时，实现金融行业自身的可持续发展；[1] 第三，也可以将绿色金融作为国家在制定或执行环境经济政策时的调控手段加以运用，主要指金融手段与市场手段的综合运用，在资金帮扶的政策、对象、条件、种类、方法上，以绿色化的科学技术和生产企业作为重点扶持目标，从信贷投量、期限及利率等方面给予倾斜和优先的政策，特别是在绿色信贷方面。[2] 总的来说，绿色金融的出现及不断发展，体现着我们在利用金融杠杆推动经济发展的同时，也十分重视环境保护和资源节约，并反过来把它作为衡量金融业发展的主要指标。

建立健全绿色金融服务体系，需要创建或形成一套严密的可实践、可操作的体系，这一体系的创建不但可以加快金融业的发展，而且可以促进传统发展模式的绿色转型，还有利于维护社会环境的稳定和可持续发展，解决三农问题等，这些方面都直接或间接地影响到人民群众的生活，反映着民生诉求。

第一，绿色金融体系的建立促进了低碳经济的发展。低碳经济离不开社会经济的发展，特别是绿色科技的创新和发展，建立在先进的绿色技术基础上的低碳经济才是与当今社会发展潮流相符合的经济形态。绿色金融

---

① 高建良：《绿色金融与金融可持续发展》，《金融理论与教学》1998 年第 4 期。
② 潘岳：《谈谈环境经济新政策》，《求是》2007 年第 20 期。

不但可以为低碳经济的发展提供资金上的支撑，还可以通过支持绿色技术直接或间接地支持经济的绿色发展，进而推动经济发展方式的变革。在绿色金融实施过程中，融资的多样性决定了低碳经济投资特征的丰富性。企业的发展与壮大，产品质量的加强与提升需要一定绿色技术的支撑，只有具备了绿色技术，企业才具备了创造价值的前提条件，这些方面都需要强大的资金依靠。这就在技术—资金—企业之间形成了一个环环相扣的链条。发展绿色经济，我们需要不同层次的金融政策和手段的支撑以适应相关行业的发展要求。而绿色经济的发展从根本上来说是从属于全体社会成员共同的责任与义务的，当发展经济过程中遭遇到来自各方面的压力时，政府应该发挥其相应职能加以辅助，特别是在国家财政支持和政策性金融支持上，以降低来自不同方面的风险。发展低碳经济，实质是提升能源的利用效率、推行区域的清洁发展、促进产品的低碳开发和维持全球的生态平衡，是从高碳能源时代向低碳能源时代演化的一种经济模式。[①] 把发展绿色经济推而广之，就是要建立一个绿色社会、低碳社会，绿色低碳是相对于人民群众的生活状态而言的，是把人们的根本利益放在第一位的经济形态，因此也是一个同民生问题有着深刻联系的社会。总而言之，绿色低碳经济的发展推动绿色低碳社会的建设，同时绿色低碳社会的建设也带来了民生的改善，当绿色低碳进入教育、科技、文化、旅游、医疗等当中时，其实都是各种民生问题的绿色解读。

第二，构筑绿色金融体系，转变经济发展方式。首先，经济发展过程中难免会带来各种潜在或明显的污染风险，加之对造成污染的事后应对机制不完善，对于我国产业结构的优化升级起了负面作用，更谈不上可持续发展问题，在这种情况下，构筑绿色金融体系，依靠金融体系的力量来防范或处理生态污染问题，无疑为转变经济发展模式提供了一条可资借鉴的思路。当然，绿色金融体系的发展也有利于金融机构自身的健康发展。随着人们对环境问题的关注程度越来越高，能否实现经济发展与保护环境的双赢成为国家众多工作的着力点和出发点，绿色金融体系日益成为连接经济与生态的桥梁。与之相关的各种绿色环境产业也逐渐变成人们新的投资方向，绿色金融业务成为绿色发展这一抽象理念在实际金融产品中的应

---

① 冯之浚：《循环经济与发展》，浙江教育出版社 2013 年版，第 233 页。

用，影响到以往客户与金融机构之间的交流模式，创新了金融体系发展的途径，也提升了金融机构的整体经营绩效。

第三，构建绿色金融体系有效推动着生态保护和经济的可持续发展。绿色金融体系影响或改变着传统的产业结构，无论是从当前的社会大环境看，还是从金融机构的经营管理理念、运行模式、管理方式、相关政策实施等来看，绿色金融体系的加入使得经济社会的可持续发展与生态环境的保护之间有了实现双赢的可能性，虽然可能性并不一定是现实性，但是毕竟有了可以推动经济持续发展的现实力量，有利于构建一个充满活力的人民安居乐业的和谐社会。

第四，构建绿色金融体系有利于引领三农发展。中国人口大部分在农村，三农问题也由来已久，这个问题可以说与人民群众的利益紧密相关。发展绿色金融体系以服务三农，符合当前银行业发展的基本走向，因为我国绿色经济的发展对象和发展领域有很大一部分在农村、农业和农民身上。农业生产方式和经营方式的转变，农村基础设施的建设，农民自身素质的提升和生活环境的改善等都需要金融的支持。在这种情况下，大力提升金融体系对三农的服务力度无疑对三农问题的解决更是锦上添花。绿色金融服务体系对三农问题的支撑主要体现在经济结构调整、红利分享上，还包括解决三农问题必须面对的水利工程建设、农村危房改造、各种农田建设等，这些服务对象为绿色金融的发展提供了难得的发展机会，也给自身带来了经济效益和社会效益。

综上所述，绿色金融体系的建立，不仅有利于经济效益的提升，也有利于生态环境的改善；不仅有利于局部领域或个别领域的发展，也有利于社会的整体性发展。政府在其中起到了至关重要的作用，在保障绿色金融健康有序发展的同时，也要改善民生问题，提高人民的幸福指数。

第二节　完善民生导向下的绿色政治

绿色发展，不仅仅是重视绿色经济的发展，还要重视绿色政治的完善。经济基础决定上层建筑，上层建筑影响着经济基础，经济基础的发展离不开作为上层建筑的政治的反作用。所以，在关注经济发展的同时也要关注政治的发展。从经济发展的绿色化中获得启示，政治发展的绿色化内涵也十分丰富，包括绿色制度、绿色法律、绿色权利和绿色 GDP 等方面。绿色政治的发展完善体现着国家治国理政的基本理念，要求在处理涉及"绿色"相关政治现象或行为时，在任何活动和事物的处理过程中都要秉持公平正义的基本原则，尊重社会各公民主体应有的权利和义务，维护好人民群众的正当利益，做到以人为本，努力构建一个人与自然共生发展的和谐社会。

一　绿色制度

任何事物的发展都需要一定的规则加以约束，绿色经济发展同样离不开规则作用的发挥。在发展绿色经济过程中，社会成员及组织应以维持可持续发展的标准作为自身的行为准则，不断加以对照和调整。在现代企业中，不仅要求经营者树立绿色经营理念，建设好绿色企业文化，切实推动企业的转型与升级，进而推动绿色生活方式和生产方式的形成，也要为企业成员接受和推进社会交往方式和生活方式的绿色化树立起相关准则，这就需要建立某些制度来实施强制性约束。当然，这种制度的建立要符合可持续发展的基本要求，如资源节约计划、排污费征收规定、一控双达标制度、各种环保法规等，以促进经济发展的绿色与可持续。

（一）我国绿色制度的发展

为了加快绿色经济的发展，许多国家都采取了一定的政策措施，也产生了不同层次的制度。我国的绿色制度建设大致是从 20 世纪 80 年代逐渐开始的，发展到今天已初具规模，建成了以经济政策为主、以行政手段为辅、以全面强化社会监督和多种形式的宣传教育等为主要内容的绿色制度体系。[1]第一，建立了相关的绿色规范制度体系，用来约束各行为主体的经济行为。所谓的行政手段是指政府通过颁布行政命令、法律法规的方式实施的对经济活动的强制性管理。例如，颁布一系列的资源与环境法律法规，这些法律法规成为处理各种经济行为、各种资源环境问题的权威依据。这些法律法规已经逐渐发展为一套相对完善的维持经济可持续发展的法律体系。另外，我们还建立了相关的强制性标准管理制度。相关绿色标准由政府统一制定，政府

---

① 参阅王志雄《可持续发展战略下农村新型工业化研究》，博士学位论文，福建农林大学，2005 年。

利用行政手段统一约束管理，特别是关停或废除了一些微小企业或绿色标准不过关的小公司。我们颁布了一些绿色禁令，对一些污染严重的企业严令禁止。我们还完善了资源环境方面的许可证制度和配额管理制度，对于那些没有取得许可证的，严厉禁止其任何的市场行为或经济行为。所谓的市场经济手段是指政府通过相关政策的制定执行，通过市场作用的发挥来实现企业的绿色化转变。相关政策涉及收费、投入、补贴、建立排污权交易市场、押金制、保证金制度和环境损害责任保险制度等，这一系列法律法规的实施都对促进资源节约与生态保护起到了积极作用。所谓的意识形态手段是指政府不通过强制性方法，而是通过人们意识形态的改变来实施的企业绿色化转变，涉及绿色教育与宣传等内容。第二，实施绿色监督和信息公开制度，政府监督企业对绿色规范制度的执行情况，并把相关监督结果予以公开。这里涉及几个基本制度：一是绿色市场准入制度，对于绿色产品的发行，通过颁布统一的绿色标准来实施管理，对那些不符合标准的产品，拒之于市场之外，以维护市场的安全与健康，坚持市场的绿色化不动摇。一是实施绿色或生态标志的认证制度，对那些生产绿色产品的企业进行考察与管理，对合格的企业颁发绿色认证证书，以维护与扩大企业良好的绿色形象，加快和推进经济的绿色发展。一是实施制定绿色食品认证，在绿色食品上粘贴绿色标签，方便顾客的选购与消费。第三，实施绿色核算制度，主要是对企业绿色经济运行的结果进行核算与评价，这一制度的实施可以为国家或企业提供较为准确的绿色经济信息。

（二）绿色制度的重要意义

民生问题是发展问题，民生问题也是政治问题。国家为了实现一定的发展规划、发展目标，为了推动经济社会的发展特别是绿色发展，可以采取各种各样的措施，制定并颁布一系列法律法规和政策来推动并约束市场，确保市场秩序的平稳与经济运行的正常。无论是发展经济还是规范管理市场，无论是制定政策规章还是颁布法律法规，都与民生问题息息相关，联系也是千丝万缕。当今时代是一个物质产品较为丰富的时代，也是一个民生问题敏感和脆弱的时代，这样一个民生时代需要一个强有力的民生政府，其宗旨是为人民服务。国家绿色制度的建立和逐步完善的过程体现着政府从广大人民群众根本利益出发的基本执政理念，是实现、维护、发展人民群众根本利益的切实可行的做法，人民是国家实施大政方针的出发点和落脚点，加强制度方面的建设就是关注民生、重视民生、保障民生、改善民生的理论设计与实践践行情况的切实表现。

绿色制度的建立，对于我国民生事业的发展意义重大。实施相关绿色制度可以有效约束各市场主体的不良经济行为，为企业的绿色发展提供保障和规范。通过强制性法律法规来约束企业非绿色的污染行为的发生，特别是对于那些污染后果严重而经济效益又低的中小企业予以坚决关停或整改，对于不能实施绿色化生产的企业坚决取缔，以从根本上砍掉环境污染的重要来源。建立绿色制度的最终目的就是要将环境保护与资源节约的理念纳入企业的生产、分配、销售等全过程中。随着市场经济的多样化与经济主体的多元化，与绿色经济发展相伴而来的是形形色色的制度。对于作为消费者的民众而言，他们往往需要获得许多关于自身生存发展的基本信息，特别是需要获得与绿色经济、绿色产品相关的，与自身民生问题相关的信息，以便做出选择或决定。政府可以通过绿色制度政策的提出搜集或获得相关的信息和数据，这些信息和数据除了用作政府的决策参考之外，也要及时公布相关数据，让数据或信息回归民众与实践中去接受检验，这是绿色制度具有强大生命力之所在。

二　绿色法律

我们坚决反对用生态成本来换取经济效益的短视做法，而应大力推动绿色循环低碳发展。"只有实行最严格的制度、最严密的法治，才能为生态文明建设提供可靠保障。"[1] 生态文明社会的最终建成其实也是对绿色发展践行过程的一种体现，是未来更加和谐的社会发展的主要内容；而绿色发展是对生态文明社会建设的一种更加先进的创新。但社会的稳定发展离不开法律的保障，特别是在涉及资源环境的分配问题时更是如此。

（一）绿色法律产生的必然性

我国是世界上最大的发展中国家，人口基数庞大。要维持如此众多人口的正常生产生活，对于资源环境来说本身就是一种巨大压力。当前我们还面临着全面建成小康社会、实现阶段性现代化目标的重要任务，资源环境的压力可见一斑。在这种情况下，如果民众的绿色意识薄弱、绿色经济

---

① 《习近平在中共中央政治局第六次集体学习时的讲话》，《人民日报》2013 年 5 月 25 日。

行为缺乏的话，势必会加重我们已经负债累累的自然环境，给国家环境安全带来很大压力，给社会发展带来很多环境问题；我们应依靠法律法规的强制力和约束力来纠正民众的非绿色行为，并影响其非绿色思想，进而为绿色行为和绿色思想的融合提供良好的社会大环境，这是法律理应发挥作用的范围和领域。

绿色法律是促进绿色发展的重要保障，体现着国家环境利益与经济利益相统一的基本执政理念，是将绿色法律法规应用于经济领域、政治领域、文化领域、社会领域和生态领域的过程和结果。绿色法律可以有效地保障广大人民群众在社会发展与环境权利分配中的公平性，使民众能够平等地从经济和环境发展成果中获得应有份额。维护广大人民群众的根本利益，共享发展成果，必然包括让民众获得共享自然环境与资源产品的权利。当前我国正处在由传统发展向绿色发展的转型时期，面临着许多法律法规方面的困境和短板，相关法律法规空白，公众法律意识也比较薄弱，有些政府部门的监管不力或者力不从心等，这些现象的存在都影响着绿色发展的顺利进行。当前和今后的一个重要任务就是，我们需要在全社会范围内继续优化有关绿色发展的法规条例、法治意识和法治能力；要改革现行的环境管理体制，开拓和丰富环保监督的法律途径，着力解决那些环保法律执法难的突出问题；要坚持并提升法规法律的约束力，运用法律的力量来引导和指挥绿色发展，规范和保障绿色社会的健康运行，也为绿色发展提供良好的社会环境。

（二）绿色法律建设面临的困境

绿色法律是确保新时代绿色发展的必然选择，是维护社会发展正常有序进行的保障。但是，当前我国绿色发展面临着许多法律困境。第一，针对发展过程中遭遇的各种环境问题还不能有效及时地解决，绿色发展缺少专门立法。虽然我国出台了许多与环境保护相关的法律，但这些法律法规有许多仅仅是流于形式，或执行力弱，或实践行动迟缓。第二，相关法律法规的综合性应用与管理还比较缺乏。近几年由于我国生态环境遭到严重的破坏，国家开始有针对性地制定相关法律来解决环境问题，但是因为相关职能部门众多，当问题出现时，各种法律条例"打架"现象比较普遍，导致众多职能部门分管不合理，形成了管理上的混乱，无法协调统一并形成一个综合性的管理状态。第三，绿色法律的普及力度较弱。从绿色法律视角分析，公众是接受绿色法律约束的对象，并且是绿色法律实践的重要群体。只有强化对广大人民群众的绿色法制的普法执法力度，让更多的人认识到绿色发展的意义，感受到法律法规的约束力，才能更好地引导和规范自己的思想与行为。人民群众是社会发展的主体，只有让人民群众共同参与到绿色法律实践中，才能发挥绿色法制的威力，并有效弥补政府监管中的各项缺陷，起到良好的监督作用。第四，相关领域的违法成本较低，惩罚力度较弱。对于破坏环境的对象，相关法律的惩罚力度还不够，这样一来就给了违法行为更大的空间，一些个体对环境破坏放肆而为；一些企业因为惩罚措施欠缺，惩罚力度较轻，就更加大胆排放污水，排放污染空气的有毒气体，对社会大环境造成严重危害。

（三）绿色法律建设的时代价值

绿色法律的建立与完善有利于推动社会各方面的发展，特别有利于推进与资源环境相关事业的正常发展。首先，绿色法律的建立与完善有利于生态文明社会的建立。绿色法律的实质是一种对生态进行全面保护的法律法规的总称，制定这一法律的目的是以强制性手段对生态环境加以保护和约束。绿色法律围绕生态环境、经济发展和社会发展等展开，利用多种手段和方法，达到实现国家富强、人民生活幸福的目标，同时也推动着人类社会的共同发展。其次，绿色法律的实施对于绿色企业的建立具有促进作用。企业是一个国家经济强有力发展的重要组成部分。但是近年来，由于人们对利润的盲目追求，又由于企业技术的有限性以及对自身行为缺乏约束等，对环境的破坏不断加剧。国家针对这些环境问题采取了许多措施，也有了一定程度的治理效果，但是由于法律法规的不完善、相关执法部门的防治措施与执行力度不够、法律监管人员的惰性、惩罚力度的薄弱和企业人员环保意识的欠缺等各方面因素，企业在发展过程中非绿色行为较为突出，带来了许多环境污染和资源浪费等问题。随着人们生活质量的不断提高，人们对绿色产品的需求和要求也在不断上升，对绿色企业的要求也日益严苛。在这种情况下，绿色法律的建设与完善就显得特别重要和迫切。提供绿色法制建设，敦促和监管企业不断朝着可持续发展方向前进，进行绿色化发展，最终建成绿色企业。最后，绿色法律的建立有助于培养公民绿色环保意识，形成绿色消费观。绿色法律涉及方面较广，牵扯到社会的各个方面，不仅对于国家和企业有着重要影响，而且对于广大民众的生活也有着重要影响。人民群众是社会发展的基本元素，缺少群众的参与，社会将是无源之水。绿色法律的建立有助于加强公众的环保意识，购买绿色产品，坚持使用健康产品，并逐渐成为自身的习惯和行为。总而言之，绿色法律的设立及实施可以有效推进经济发展与生态保护，可以为老百姓提供一个良好的法治环境和生活环境，有利于解决民生问题，促进民生发展，可以加快绿色发展进程，推动和谐社会的建立。

三 绿色权利

关于绿色权利的含义，一般是借助自然环境权利的划分来分析的；所谓的绿色权利，是指任何公民都拥有均等的从自然界获得资源产品、在良好自然环境中生存发展的权利。

（一）绿色权利扩展民主内涵

对公民而言，人人都共同拥有和享受追求自然环境与美好生活的平等权利。不难发现，绿色权利的真正含义在于，人类要尊重自然保护自然，人类活动不能仅局限于从自然界中索取使用价值，更应该以平等的眼光看待自然万物，把自然界的万事万物放在与人类相同的价值位置中，因为人本身就是自然界发展变化的产物。绿色权利包括自然权利和环境人权，自然权利是指自然有着按照自然当理之理（规律）的生存资格或利益。① 自然权利又分为抽象自然权利和具体自然权利。抽象自然权利是指把自然作为一个整体来对待，自然界有其运行的规律和方法，自然界的规律是客观的，不以人的意志或其他事物的改变而改变，如果不遵循其发展的规律，破坏了它发展的运行轨道，给它造成了严重威胁，大自然将实施报复。具体的自然权利是指动物或者人类的权利，大海、森林和大气的权利，等等。当今世界是一个追求绿色发展的世界，受现代工业化快速发展的影响，其负面效应特别是在自然资源和生态环境方面表现明显，自然环境受到的伤害颇大，资源浪费也越来越严重，人们要求并争取自身绿色权利的呼声日益高涨。

（二）绿色权利的维护与实践

我们主要从三个方面来阐述绿色权利的维护和实践：政府、企业和个

---

① 曾建平：《自然之思考：西方生态伦理思想探究》，中国社会科学出版社2004年版，第173页。

人。从政府层面来讲，各级政府是人民权利的最好维护者。我国是社会主义国家，坚持走具有中国特色的社会主义道路，坚持走经济可持续发展的道路；坚持以人为本，促进人的全面发展，实现人和自然和谐，建立和谐社会。人民群众是社会主义建设者和国家的主人，不但创造物质精神财富，也历来是政府工作开展的坚强后盾。在建设社会主义过程中，我们经历了艰苦的探索，其中也走了一些弯路。特别是长期以来我国经济发展的粗放型模式在经济社会发展的初期效果明显，但是生态资源环境问题却由于让位于民众的基本生存问题而被暂时搁置。粗放型经济发展模式对于自然环境和资源索求太多，历史上积累了大量的生态问题，再加上现在仍然有大量生态问题不断产生，这样就超出了自然所能承受的压力范围，我们面临着资源枯竭和环境污染的威胁，这样描述毫不夸张。大自然也以自身规律的形式对人类实施了报复，人类的生命和生存发展都受到了极大伤害。有鉴于此，我们应直面问题而不是回避。我国政府在法律法规的制定上做出了许多努力，例如环境方面的立法、设立有关的执法部门、加大执法力度等，都为保障人的绿色权利、维护大自然与人类共同利益做出了贡献。从企业层面来讲，任何企业都是独立的法人主体、市场行为主体，但同时也是一个国家发展经济的重要组成部分，应接受政府的领导和一定的行政干预。在企业生产过程中，如果企业生产设备陈旧，管理落后，只是依靠增加投资和扩大规模来增加生产的话，势必会带来污染环境与过度使用资源、浪费资源的状况。绿色权利本身就包含公平正义的基本内容，如果企业将自己的权利建立在牺牲别人权利、牺牲自然环境的基础上，即便是短期内创造大量的物质财富，获取了一定利润，充其量也只是把对他人的损失、对自然界的伤害、对社会的损害短期内变成财富并迅速集中起来而已；这种损害他人绿色权利的做法，政府应严格规范，企业自身也要严格约束自己。从个人层面上来讲，个人是绿色权利最明显的、最低层次的权利享有者。人民的生活需要一个适宜的生存环境，包括经济、社会和生态等因素在内都体现着人民群众享有绿色权利的范围和份额，适宜的生态环境和充足的资源是每个人都应平等享受的，每个人都拥有公平的绿色权利。

（三）绿色权利有利于民生发展

环境问题历来是人民关心的重要问题，环境问题的解决对于解决民生问题具有重要意义，我国是坚持绿色发展、维护人民权益的社会主义国家，环境民生问题事关社会主义的发展与人民绿色权利的实现。在党的十九大报告中，习近平总书记就保障民生进行了详细论述，提出要以增加人民利益和为人民谋取民生福祉为根本目的的基本思想。我国坚持经济可持续发展，加强中国特色社会主义生态文明建设就是维护人民绿色权利的重要体现。党的十九大报告专门开辟了章节对生态文明建设进行了新的阐述，使之更加具体化，可以说是为绿色发展指明了建设方向。为确保广大人民的环境利益不受侵犯，我们应坚持在发展中保障和改善民生，在改善民生过程中保障人民群众的绿色权利，以促进社会的公平正义，促进人的全面发展与全体人民共同富裕。完善民生导向下的绿色权利建设，对于国家发展能否持续长久，经济社会能否繁荣富强至关重要。对待环境要像对待生命一样，时时呵护，我国应该坚持资源节约和环境保护的基本国策，树立和践行"绿水青山就是金山银山"的理念，坚持实施严格的生态环保制度，采取相应的法律法规和政策，形成绿色发展方式和生活方式。坚持走生产发展、生活富裕、生态良好的文明发展道路，绿色权利建设将在生态文明建设中大放异彩，生态文明建设也将在社会主义现代化建设中顺利前进。

四　绿色 GDP

在通常情况下，GDP 是衡量一个地方经济社会发展程度的重要标志，也是衡量领导干部任期内政绩高低、升迁奖惩的重要标准，GDP 指标对我国经济社会的发展产生着重要影响。但是，随着生态危机的到来，绿色 GDP 呼之欲出，也逐渐成为人民群众的主流呼声。

（一）绿色 GDP 的提出

绿色 GDP 是在当今生态环境日益紧张的状态下，人们面临着严重的生态危机，面临着生存和发展问题的前提下提出的。GDP 是在国际社会通行的用来衡量各个国家经济活动总量的重要指标，也是评判一个国家经济与社会进步的最重要的标志之一。但是，随着经济发展与社会进步，人们在关注 GDP 不断增长的同时，也发现资源能源的日益匮乏、生态环境的日益恶化与生态危机的频繁发生，这些伴随经济问题而来的生态灾难严重威胁到人类正常的生存与发展。于是人们开始反思传统生产方式和价值理念的局限性，认识到仅仅用 GDP 数据大小来代表经济发展状况的做法还有需要完善的方面，特别是对于一个国家或地区的发展而言，我们不可能用单纯的经济 GDP 来代替国家的全面发展，这样做的局限性显而易见。GDP 的增减对于人民物质生活的满足成效显著，但是随着人们物质生活质量的提升，追求物质生活之外的丰富生活成为人们追求的潮流。这里面就包含着影响到人们现在与将来生活、影响到人种繁衍、影响到生存环境的资源与环境问题，因此，绿色 GDP 的概念应运而生。绿色 GDP 有广义和狭义之分，广义上的绿色 GDP 等于传统 GDP 减去自然环境部分的虚数，再减去人文部分的虚数，而获得的 GDP 数据；狭义上的绿色 GDP 是指扣除自然资产（包括资源环境）损失之后的新创造的真实国民财富的总量核算指标。[①] 这种对绿色 GDP 的界定值得借鉴。绿色 GDP 并不仅仅反映某个国家或地区在特定时间段内的经济增长速度，它还关注物质财富的获得、社会的发展速度，同时也关注该地区内的生态环境状况，在经济发展过程中生态环境与资源能源的变化状况等，绿色 GDP 打破了只注重经济发展的传统发展模式和评价方式，尽可能去克服其固有的缺陷和成规。这样一来，绿色 GDP 就逐渐演变成为绿色发展要求下新型的引导经济增长的模式，成为国家或地区实际发展现状的重要指标。因此，绿色 GDP 的发展不仅能够反映出经济的增长水平，呈现出生态环境的发展状况，也能够体现出经济发展水平与环境发展相结合的程度，体现出人与自然的和谐统一性。一个地区绿色 GDP 数值越高，说明这个地区的经济发展和生态保护结合得越好，发展水平越高。

（二）绿色 GDP 的困境

但是，我们在发展绿色 GDP 的道路上仍然存在许多阻碍，面临着不少难题。一是我们仍然面临着技术上的难题。绿色 GDP 及其价值是从 GDP 中扣除自然和人文方面的价值之后所得出的结果，然而环境因素方面的价值很多时候是无法进行具体计算的，也无法估量其中价值的多少，因为自然本身没有价值符号的表示，也不代表货币，或者是无法用价值来衡量，所以无法进行比较。尽管绿色 GDP 具有科学性、合理性，但其核算起来仍然是非常复杂和困难的。二是我们面临着观念转变的难题。绿色 GDP 的开

---

① 冯之浚：《循环经济与发展》，浙江教育出版社 2013 年版，第 233 页。

展意味着人们面临着思想观念转变的考验，如果不转变思想观念，特别是长期以来的政绩观念与考核观念的影响，不把社会经济的发展与环境的保护相互统一起来的话，绿色GDP将失去其应有的积极意义。实施绿色GDP就要将经济增长和环境保护放在一起进行综合性评比，要求我们不要只注重经济的增长，还要把精力和理念投入到环境治理和发展中。与此相关联的就是干部的考核。长期以来，我们在考核干部时主要看其任期内的经济发展状况，为了获得较好的经济发展，一些干部在任期内往往大刀阔斧地进行经济建设，各种项目引进或上马，因为生产而带来的环境问题和消耗的资源能源却由社会来承担，从而在政绩、经济与生态成本之间形成了一种无形的转嫁现象，长此以往，这些生态成本积累下来的结果就是生态危机的威胁。所以，在绿色GDP的实施过程中我们还遭遇了干部政绩考核的难题。三是我们面临着相关制度保障的缺失。无论是经济建设还是生态环境保护，都需要一定法律法规的支持，需要国家法律的保障。但是就目前情况来看，我国在推行绿色GDP过程中，面临着法律法规不健全的问题，所以在推进循环经济的发展和应用中，在进一步加强废弃物和污染物的处理中，在实现废弃物资源化、无害化相关产业的发展中，我们还需要相关部门的建立和相关法律法规的完善。

（三）绿色GDP的意义

实行绿色GDP发展指标是贯彻落实绿色经济发展的一个重要举措，符合我国的基本国情，也符合国家可持续发展的基本要求。绿色GDP是将国家经济增长和环境保护相结合的科学核算方式，是全面的和科学的发展指标，有利于评价一个国家的综合国力和整体发展水平。如果我们能够客观而冷静地看待经济的发展，能够正确评价经济社会的发展状况的话，我们就可以及时有效地针对困扰我们的生态难题开展研究，具体问题具体分析。绿色GDP的实施将有利于促进公民环保意识的觉醒，让每一个公民以身作则，加入到共同推进生态环境保护的行列中来。对于政府管理者而言，政府不但要引导公众参与实践，还要加强自身的建设，及时将国家经济状况和环境问题如实且科学地告诉公众，有利于公众对国家经济建设等各项工作的监督，让公众积极参与到环保事业中来。绿色GDP不但有助于政府职能的转变，促进政府更加科学地应对公共服务和公共管理问题，还可以使政府更加关注本地的宏观发展战略。为了更好地推进我国绿色GDP

事业的发展，我们应继续在绿色 GDP 理论和核算方法上进行创新研究，尽快出台与绿色 GDP 相配套的法律法规；也可以积极借鉴国外的先进经验、加强绿色 GDP 的宣传等，如此才能为绿色 GDP 的发展争取一个有利的社会环境，也才能更好地实现绿色发展。

第三节　培育民生导向下的绿色文化

作为意识形态的文化产品是人类发展过程的历史积淀。《辞海》中对"文化"一词的定义有广义和狭义之分。广义的"文化"是指在人类历史发展长河中，在所经历的各种事件中所创造的全部物质财富和精神财富的统称。而狭义的"文化"则是指社会意识形态，是与之相适应的上层建筑的各种相关内容，还包括与此相关的政策、制度和组织机构等。在这里我们使用的是"文化"的狭义概念，它是人们有目的地创造的、以观念形态存在的各种知识体系的综合体。绿色文化是生态文明时代的精神产物，它的核心内容是对以黑色为主要特征的工业文明时代中人与自然关系种种片面的和错误理念的拨乱反正。因此它不仅是浅显地反映那些直接威胁到人类生存的严重的生态环境危机，也不仅是一种单纯的忧患意识，更是人们对产生这些危机的根源进行的深层次思考，是人们对于传统世界观、价值观和生存方式等观念形态的知识体系进行修正的产物。对绿色文化的认识，我们可以从绿色基本常识、绿色发展理念、绿色消费和绿色价值等方面展开，并进行相关阐释。绿色文化的建立及其发展，符合广大人民群众对美好文化的追求、对精神财富的追求，以及对人的全面发展的追求。

一　绿色基本常识

"绿色"一词之所以能够逐渐深入人心，是与传统发展方式的负面效应、与众多的环境灾难、与生态问题对人们生存发展的威胁联系在一起的。绿色思潮也是工业文明发展到一定程度才出现的，反映着经济发展与资源环境污染程度的状况。当人们的生活生产受到生态环境的严重威胁时，人们开始反思自己的行为给环境带来的巨大压力，并开始采取应对措施来降低生态危机的影响。

"绿色就是健康、持久和富有生命力，它是协调的、多样性的、公平和有序的。"① 随着社会条件特别是经济条件的变化,人们对自身追求的对象也发生相应的改变。与以往相比,人民的生活质量和水平有了明显的提高,公民整体素质不断提升,人们不再单纯局限于追求物质的享受,而是开始重视自身生存环境质量的提升;一些单位或企业也开始关注发展过程中出现的各种生态问题,将目光放得越来越长远,开始关注生态环境的保护和可持续发展问题。1992 年 6 月联合国通过的《21 世纪议程》可谓是绿色发展过程的里程碑,由此世界进入了一个崭新的发展阶段,人们开始将保护自然、尊重自然、促进可持续发展等内容作为一项重要内容。可以这样认为,从 90 年代开始世界就进入了一个发展的"绿色时代"。这里的"绿色"是指人们与大自然的非对抗、非敌对状态,在尊重自然及其规律的前提下,实现经济与生态、人与自然之间的共生共荣。当然,经济发展与生态环境保护双赢的最终目的还是会落脚在"人"这一关键性因素上,即要确保人类社会经济的持续发展,维持人类生存发展的基本条件不被破坏。"绿色"的外延十分广阔,它不仅仅局限于保护环境和节约资源上,还将目光聚焦在了推动人类社会发展的方方面面中,具体体现就是我们需要更多的健康、安全和效率等;伴随"绿色"而来的是绿色经济、绿色政治、绿色文化、绿色社会等诸多内容。时至今日,我们所说的"绿色"内涵已经越来越丰富,进一步深化对"绿色"内涵的理解,拓展并掌握"绿色"的丰富内容,具有明显的时代价值。

"绿色"已经深入到广大人民群众日常生活中,随处可见。"绿色"体现着无公害、健康,象征着生命与活力、节能与环保等,是一种隶属于自然、发端于生态环境的特有的颜色。从这一基点出发,在辅之以人类活动之后,"绿色"的内涵变得更加丰富多彩。与"绿色"相联系的各项事物或活动不仅有益于人的生存发展,如对绿色标志产品、绿色食品的消费等;也有利于生态环境的保护与休养生息,如进行绿色贸易、发展绿色技术等。当"绿色"在自然属性本身之外时,它更是一种行为方式,应用在经济领域中就代表着科技含量高、资源浪费少、环境污染低的可持续发展方式;应用在社会生活领域中就代表着一种生活方式,主张绿色低碳的生

① 刘燕华:《关于绿色经济和绿色发展若干问题的战略思考》,《中国科技奖励》2010 年第 12 期。

活模式、绿色产品的消费等；应用在思想文化领域就代表着一种价值取向，"绿色"即崇尚生态文明之色，内含着绿色价值观念，绿色价值观已经成为社会主义核心价值观的重要内容之一。

二 绿色发展理念

绿色发展反映着我们在经历了一定的发展之后，在前期发展基础上革故鼎新，剔除传统发展带来的弊端，而进入一种人与自然相和谐的发展阶段。绿色发展体现着事物发展的过程性，也体现着发展理念的转变。党的十八届五中全会指出，我们要推动绿色发展的逐渐开展，走绿色之路，就是要坚持可持续性发展基本理念，坚持资源节约和环境保护并重的基本国策，以实现生产、生活、生态三者之间的良性循环。为此，就要走一条人、自然、社会和谐发展的绿色之路，培育并树立正确的绿色发展理念，为世界生态环境的发展做出贡献。

绿色发展理念是以马克思主义自然观作为理论的立论基础，认同人是自然界长期发展产物的基本论断，是客观存在发展的必然结果。人是从自然界中发展演化而来的，本身即是自然界的一个重要部分，但人的主观能动性又使得人在自然界中比较先进和突出，对自然界的反作用也更加显著。恩格斯指出："人本身是自然界的产物，是在自己所处的环境中并且和这个环境一起发展起来的。"[1] 绿色发展理念的产生与马克思主义基本理念相吻合，反映着人与自然相一致的基本状态。人类的生存发展不可避免地带来对自然界的伤害，为了促进人与自然的和谐相处，人类需要在经济、政治、社会、文化与生态等方面发挥其主体作用，以影响人与自然关系发生改变的条件，进而促使人们的生活方式和生产方式朝着绿色化方向不断前进。马克思主义自然观特别强调了人类在改造自然时要遵循自然规律，依自然规律而行的思想，也就是说，人类要与自然和谐相处，就要遵循自然规律及其发生作用的条件的完整性。如果不能与自然平等相处，那么人们对自然的每一次胜利征服，自然界都会在不远的将来对人们实施报复。绿色发展表面上是要解决发展的创新性问题，而实际上仍然是人与自然之间矛盾的克服问题；生态环境问题也并不简单地表现为人们的生存受

---

[1] 《马克思恩格斯选集》（第3卷），人民出版社2012年版，第410页。

到了威胁，更根本的是自然界本身发展受到了威胁或伤害。

抛开抽象的理论不谈，单就绿色发展理念本身而言，就蕴含着深厚的民生价值哲学。绿色发展理念的提出有助于引导人们的绿色行为实践，对于增进民生福祉意义重大。"良好生态环境是最公平的公共产品，是最普惠的民生福祉。"①绿色发展理念的推行有利于广大人民群众树立正确的绿色生态价值观，绿色生态价值观区别于传统的价值观，它以经济、生态、社会的综合效用最大化和均衡持续发展作为价值判断标准，它对人的行为的评价标准是多层次的。在深入推进绿色发展的过程中，应始终坚持生态优先的基本理念，其中的从业人员要不断提高自身的生态素养，增强自身的绿色道德，共同促进环境的发展。践行绿色发展理念，要求我们学会从马克思主义基本世界观和方法论出发，思考人类自身相对于自然界存在的生命意义之所在，正确发挥主观能动性，既爱护自然、保护自然，又善于利用自然为人类来谋福利。

"绿色"是从其本身之意发展而来的引申之意，可谓是内容丰富，大有成为体系并不断被创新发展之势。自然万物都处在彼此联系和作用之中，特别是对于人类社会而言，"绿色"更是维系人类与自然万物之间的纽带，只有注重"绿色"，万物才能更加和谐，把"绿色"发展应用到社会各项事务的发展中同样具有重要意义。第一，当我们把"绿色"理念深入到经济建设中时，需要促进经济结构的转型升级，变传统经济形态为绿色经济形态，以实现经济的可持续发展。这里的"绿色"包括低碳、清洁、循环等基本要素。绿色经济成为绿色发展的物质前提，它为国家发展提供了扎实的物质基础，可以更好地促进国家健康有序的发展。第二，当我们把"绿色"理念深入政治建设中时，需要对政治建设进行完善和补充，使之更适合于绿色实践的推进，它可以为生态文明建设提供制度保障。习近平的"绿水青山就是金山银山"的发展理念，就是将绿水青山这一自然主体上升为政治高度来强调的典型。绿色政治可以为绿色发展提供制度上的保证，经济基础决定上层建筑，上层建筑可以促进经济的发展。一个优秀的政府，必定能更好地为人民服务，能更好地制定相关政策和制

---

① 中共中央文献研究室编：《习近平关于全面建成小康社会论述摘编》，中央文献出版社2016年版，第163页。

度来维护国家发展的绿色属性，同时政府的政治生态化也为国家的绿色发展提供了一个良好的发展空间。第三，如果将"绿色"理念深入文化建设中，我们就需要树立生态文化意识，丰富绿色文化产品，繁荣绿色文化产业，将绿色发展理念贯穿到文化繁荣发展的每一个过程、每一个细节中。第四，如果将"绿色"理念深入到社会建设中，我们就需要不断推动绿色发展，加快社会公共服务建设。虽然在一定程度上说绿色社会是绿色发展的结果，但是绿色社会的运行也为绿色发展提供了良好的社会大环境。

三　绿色消费理念

绿色消费是相对于传统消费而言的，其基本内涵是指人们在消费过程、消费行为上体现出来的绿色化特征。绿色消费以绿色、自然、和谐、健康为主题，以与人民生活息息相关的消费品为基本依托，以提高人民的生活水平和幸福指数为基本目标，力争实现社会需求的最大化与建设和谐社会的状态或水平。人们在经历了工业文明社会带来的丰富的物质财富的同时，也感受到了因为发展带来的生态问题对人们生存的严重威胁，由此而深刻反思传统生产方式和传统消费方式带来的深层次影响。工业文明时代最值得骄傲的地方就在于，社会财富在短时间内的急剧膨胀，但也正是因为这些急剧增加的社会财富给这个星球带来了资源枯竭和生态恶化的后果；由此生态问题由点到面，从原来的个别产品的非生态化发展到现在出现了产品的非生态化与环境非生态化并存的现象，物质财富的大量增加不但没有提高人们的生活质量，反而降低了人们的生活质量，甚至威胁到了人类的生存。为解决这一问题，就要求企业进行绿色生产，绿色生产是绿色消费的前提条件，它可以为人类的健康安全提供绿色消费品，引导并推动人们的绿色消费行为。从个体层面来看，越来越多的消费者也开始注重自身的消费方式和消费行为，有条件的尽可能采取绿色化的消费模式。随着人民生活质量的提高，将来会有越来越多的消费者从盲目追求物质享受的物质主义或拜金主义的迷途中解放出来，从盲目的、片面的、奢侈浪费的、炫耀性的消费中解放出来，转而去追求理性的、全面的、合理的、绿色的消费。与传统消费不同，绿色消费以尽可能降低对环境资源的损害为基准，让人们在消费过程中得到满足，还可以确保消费品的健康安全，更加有利于人的生存发展。绿色消费是现代人消费的一种模式，现代社会是一个追求"绿色"的社会，每一个人都希望永远在一个蓝天白云的环境中生活，希望拥有健康安全的绿色消费品，所以绿色消费观念深入人心将是必然结果。

绿色消费同样有广义和狭义之分。狭义上的绿色消费主要是指那些直接与消费者自身的消费安全相关联的消费形态，这里的消费安全是指与消费者自身相关联的，但又不考虑其他人安全与利益的消费。广义的消费则是指消费者不仅要关注自身的消费安全，满足自身的消费需求，还要考虑他人的消费利益和权利，消费者的消费行为以不损害他人的正常消费为前提。受绿色消费理念的指引，社会为消费者提供安全和健康的消费品，涉及生产过程的绿色环保、资源节约与减少污染、绿色化销售模式、绿色化售后服务模式等，在此基础上构建一个完整系统的绿色消费圈。消费者是绿色消费圈的主体，为此就要改变他们的传统消费观念为绿色消费理念，树立起崇尚自然、保护环境、健康向上的消费价值观。这样，既有利于节约资源，推动经济社会的可持续发展，又有利于扭转攀比浮夸的不良风气，为丰富社会主义核心价值观增加新的时代内容。

受传统消费理念的影响，有人将追求物质享受、追求炫耀性奢侈性的商品作为其人生价值所在，并以此为荣。虽然这种消费行为及其影响并不是造成工业文明时代生态危机的最致命原因，但是不可否认的是，它为生态危机的到来起到了推波助澜的负面作用。人们的这种消费行为会以逆向方式，直接或间接地鼓励着企业的非绿色化行为。这就给生态环境带来了很大压力，甚至破坏了我们赖以生存的家园。而绿色消费首先倡议人们要树立正确的绿色的消费观，继而通过消费观念的改变影响到消费者的消费行为。一方面，绿色消费观念的建立对于人们正确的世界观和价值观的树立，对于实现消费领域的公平与正义具有积极意义。另一方面，绿色消费的实施有利于促进经济的可持续发展和和谐社会的建成。在生产、分配、交换、消费几个环节中，消费环节对前面环节都起到直接或间接的影响，特别是消费环节的最终实现是生产环节得以进行的必要条件；在产品进入消费领域之后，附着在物品上的价值才得以实现，生产环节才具有了可以继续生产或再生产的资本支持。如此，当人们的消费理念与消费行为过度膨胀时，势必会带来大量消费而又大量废弃的社会现象，既浪费了自然资源和生产能力，又导致了生态污染危机，甚至是人类生存的危机。当人们的消费理念趋于合理和绿色、节约和健康时，消费理性也势必会影响到企业的生产行为的理性。企业不但要生产合格的绿色的消费品以确保消费者的健康与安全，还要治理因为生产行为带来的环境污染。绿色消费理念的建立需要国家的宣传与教育，作为管理者的政府应该向广大人民群众进行绿色价值观念的传播，普及绿色消费的相关知识，使消费者认识到，他们应该进行合理的消费，要不要坚持节约资源和反对浪费，应不应该养成绿色消费行为和消费方式等，只有在实践中得到广大人民群众的支持和拥护，正确健康的消费观念才可能形成，当然这也是每位公民的职责和义务所在。

四　绿色价值理念

《增长的极限》一书给我们展现了一个非绿色价值观念发展变化的基本历史事实：在 20 世纪工业化发展的初期，生产所消耗的能源总量超过了人类社会过去所使用的能源总和，同时所浪费的能源总量也超过了过去所使用的能源总和。现代工业的快速发展使得能源供给出现了危机，甚至面临着枯竭的危险。与此同时，由于我们大量使用化石能源，不但导致化石能源的大幅度减少，储量急剧下降，还因为化石能源的过度使用和低效使用，产生了大量温室气体和有毒物质，所有这一切都在威胁着人类的生存发展，长此以往，地球将不再是人类生活的美好家园，而可能变成一座不适合任何生物生存的坟场。这是《增长的极限》一书为我们描述的非绿色价值理念下人类发展的必然结局。面对如此紧张的形势，绿色价值理念能否成为建设生态文明、扭转生态颓势的得力助手，我们需要认真探究这一领域。一般理论分析认为，绿色价值理念是绿色发展在意识形态领域的现实表现，绿色价值理念的实施对于推进绿色发展、深刻理解绿色发展的时代价值具有重要意义。

价值主要标示客体相对于主体所具有的积极意义，即客体相对于主体的有用性，是一种抽象的理论形态或评判标准。在人类社会中价值可以表现为人与人之间的社会关系，在自然范围内展现为人与自然之间的有用性。反映这种有用性或相互关系的观念就是价值观，绿色价值观就是反映自然界相对于人类的有用性以及如何实现这种有用性的观点，它要求我们不仅要关注人与人、人与社会的关系，还要关注人与自然的相互联系，即既要关注人类主体的需求，也要关注自然客体的要求；在关注物质财富的同时，也要关注自然环境与经济社会的统一。由于绿色价值理念属于意识形态范畴，所以在许多情况下我们是无法判断一个主体的价值观的高低优劣以及是否具有绿色属性的。绿色价值观的养成不可能在短时间内即可收到成效，它必须经过长时间的内化和自我约束，才可能将这种内生力量外化为自律行为。人是社会生活的主体，是实践活动的主体，具有强大的主观能动力量，可以通过一定的方法手段在改造自然的过程中满足自身的需要。人类可以认识自然规律，也可以利用自然规律为自身服务，但是一定要坚持适度的基本原则，有限制地向自然索取。自然界虽然不具有人的主体性价值，但是它也有其存在发展的客观必然性。当人们通过物质手段从自然界中攫取自然资源时，也应考虑自然资源的有限性，进而努力提高资源的利用效率，实现资源利用的最优化，即应以最小的环境代价来尽可能多地满足人们日益增长的物质和精神需求。

绿色价值理念的构建需要在生产生活实践中得以确认和建立，我们将从政府、企业和个人层面上对如何构建绿色价值观以及绿色价值观对他们的有用性方面展开论述。从国家层面上讲，政府是一个国家各方面工作正常运行的首要角色，国家有权力设立相关法律法规来约束企业和个人的市场行为，也就是说，政府可以为绿色价值观的建立提供制度和法律保障。从企业方面来说，企业一方面要遵守国家制定的绿色制度、相关法律和政策等，坚持清洁生产，绿色生产，防治污染，尽可能实现企业生产的循环发展模式。另一方面又要关注人民群众，因为人民群众是验证企业产品是否具有生命力的客观尺度。从个人方面来说，公民个人要积极参与到绿色发展的历史进程中，身体力行地接受并践行绿色价值观。绿色价值观是否卓有成效，需要在生产生活实践中得到检验。对国家层面而言，绿色发展情况及其水平在一定程度上反映着国家推行绿色价值观的成效。政府可以不断加强绿色宣传，加强绿色价值观教育，为国家培育绿色化人才，为国家建设储备大量优秀建设者和接班人，推动国家的健康发展。从企业层面上讲，生产者特别是管理者绿色价值观的普及将有利于实现企业产业结构的升级改造，进而在生产过程中，避免严重的资源浪费和环境污染，尽可能降低生产成本，获得更多的利润。当然这些变化离不开绿色技术和掌握绿色技术的人才的支撑，绿色价值理念及其实践对于实现企业的可持续发展具有重要意义。从个人层面讲，自觉接受绿色价值观，并在实践中逐渐养成绿色行为将影响到公民个人的身体健康，未来发展甚至是后代的繁衍。综上，绿色价值观的树立及其发展不但影响到国家层面的稳定发展，也影响到企业层面的健康运行，更影响到个人层面的民生内涵。

在生态危机之下，绿色价值理念可以说是顺应时代需求而生，符合当今社会对绿色发展的价值要求。绿色价值观鼓励社会应更多地关注生活质量而非经济利益，应去追求"绿水青山"，为子孙后代谋取福祉，实现人类共同的价值追求，而不是吃祖宗饭断子孙路。绿色价值观主张以简单恬静、知足常乐的人生为常态，去追求优雅美好的生活目标，它同样关注当代社会中人们必要的生活需求的满足，也为后代人的生存发展着想。绿色价值观有利于绿色发展的价值实现和实践推进，也可以为社会主义意识形态建设提供丰富的营养。

第四节　建设民生导向下的绿色社会

绿色社会是绿色发展所要实现的关键目标之一。在建设生态文明过程中，我们提出要建设资源节约型与环境友好型社会，即所谓的建设"两型社会"。两型社会建设包括社会建设过程中的"绿色"因素，即要节约资源，同时也包括在发展经济过程中对环境的保护，涵盖经济、社会与自然等诸多因素，内涵十分丰富。建设两型社会，既要保障经济发展的水平，也要关注自然环境的状况，还要考虑由此而来的民生问题。当今时代是一个工业化、城市化飞速发展的时代，人们逐渐为眼前的经济繁荣所迷惑，以至于无法绘制人类生活的美好蓝图，特别是在涉及民生的资源环境和社会问题时更要高瞻远瞩，规划布局，从大处、全局、未来发展着眼，避免短视行为和因小失大状况的发生。我国处在一个竞争十分激烈的国际社会中，不仅要求政治、经济、文化上的强大，也需要社会环境与自然环境的强大。在面临资源浪费、环境污染、人口爆炸、各种疾病大范围传播等的威胁下，在我国改革开放和现代化建设的关键时期，如果不能走出生态环境困境，将会影响到我国全面小康社会的建成，威胁到未来发展的创新性和稳定性，我们需要进行深刻的反思。坚持民生导向下的绿色发展，需要关注人口因素、社会环境，也需要关注自然资源的利用情况，这些内容都反映着生态文明建设的本质要求和绿色发展的内在诉求，发展民生导向下的绿色社会，要具体做到以下几点。

一 建设绿色城市和绿色农村

从空间布局来看，无论是城市建设还是农村建设，在推进绿色发展过程中都可谓是喜忧参半。城市和农村的发展受到地理环境、人文、历史发展等因素的影响。建设绿色城市、绿色农村同样是践行我国绿色发展的重要内容。

（一）绿色城市发展

随着我国城市化进程的加快，越来越多的城市空间变成了灰色的建筑，人地关系也越来越紧张，这就使得人们对绿色城市的渴望越来越强烈，城市绿色化的意识逐渐觉醒。改革开放给我国的经济插上了腾飞的翅膀，城市建设也成效显著，但是传统工业化发展下城市建设的生态功能却越来越弱，这与人们对生活环境高质量、高需求之间的矛盾越来越严重。城市不能仅仅发展为一个人类聚集生存的空间，还应该用来发展和享受，应该是个具有强大的生态功能的居住之地。因此加大城市的绿色化规模，让城市从传统的灰色基调中转变为花园城市、森林城市的呼声强烈。建设绿色城市是城市化发展过程与当前时代特点特别是生态环境现状相适应的战略举措，具有前瞻性和战略性，对于一个国家的经济、政治、社会以及生态各方面建设具有重要意义。

绿色城市具有深厚的生态内涵和绿色维度，体现了人与自然的友好关系，城市发展好了不仅可以节约大量的空间和资源，还可以为改善生态环境提供帮助。绿色城市建设就是要为城市的建设和发展增加绿色内涵，为城市居民的生活营造绿色环境，可以为保护环境和改善城市生态环境质量提供有益帮助。绿色城市建设过程中植树造林必不可少，它可以增加城市的森林资源总量，提高城市的空气质量，绿化生活环境。绿色城市建设对园林种植面积和种植质量提出了高要求，不但要实现城市绿化面积的扩大，将城市建设和城市绿化相结合，还要实现经济发展和环境保护的平衡，努力建成一个空气清新、鸟语花香、绿树成荫的绿色自然环境。当然，绿色城市建设要与良好的绿色文化建设相伴而行才更能发挥威力或见到成效，为此，我们要不断学习和宣传绿色文化。绿色城市建设过程是一个物质建设和精神建设、自然因素与人文因素相互融合的发展过程，在保护自然资源、利用自然景观的同时，也要充分挖掘城市的历史文化，构造独特的城市人文景观，为城市营造良好的绿色文化氛围。虽然城市是人口非常集中和人的特性发挥特别明显的地方，但是绿色城市建设仍然强调"类"与整体、人与自然的统一，强调各方利益的兼顾和协调，以建立适宜人类生活的公共空间，也可以说，人与自然的和谐同样是绿色城市的基本特点之一。人是大自然的产物，要遵循自然的客观规律，遵守自然定律和自然法则，尊重自然和保护自然。如果没有自然的存在和庇护，人类将失去衣食之源，失去生存的空间和场所，所以我们在促进社会进步与发展的同时，一定要处理好人与自然的关系，不但要实现人类社会的和谐发展，更要实现人与自然的和谐发展。

当然，城市的发展水平往往取决于国家或者地区的经济、文化、历史、地理和社会的发展水平。一个国家经济越发达，文化越丰富，社会越有序，这个国家或者地区的城市化水平往往也就越高。随着经济发展水平的不断上升，科学技术的不断进步，城市的规模也在不断扩大，城镇化水平也在不断提高，新型化城市也越来越多。但是，任何事情的发展都具有两面性，都可能朝着两种不同的方向在发展，对于人类社会的发展和人们的生活而言也是如此。城市化是一把双刃剑，它给人们的生活带来丰富的物质文化和精神文化，使人们享受城市快速发展所带来的便利和福利，但是同时也限制了人们的生存环境、压缩了人们的生存空间，人们的生存因此面临着巨大危机。绿色城市的建立，有利于城市的经济、社会、文化等的发展，不仅仅可以缓解人类的生存问题，而且为人类追求更加美好的生活打下了坚实的基础，贯彻了高效、健康、公正、绿色的城市化发展理念。

（二）绿色农村发展

有人对绿色农村发展提出了疑问，认为农村本来就是绿水青山、碧水蓝天的，有必要专门提出并着重建设吗？当然这个是很多人都想问的问题。确实如问题所言，绿树蓝天、碧水青山并不是没有存在过，现在也并非没有了，而是这种农村已经越来越少，即便有，也成为生态良好的典型。农村的发展变化与我国经济发展变化是同步的，困扰城市发展的垃圾、空气等问题在农村同样存在。有许多工矿企业选址在农村，给农村带来了环境污染。富裕起来的农村在建设中带来的建筑垃圾同样不容小觑。一些地方出现了生活垃圾围村又处理不及时的现象。加上农业生产过程中农药、化肥等的污染。在许多地方，农村的生活环境并不乐观。农村问题是三农问题的重要组成部分，绿色农村的发展是对以往农村发展的一种创新或完善，它不仅要求生态环境上的高质量，而且要求生产和生活各个方面的绿色化。绿色农村发展可以为广大农民带来福祉，谋取利益，提高生存发展水平。

在农村，随着农民生活水平的提高，生态问题越来越多，农村承受的生态环境压力也越来越大，所以绿色农村的提出与发展有其必然性和紧迫性。首先，中国是一个人口大国，对粮食的需求量十分庞大，然而中国的农业与农民问题众多，农村、农业等各方面的资源紧缺。我国农业实行的是自给自足式发展模式，除少数农业大省之外，农民每季的农作物大多供自己食用，加上农业技术落后、土地的肥力下降与自然流失等，虽然一些地方现代农业技术和机械化程度有所上升，但中国这个人口大国的农产品需求仍然不足，特别是高质量的农产品需求缺口较大，还需大量进口其他国家的粮食等。依靠土地产出收益的农民较少，也经常是入不敷出，生活压力较大，每年大约 2.8 亿（2010 年）的农民离开农村和土地，进入城市打工，直接导致农村劳动力急剧减少，农业生产更是明显下降，从整体上给农村生活和生产带来了压力。其次，政府对于农村生态环境保护的力度还不够，对于那些没有明确法律规定的破坏现象的惩罚力度不够，环境管理过于宽松。虽然我们在农业生产上给予了相关的政策支持和财政补助，但是补助有限，面对生产资料通货膨胀的压力，一些地方的农民在土地上的投入和产出比例失调现象突出，入不敷出或农产品积压的报道随处可见，政策与补助并不能完全解决农民经济上的困难。同时，除了政府在经济上的补助外，农民还需要医疗保障和就业创业机会的倾斜，但是因为受制于城乡结构性影响，这些方面的满足程度不容乐观。再次，在农村同样有大量的农村企业，这些农村企业大多数生产能力与科技含量不高，资源能源的利用率较低，企业发展以追求经济利益为主，而忽视了自然环境的保护，严重污染了农村环境，使得农村生态恶化，一些地方还呈现出愈演愈烈的形势。

大力推进"绿色农村"的建设，有助于农村产业结构的升级，推动农村经济发展模式的转换。绿色农村建设并不仅仅是农村的绿化建设，与之相配套的农村政治、文化、社会、经济等方面的建设也必不可少，当然"绿色"是抓手，是推进我国新农村建设全面发展的重要内容。第一，实施供给侧改革，促进农村的绿色化生产。"绿色农村"建设涉及农业生产的方方面面和农民生活中的各个环节，农民要在生产过程中尽可能使用绿色手段和绿色技术进行绿色化生产，从发展源头、发展过程和发展之后三个环节实现清洁生产，走清洁生产道路，推动我国农业的持续进步。我们要大力发展绿色农产品，不断扩充农产品的种类，增强农产品在市场上的竞争力，既可以解决农民的就业问题，也可以提高农民的收入水平。同时因为清洁绿色生产对自然环境的损害减少，资源能源使用减少，又可以为农村营造一个良好的生产生活环境。第二，国家应该为绿色农村建设提供财政和政策上的支持。政府应加大对粮食、农机具等的补贴，特别是在农村依靠植树造林来改善生活条件的人来说更应该如此。植树造林是利国利民的事情，但问题在于树可以种却不能砍伐，依靠植树造林为生的这些农民更需要国家的财政和政策的支持。同时，政府应该为各种农产品的加工和再加工提供更加安全的原材料，开辟更加安全快速的食物运输渠道等。第三，为农村营造良好的社会环境。绿色农村的建设和推广可以为广大农民提供舒适的生产生活环境，政府应该坚持以人为本的基本理念，切实解决那些困扰农村发展的历史问题与现实问题。在建设绿色农村过程中，特别要关注农村的生态环境问题，对于农民而言，生态环境就是他们的生命。第四，建设绿色农村需要不断提高农民的素质。绿色农村的发展，一定要坚持走可持续发展道路，不断提高农民自身的素质。农民素质的提高对于农村的绿色管理，对于农民社会责任感的增强等非常有利，通过不断加强自身的整体素养，提升绿色环保意识，加深对绿色和环保观念的理解，进而推进农村绿色化建设。

二　倡导绿色旅游和绿色出行

在绿色社会建设中，绿色旅游和绿色出行都是人们追求绿色生活的表现，是人们对休闲娱乐与发展自身的特有的生存方式。

（一）绿色旅游

绿色旅游，在历史上主要起源于封建贵族所享受的田园式度假生活。

两次世界大战之后，绿色旅游才逐渐发展成为主要的旅游形态之一。随着工业化时代的到来，在经济高速发展的同时，也带来了资源的掠夺性开采和无节制的使用，森林被砍伐殆尽，草地变成沙漠，水土流失加剧等，各种各样的自然灾害层出不穷。城市的环境污染也越来越严重，交通越来越堵塞，人口越来越拥挤，人们也越来越渴望田园式的宁静生活，希望有更多的机会亲近自然、拥抱自然、放松身心，这些都激发了人们对绿色旅游的向往和追求。但是绿色旅游的建设和广泛推行，需要一个长期的发展过程，在这个过程中我们要积极应对各种复杂的社会问题，并寻找合适的方法加以解决，绿色旅游的发展需要社会上各相关行业的共同促进、共同实施。

目前，绿色旅游在我国还没有统一的界定，不同学者对它有不同的理解。有的学者认为绿色旅游因为界定的范围和对象的不同有两种情况，广义的绿色旅游是指亲密接触与生态环境相关联的产品和服务的行为；而狭义的绿色旅游则一般限定于农村环境中的旅游行为，即在农村所处的大环境中发生的旅游活动。① 有的学者认为绿色旅游并不是具体而准确的定义，而是对人的旅游行为尽可能不干预或较少干预自然环境，以维持自然界的生态盈余状态的旅游行为，是一种形象的说法而非确切的界定。② 从上述解释中可以了解到，绿色旅游是有别于传统旅游的旅游类型，是一种集观光、疗养、考察及教育等于一体的新型旅游模式。在现代绿色旅游中，旅游者不仅能享受到大自然的美好，呼吸到新鲜的空气，品味人生的真谛与感叹自然界的神奇，还能在欣赏美景的同时，接受教育与熏陶，提高旅游者自身的整体素质，养成文明旅游的行为。中华民族是延续了几千年的民族，历史文化底蕴深厚，加之中国国土面积广大，所以中国的人文景观和自然景观更是堪称一绝，中国绿色旅游的发展无疑为实现中华民族伟大复兴起到积极作用。

为了发展绿色旅游，我们采取了许多措施加以应对，主要包括：第一，切实加强政府对绿色旅游的指导和引导。政府要加强关于绿色旅游发

---

① 张瑞德、蔡承智：《绿色旅游与农村经济发展相互作用初探》，《经济研究导刊》2009 年第 26 期。

② 肖胜和、连云凯：《发展广西绿色旅游浅论》，《桂林旅游高等专科学校学报》2001 年第 4 期。

展的相关法律法规的制定，一方面给旅游相关工作人员做政策教育，以提高其自身服务水平和质量；另一方面要加强绿色观念的宣传教育，给旅游者传播绿色旅游知识，让旅游者学会尊重自然，保护环境，共同维护我们的绿色家园，促进绿色旅游业的发展。第二，加大对绿色旅游产品的技术投入，进行绿色开发，开发更加绿色和健康的产品。开发绿色旅游产品要求广泛利用自然资源，整合利用社会资源，将社会中被称为废物的东西变废为宝，充分利用起来，加入绿色旅游行业的发展过程中，使其成为旅游产品的时尚品种。同时可以推动科教旅游、文化旅游和体育旅游等，使旅游行业更加丰富多彩。第三，加强绿色旅游宣传教育工作。对于绿色旅游，许多人还不清楚什么是绿色，绿色旅游如何运作，绿色旅游的意义等；为了加强对绿色旅游的认识，提高公民的环保意识，使公民认识到破坏环境的危害性，也认识到环境对自身的重要性，我们应该加强绿色旅游的宣传教育，共同推动绿色旅游的发展。第四，提高旅游行业从业人员的整体素质。通过各种渠道培训绿色旅游的相关工作人员，不仅在工作上要求他们做到尽心尽力，还要求他们努力提高自身的道德素质。工作人员要熟悉绿色旅游的相关知识，掌握其中要领，才能向广大旅游者详细讲述绿色理念，使绿色旅游吸引更多游客。绿色旅游是广大消费者进行的一种大众娱乐与消费方式，也是人民群众的休闲消遣方式。

（二）绿色出行

随着社会生活节奏的加快，机动车数量的急剧增加，绿色出行也成为绿色发展的内涵之一。机动车数量的上升造成了严重的交通拥挤，尾气污染的加剧又使得空气质量不断下降，给我们的发展带来了难以解决的问题。我们是人口大国，同样是消费大国。虽然我们采取了诸多措施来应对空气污染与交通拥堵，但是效果似乎并不明显。在交通出行方面，我们加快了公共交通事业的发展，如发展地铁、高铁、轻轨和一些清洁节能的交通工具等，这些都为生态环境的改善起到了积极作用。但是，私家车的大量使用仍然是造成大气污染特别是城市大气污染的重要来源，所以引导城市居民合理规划生活，合理使用私家车出行、倡导其绿色出行具有广阔的降低污染的前景。

养成绿色出行，保护环境以维护自身的安全，需要做到以下几点。首先，尽可能选择绿色的非机动的出行方式。在城市生活中要做到以公交为先。在一个城市里，公共交通是广大社会成员最先考虑到的交通方式，对于舒缓交通压力起到重要作用。在许多城市甚至乡村，选择公交车出行成为人们响应绿色发展号召的实际行动。公交车是承载量较大的交通工具，是经由国家严格批准的绿色化交通工具，尽管公交车在速度、舒适度等方面存在一定的局限性，竞争力在不断下降，但是公交车出行的绿色性特征明显。其次，绿色出行时有条件的地方可以选择自行车出行。自行车是一种更为方便的交通工具，其简便轻巧，没有尾气，出行不但可以锻炼身体，还可减少交通堵塞，为自己的生活和工作增加大量的空余时间，符合绿色出行的环保理念。受绿色发展影响，"共享经济"在我国增长快速，技术也不断得到创新，并逐渐演变为一种新型社会行为和社会价值观。"共享单车"在当今社会中非常流行，方便简单又省钱省事。共享出行也逐渐成为绿色出行的重要方式之一，成为城镇中的新时尚。各大高校、公园小区以及林间小道，我们都可以看到各式各样的共享单车。共享体现的是资源的共同拥有，一种资源多人使用，既节省资源又拉近了人与人的距离，促进了人与人之间的友好往来，共享有利于维护人类共同生存的居住环境，创建有利于人们健康和安全的生活模式。再次，绿色出行要倡导人们放慢生活节奏。现代社会中的人们功利心较重，生活节奏较快，快到都不能放慢脚步去欣赏一下沿途的风景，享受一下生活的乐趣。步行同样是一种健康的生活方式，有益于人们陶冶性情，保持身心健康，也可以减少道路交通压力，给城市带来一片祥和。最后，遵守交通规则，保障绿色出行。绿色出行的发展，需要全体社会成员共同遵守交通规则，需要广大人民群众首先要知晓基本的交通常识，并养成良好的交通德行，加强公民公共道德和守法意识的教育，形成一个干净且不拥挤、人与人之间和谐相处、遵纪守法、礼貌谦让的社会。

为推进绿色发展的顺利进行，绿色出行是必需的一步。在环境问题日益突出的现状下，我们要不断加快推行绿色出行文化的传播，宣传绿色出行的现实意义，更好地贯彻绿色发展的基本理念，践行绿色发展观，进而将其转化为自身的行为。

三　化解环境群体性社会矛盾

目前我国正处于深化改革、社会转型的关键时期，各种矛盾和问题交织在一起，在政治、经济、文化、生态、社会等领域中都存在着矛盾，需要我们认真分析思考，仔细应对。在纷繁复杂的问题和矛盾中，在形势多变的国内外环境中，一些被积压或者暂时掩盖的矛盾随着生态问题的加剧走向了幕前，其中以环境群体性突发事件造成的后果和影响最为严重。环境群体性事件的导因主要分为两种，一是历史遗留问题，二是现实生态问题。我国目前爆发的大量环境群体性事件以现实诱因为主。对于环境群体性事件应该如何化解？这种群体性矛盾不断地发展变化，从人与自然的紧张关系发展到经济与环境的矛盾冲突，再发展到地域性冲突和群体性冲突，再发展到党群干群矛盾的冲突，甚至是发展到了国家政府和民众之间的矛盾冲突，成为我国亟须解决的问题。目前，在学术界虽然对环境群体性事件的分析不尽相同，各有千秋，但是就其字面意思而言，环境群体性事件是指由于生态破坏、环境污染问题而侵害了民众的环境权和日常的生活而引发的大规模群体性事件。

虽然环境群体性事件并不是根本利益冲突的表现，但是处理不好也容易诱发其他的社会矛盾，造成不安定的局面，因此一定要引起足够的重视去直面问题、解决问题。首先，环境群体性事件破坏了社会安定。从环境群体性事件的特点来看，它的发生频率较高并且持续时间较长，影响范围也十分广泛，经常由于其他非环境因素的加入而超出了政府的控制范围。参与事件的民众大多是社会的弱势群体，一般都是为了自身的经济利益而进行各种抗议活动，但这些群体往往会被一些目的不纯的人利用，甚至会直接影响到我们的政治利益，影响到社会安定，危害国家安全。其次，环境群体性事件还会引发人民群众对政府的不信任。政府是国家的管理者和各种政策的制定者与实施者，也是人民精神上和物质上的强大支持者，是人民坚强的后盾。如果人民对政府失去了信任，国家也就失去了核心，国家各项工作都将无法开展。环境群体性事件能不能妥善处理会直接影响到我国各行各业的发展，甚至有可能影响到国家的安全。最后，环境群体性事件不利于国家经济建设的发展。环境群体性事件的发生，也表现了一种民众对企业过分追求经济利益而忽视环境保护而导致的各种生态问题的极大不满和抗议。广大人民群众很可能因为一时的头脑发热而对当地企业做出一些过激行为，这将会导致企业对当地投资风险评估的加大，进而对当地经济发展失去信心，减少项目投资，最终影响到当地经济的发展。

为此，我们需要采取多种方法或措施加以解决。一是要转变经济发展模式，这是根本性的问题。环境群体性事件发生的最主要原因就是能源利用率低下，消耗强度大，对环境污染严重，威胁到人类生存居住地的自然环境，是粗放型经济发展模式的必然结果。多年来的社会发展也证明了，如果不顾生态环境的承受压力，进行超负荷的经济生产势必会带来难以遏制的生态问题和社会问题，甚至是国际问题。作为发展中国家，我们消耗了大量的资源，也严重污染了环境，这些方面都与人们的生存环境有着直接或间接的关联。如果企业生产设备老化，产业结构不合理，带来环境问题是必然的；要解决这个问题就要推动产业结构的升级，促进生产方式的转变。二是加强政府在绿色发展过程中的职能权限。一方面要切实加强环境保护的监管力度，因为环境群体性事件的出现，在很大程度上是政府对企业环境污染的容忍度太高造成的，一些部门的不作为、乱作为、监管不力现象比较明显。另一方面要加强环境保护政策的制定执行。好的环境政策会带来好的约束力，通过相关环境政策来约束人们的行为，并给予违法者以最严厉的惩罚。三是要不断完善各种社会保障制度。环境群体性事件的发生一部分是百姓生活不堪压力造成的，就连正常的生活都不能得到保障，这些人才会铤而走险起来反对。所以，不断加强社会弱势群体的社会保障力度，确保他们能够健康安全地生活，解决他们的生活难题，也是解决群体性事件的有效方法。群体性事件的解决对于促进社会稳定，缓解社会矛盾，促进和谐社会的建立将产生积极影响。四是要实现社会利益分配的均衡。矛盾的产生大多与利益分配的不均衡相关联，在这种情况下，化解环境群体性事件带来的社会矛盾就要对与之相关的利益及其分配情况调查研究，梳理剖析，并找到解决问题的对策。当前我国改革开放进入深水区，其中打破既得利益群体的利益，进行重新分配是遭遇到的大困难。无论是初次分配还是再分配都要体现公平性，特别是国家要加大对弱势群众的扶持力度，在财政上给予更大支持；同时不断调节过高收入和取缔非法收入，缩小城乡与区域间的收入差距，促进社会稳定、有序和发展。这一点将在下面继续论述。

环境群体性事件的发生，是各方面因素综合作用的结果；解决环境群体性事件需要政府、企业、社会组织和公民个人的共同努力。我们要加强生态保护与环境监管，尽量避免环境群体性事件的出现。环境群体性事件的解决对于化解其他领域的群体性矛盾也具有一定的启示与借鉴价值，有利于共同维持社会的稳定发展。

四　合理配置自然资源和能源

社会是一个由经济、政治、文化、生态等诸多因素构成的整体，同时也是由人与人及其关系构成的整体。人与人之间的关系就表现在构成社会的经济、政治、文化、生态等诸多因素中，这里存在一个问题需要解决，就是人与人之间按照什么原则或方法来分配经济、政治、文化、生态等资源。特别是在生态危机已经威胁到人们生存发展的今天，如何合理配置自然资源以及附着在这些自然资源上的利益，成为建设生态文明、推进绿色发展必须要解决的关键性问题。

建设绿色社会需要打破既往的资源分配格局，对自然资源进行合理的分配。以水资源为例，从总体上看，我们的水资源并不丰富，人均淡水资源的占有量还不到世界平均水平的四分之一。正因如此，我国水资源的污染情况和利用效率更要引起警惕。水资源的污染主要包括工业污染、生活污染两大类，其中工业污染对水资源的污染危害更大，或者更持久。除去对水资源的污染之外，水资源的浪费也是一个需要引起重视的问题。对于本来就紧张的水资源，在我们既污染又浪费的"努力"下，愈发变得困难重重。毫不夸张地说，水资源问题已经威胁到了人们的基本生存。

要解决这个问题就要对水资源进行合理配置。目前，对于水资源的合理配置可以从以下几个方面入手。首先，作为用水大户的企业在生产过程中，要及时调整自身的产业结构，采用绿色技术，发展循环经济。企业在生产过程中以及生产过程之后要对水源进行综合性的污染防治，尽可能不产生污水，或者即便产生了污水也要及时处理净化。同时，企业要循环利用水资源，要节约用水，反对浪费，建设节水型企业，以此来推动节约型社会的建立，这些做法有利于缓解当前水资源污染和紧张的状况。其次，政府可以建设一些大型水利工程来调节水资源的分布格局，解决区域性用水难题，以促进区域之间的协调发展。例如南水北调工程、小浪底水利工程等，甚至有专家提出引雅鲁藏布江的水进入新疆，以解决新疆地区缺水问题，这些都不失为好的构想，对于合理配置水资源大有裨益。再次，使用水资源较多的另外一种情况就是居民的生活用水。水是生命之源，离开了水，人类根本无法生存。我们要让公众认识到污染水和浪费水的危害性，去除他们的"公有地"心理，让他们意识到后果的严重性。公民节水意识的加强，有利于促进全社会共同节约用水风气的形成，促进水资源的合理配置，甚至对于推进绿色社会建设，都将起到促进作用。

合理配置资源就是要体现资源分配的合理性和公平性，既提高资源的利用效率，又促进社会的绿色发展。环境公平理论认为，从权利和义务角度出发，对自然资源的使用要遵循一定的道德原则，各行为主体应该共同、和平地公平使用，避免那种只行使使用自然资源的权利，而不尽保护自然资源义务的现象的发生。社会财富如同一块巨大的蛋糕，如何合理分配好这块蛋糕对于绿色社会的发展至关重要，它影响到社会的稳定与秩序。作为国家的主人和享受政治权利的主体，广大的人民群众都应从资源的合理配置中获益。综上所述，利益的合理分配有利于推进和谐社会的建设，也符合新时代绿色社会建设的基本理念，与马克思主义人与自然共生的生态理念相吻合，对于生态文明、美丽中国的目标更近一步。

五 加强绿色管理和绿色治理

在建设绿色社会进程中，要充分发挥绿色治理、绿色管理的积极作用。绿色治理和绿色管理虽然表述形式不尽相同，但其目标都是通过一定方式或手段，达到绿色发展的最优化，要用最少的资源能源获取最大的经济效益，并产生最少的环境污染和破坏的管理体制。

（一）加强绿色管理

加强绿色管理是推进绿色发展的必然内容，符合建设生态文明社会的客观要求。从 20 世纪 80 年代开始，对绿色管理的探索与研究的成果逐渐增多，引起了整个社会对生态环境管理问题的重视。人们在反省传统发展道路与管理模式的同时，也在寻找解决生态问题、推进可持续发展的方式或者道路，希望能够获得环境和经济的同步发展和双赢。与传统管理模式不同，绿色管理要求管理方法和手段的多样化，工作人员和管理人员的多元化，甚至是全社会成员共同参与经济发展过程的一种管理模式。绿色管理是现代管理变革的一大历史潮流，符合新时代发展的要求，对于维系可持续发展作用重大；它要求政府、企业、个体等全部参与到管理中去，是一种综合性的管理体系。绿色管理要求从源头上扼杀污染和浪费，它的主要目标是以最低的资源消耗去获取最大化的利益，以及最小化的污染。绿色管理是一种应对全球环境压力，有效解决当前环境问题，推进企业和社会可持续发展的双赢模式。

当今世界是一个追求绿色发展的社会，随着人们生活质量的提升，对绿色商品的需求量也越来越大，绿色消费逐渐兴起。但随之而来的就是要扩大绿色产品的供给和绿色市场的规模，绿色管理问题随之产生。首先，要对生产企业实施绿色管理，对企业产品的生产过程及其销售网络进行监督。企业开发绿色产品，可以提高自身的实力和产品的竞争力，绿色产品对维护消费者的合法权益、保障消费者的健康安全具有积极意义。其次，实施绿色管理要求国家加快环境保护与治理的力度。由于环境问题加剧，再加上一些人或企业的自我约束力较弱，严重影响了人们生存环境的正常运转，为确保人类对环境的需求质量不被人为降低，就需要政府出台一系列相关法律法规加以严格约束。这方面的法律法规涉及领域比较广泛，例如制定土地荒漠化、生物多样性保护、改善气候质量等方面的法律法规。国家还要制定各种公约性制度来不断充实国际法律体系，以加强国际环境法律法规的有效性和约束性，推动世界性的绿色发展。最后，加强绿色管理还要提升国民环境保护意识，优化企业绿色管理模式和发展理念。在推行绿色管理的过程中，要不断加强绿色管理知识理念的宣传普及，使公民或企业认识到绿色发展、绿色管理的重要意义，学会以长远的战略眼光来对待环境保护问题，也使企业认识到当今经济要提升竞争力的一条重要途径或源泉是要进行绿色管理，只有这样，才能更好地促进经济的增长和国家的发展。

（二）加强绿色治理

习近平特别关注生态文明建设，较早形成了"绿色治理"的基本理念，"我们既要绿水青山，也要金山银山。宁要绿水青山，不要金山银山，而且绿水青山就是金山银山"①。实施"绿色治理"是为了解决在经济社会发展过程中的资源瓶颈制约和生态污染难题，当传统的管理方法无法解决环境破坏和资源浪费的问题时，有必要制定相关法律政策来强化约束人类的活动。绿色治理的实施要以绿色发展的基本理念为导向，时刻关注生

---

① 中共中央文献研究室编：《习近平关于全面建成小康论述摘编》，中央文献出版社 2016 年版，第 171 页。

态环境的发展变化，由政府、企业、社会团体以及个人来各司其职、共同治理，以实现生态环境的绿色化。也就是说，绿色治理的最终目的就是要建立起节约资源和保护环境的空间布局，形成一个全方位发展的多维度空间。其中，就企业而言，要实现生产过程之前、生产过程之中与生产过程之后的管理，并在加强绿色管理的基础上对生态环境问题进行彻底的、根本性的治理，治理要透彻。就公众而言，在实现生活方式的转变上，不仅为自己留下一片蓝天，为自己创造一个舒适的生存发展空间，也要为子孙后代留下新鲜空气和碧水蓝天，留下一个宜居的生产生活环境。我国的自然环境复杂多样，不同地区的经济社会发展水平差异较大，但是生态问题已经成为普遍关注并需要尽快解决的问题，为此，我们有必要保持生产方式和生活方式的绿色化，实施绿色治理，从源头上为我国的绿色发展做出贡献。

生态环境是作为公共产品而存在的，也是人类生产生活所必需的，治理生态环境就是处理全体人民的"公共事务"，解决人民共同面对的问题，也就是解决民生问题。基于这个意义来理解绿色治理，是指各社会主体对生态环境问题的共同治理。① 首先，实施绿色治理有助于政府执政理念的贯彻执行。近年来我国政府一直在努力解决生态问题，制定出台了一系列绿色法律法规，创立绿色化的政府，在执政理念上坚持把公平和发展放在同等重要的位置上对待，并进而建立起一套相对成熟的、包含绿色的治理模式。同时，政府在行政管理及其体系方面也努力推行绿色化元素，以强化人们的服务意识、法制意识和民主意识。其次，实施绿色治理有助于夯实绿色发展的文化基础。中国传统文化博大精深，影响深远，特别是关于人与自然和谐相处的理念很早就存在于民族文化瑰宝之中，历经几千年的发展，不断丰富创新。在进入新时代之后，我们面临着实现现代化建设和民族复兴的新任务和新要求，但是生态问题横亘在前，如果这一问题无法解决，任何伟大的设想和梦想的实现都将困难重重。因此，我们更应该加强生态环境的治理，注重绿色元素，努力发展中国特色社会主义的绿色文化，引领世界朝着绿色发展的目标前进。最后，绿色治理的发展有利于白

---

① 杨立华、刘宏福：《绿色治理：建设美丽中国的必由之路》，《中国行政管理》2014 年第11 期。

色污染的防治和管理，促进新时代社会主义生态文明建设的发展。人们在进行生产、生活、消费的过程中大量使用塑料制品，并且重复利用较少，用过即丢的现象较为普遍，造成了大范围的白色污染，危及生态环境和人们的身体健康与生命安全。实施绿色治理、治理白色污染，将成为当今世界的共同要求。绿色治理是一种从源头上实施治理的模式，对于解决环境污染和减少资源浪费将是一种行之有效的方法和手段。

结　语

　　绿色发展是我们对现存生态危机的积极应对，也是新时代中国特色社会主义建设所要达到的重要战略目标之一，有利于保障和改善民生。中国特色社会主义事业的发展蕴含着五个方面的内容：政治、经济、文化、社会和生态。其中生态文明建设要求我们在发展过程中始终把生态放在重要位置，追求绿色发展，坚持生态建设与政治、经济、文化、社会建设的并重。改革开放几十年来，我们的经济社会发展成绩显著，中国共产党历代领导集体也都十分关注我国的绿化建设、森林保护、河流治理、防治沙漠化等，在遵循环境保护和资源节约的基础上大力发展经济。但是，生态问题作为经济发展的副产品也同样摆在我们面前，需要引起我们的重视。从党的十七大开始，我国的生态建设进入了新的发展阶段，明确了建设生态环境文明的基本目标。在党的十八大、十九大之后，更是将生态、绿色作为我国生态文明建设的主要内容。人民是我国政治生活、经济生活、文化生活的主体，同样也是我国社会生活、生态生活的主体。发展经济、丰富文化、建设社会是为了更好地服务广大的人民群众，建设生态文明、搞好绿色发展也是为了更好地服务人民群众，这是毋庸置疑的。服务人民，就要妥善处理好事关民众生存发展的、基本生活的众多问题。当生态问题已经危及民众基本的生存生活时，我们就要特别关注生态因素在其中的影响或副作用。党的十九大报告将绿色化放在突出的位置，将绿色发展作为解决生态问题、寻求幸福生活过程中的重要途径，将民生思想与绿色发展同等对待，凸显了民生导向视野下绿色发展的价值所在。

　　绿色发展理念的提出及其实施，其落脚点都在于人，即为了广大人民群众的根本利益而为。人们需要在一定的生态环境中生产生活，良好的生态环境是老百姓可以更好生活的自然前提。但是，在资本控制下的社会生产与生活都不可避免地带有了后现代性的特征，资本逻辑所体现出的价值增值和生产劳动的一致性，更加彰显了生态问题与资本之间的因果联系及其发展变化。从马克思关于资本逻辑的批判出发，深刻认识生态危机的根源，对于解决当前经济社会发展中的生态问题具有指导意义。中国是社会主义性质的国家，绿色民生是我们在应对生态危机问题时的解决之道和目标指向，推进绿色发展就是为解决中国现实存在的生态问题，是为实现中国可持续发展战略目标，不断发展和完善民生福祉，解决民生发展中的各种问题，为人类创造一个更加舒适和干净的生活环境。在社会主义现代化建设进入新时代之后，我们所面临的任务和所要解决的问题更加艰巨和紧迫，为顺利实现既定的目标，我们要坚持人与自然的和谐共生，当然也是为了实现人与人之间的和谐。

当今时代是一个特别看重国计民生的时代，也是追求生态与经济并存发展的时代。努力克服影响民生的生态问题和经济问题，合理推进绿色经济的发展已经成为许多人的共识。但是我们所面临的现实情况并不那么乐观，任何事物的存在发展都不可能是孤立的、片面的，特别是当前生态问题对人们生存发展的影响日益加剧，与生态问题相关联的经济问题、政治问题、社会问题等也不断出现，综合性的生态问题效应带来了社会主义事业发展的困境，如何才能尽快、健康、有效地解决这一问题，才是国家各种社会生活中的重点。

本书希冀从马克思主义创立者那里收获应对生态、民生、经济之间矛盾的良策。马克思主义内涵丰富，特别是其中的唯物史观立场成为我们看待社会现实问题的一把尺子，可以透过生态危机的表面现象看到其背后隐藏的深层次问题，可以看到生态问题与其他各方面问题的辩证发展关系，也有利于我们在面临复杂问题时寻找到解决办法。但是，现实问题总是层出不穷，理论指导也应该与时俱进以适应不断变化了的实际情况。马克思主义理论作为基础性的指导性理论为我们研究问题提供了基本认识手段与认识工具，但是我们也要在不断与现实问题打交道的过程中提升自己，特别是用具有新时代特点的生态文明建设理论来指导，当然这一内容刚刚展开，有待进一步丰富和发展。本书力图对生态环境保护与民生事业建设以及经济社会发展之间的辩证关系进行论证，但是书中所能达到的水平和所能完成的任务还是非常有限的，对于中国特色社会主义伟大事业而言还显得微不足道。

马克思主义是一个科学开放的理论体系，许多问题还需要进行持续性的研究，特别是对于人与自然之间关系问题的研究更是一个长久弥新的话题，这一问题不会失去时代性和科学性，因为人类永远处于与自然界的相互影响、相互作用的过程之中。随着人类社会的向前发展，生态问题也从以前的潜在性问题而发展为了显性问题，因此对这一问题的研究具有积极的时代意义与现实意义。我国正处于现代化建设的重要时期，要实现小康社会以及接连而来的现代化阶段乃至中华民族伟大复兴，都离不开人与自然、经济社会发展与生态环境保护、发展与民生之间矛盾的真正解决，这些方面也正是人民群众根本利益之所在。

民生导向下绿色发展研究是一个复杂且深邃的问题，具有理论与现实的双重意义。本书通过阅读相关资料，吸收了国内外学者的珍贵理论观点，这些观点也成为本书研究的基础，本人将持续关注并深入研究这一重要问题，以尽绵薄之力。

参考文献

马克思主义经典著作

《马克思恩格斯选集》第 1—4 卷，人民出版社 1995 年版。

《马克思恩格斯全集》第 2、3、30、36、42 卷，人民出版社 1995 年版。

《马克思恩格斯文集》第 1—10 卷，人民出版社 2009 年版。

《资本论》第 1—3 卷，人民出版社 2004 年版。

《列宁选集》第 1—4 卷，人民出版社 1995 年版。

《毛泽东选集》第 1—4 卷，人民出版社 1991 年版。

《邓小平文选》第 1—2 卷，人民出版社 1994 年版。

《邓小平文选》第 3 卷，人民出版社 1993 年版。

《江泽民文选》第 1—3 卷，人民出版社 2006 年版。

《胡锦涛文选》第 1—3 卷，人民出版社 2016 年版。

《马克思 恩格斯 列宁 斯大林 论社会主义文明》，中共中央党校出版社 1982 年版。

《马克思 恩格斯 列宁 斯大林 论人性 异化 人道主义》，清华大学出版社 1983 年版。

《马克思 恩格斯 列宁 斯大林 论共产主义社会》，人民出版社 1958 年版。

《三中全会以来》上、下册，人民出版社 1982 年版。

《十六大以来重要文献选编》（上），中央文献出版社 2005 年版。

《十六大以来重要文献选编》（中），中央文献出版社 2006 年版。

《十六大以来重要文献选编》（下），中央文献出版社 2008 年版。

中文著作

陈学明：《生态文明论》，重庆出版社 2008 年版。

陈学明、王凤才编：《西方马克思主义前沿问题二十讲》，复旦大学出版社
2008 年版。

崔民选编：《中国能源发展报告（2008）》，社会科学文献出版社 2008
年版。

董险峰：《持续生态与环境》，中国环境科学出版社 2006 年版。

高中华：《环境问题抉择论：生态文明时代的理性思考》，社会科学文献出
版社 2004 年版。

关成华、张生玲：《绿色发展与转型》，经济科学出版社 2017 年版。

郭强：《涸泽而渔不可行》，人民出版社 2008 年版。

郭强：《民生中国——中国生态环境的困局与未来》，云南教育出版社 2013
年版。

国家环保总局环境规划院、国家信息中心编：《2008—2020 年中国环境经
济形势分析与预测》，中国环境科学出版社、中央文献出版社 2008
年版。

郁庆治编：《创建现代生态文明的根基——生态社会主义研究》，北京大学
出版社 2010 年版。

姬振海编：《生态文明论》，人民出版社 2007 年版。

李明华：《人在原野——当代生态文明观》，广东人民出版社 2003 年版。

李小云编：《环境与贫困：中国实践与国际经验》，社会科学文献出版社
2005 年版。

廖福森：《生态文明建设的理论和实践》，中国林业出版社 2003 年版。

刘福森：《西方文明的危机与发展伦理学》，江西教育出版社 2005 年版。

刘华杰编：《自然二十讲》，天津人民出版社 2008 年版。

刘仁胜：《生态马克思主义概论》，中央编译出版社 2007 年版。

陆小成：《城市转型与绿色发展》，中国经济出版社 2013 年版。

曲格平：《我们需要一场变革》，吉林人民出版社 1997 年版。

唐代兴：《生态理性哲学导论》，北京大学出版社 2005 年版。

万以诚、万岍编：《新文明的路标——人类绿色运动史上的经典文献》，吉
林人民出版社 2000 年版。

汪行福：《社会公正论》，重庆出版社 2008 年版。

王祥荣编：《中国城市生态环境问题报告》，江苏人民出版社 2006 年版。

王新：《生态文明建设与民生问题研究》，社会科学文献出版社 2015 年版。

王雨辰：《生态学马克思主义与生态文明研究》，人民出版社 2015 年版。

吴凤章：《生态文明构建：理论与实践》，中央编译出版社 2008 年版。

辛向阳编：《科学发展观的基本问题研究》，中国社会出版社 2008 年版。

徐民华、刘希刚：《马克思主义生态思想研究》，中国社会科学出版社 2012 年版。

薛晓源编：《生态文明研究前沿报告》，华东师范大学出版社 2007 年版。

杨东平编：《中国环境的危机与转机（2008）》，社会科学文献出版社 2008 年版。

杨通进编：《生态二十讲》，天津人民出版社 2008 年版。

杨通进编：《现代文明的生态转向》，重庆出版社 2007 年版。

曾建平：《环境正义：发展中国家环境伦理问题探究》，山东人民出版社 2007 年版。

曾文婷：《"生态学马克思主义"研究》，重庆出版社 2008 年版。

张弥：《社会转型与民生之路》，中国水利水电出版社 2013 年版。

张哲强：《绿色经济与绿色发展》，中国金融出版社 2012 年版。

郑慧子：《走向自然的伦理》，人民出版社 2006 年版。

中国人学学会、北京大学人学研究中心编：《生态文明·全球化·人的发展》，海南出版社 2009 年版。

中国 21 世纪议程管理中心可持续发展战略研究组编：《生态补偿：国际经验与中国实践》，社会科学文献出版社 2007 年版。

中国科学院中国现代化研究中心编：《中国现代化报告 2007——生态现代化》，北京大学出版社 2006 年版。

诸大建编：《生态文明与绿色发展》，上海人民出版社 2008 年版。

中文译著

［德］斐迪南·穆勒－罗密尔、托马斯·波古特克：《欧洲执政绿党》，郇庆治译，山东大学出版社 2005 年版。

［德］乌尔里希·贝克：《世界风险社会》，吴英姿等译，南京大学出版社 2004 年版。

［法］让·鲍德里亚：《消费社会》，刘成富、全志刚译，南京大学出版社

2008 年版。

［加］本·阿格尔：《西方马克思主义概论》，慎之等译，中国人民大学出版社 1991 年版。

［联邦德国］A. 施密特：《马克思的自然概念》，欧力同等译，商务印书馆 1988 年版。

［美］艾伦·杜宁：《多少算够——消费社会和地球的未来》，毕聿译，吉林人民出版社 1997 年版。

［美］奥尔多·利奥波德：《沙乡年鉴》，侯文蕙译，吉林人民出版社 1997 年版。

［美］巴里·康芒纳：《封闭的循环：自然、人与技术》，侯文蕙译，吉林人民出版社 1997 年版。

［美］芭芭拉·沃德、勒内·杜博斯：《只有一个地球》，《国外公害丛书》编委会译校，吉林人民出版社 1997 年版。

［美］彼得·S. 温茨：《环境正义论》，朱丹琼译，上海人民出版社 2007 年版。

［美］戴斯·贾丁斯：《环境伦理学——环境哲学导论》，林官明译，北京大学出版社 2002 年版。

［美］丹尼尔·A. 科尔曼：《生态政治：建设一个绿色社会》，梅俊杰译，上海译文出版社 2002 年版。

［美］丹尼斯·米都斯：《增长的极限》，李宝恒译，吉林人民出版社 1997 年版。

［美］菲利普·克莱顿、贾斯廷·海因泽克：《有机马克思主义》，孟献丽等译，人民出版社 2015 年版。

［美］亨德里克·威廉·房龙：《人类的家园》，姜鸿舒译，北京出版社 1999 年版。

［美］亨利·梭罗：《瓦尔登湖》，徐迟译，吉林人民出版社 1997 年版。

［美］霍尔姆斯·罗尔斯顿：《哲学走向荒野》，刘耳等译，吉林人民出版社 2000 年版。

［美］贾雷德·戴蒙德：《崩溃——社会如何选择成败兴亡》，江莹、叶臻译，上海译文出版社 2008 年版。

［美］蕾切尔·卡逊：《寂静的春天》，吕瑞兰译，吉林人民出版社 1997 年

版。

[美] 尤金·哈格罗夫:《环境伦理学基础》,杨通进译,重庆出版社 2007
　　年版。

[美] 约翰·贝拉米·福斯特:《马克思的生态学——唯物主义与自然》,
　　刘仁胜译,高等教育出版社 2006 年版。

[美] 约翰·贝拉米·福斯特:《生态危机与资本主义》,耿建新译,上海
　　译文出版社 2006 年版。

[美] 詹姆斯·奥康纳:《自然的理由:生态学马克思主义研究》,唐正
　　东、臧佩洪译,南京大学出版社 2003 年版。

[日] 岩佐茂:《环境的思想:环境保护和马克思主义的结合处》,韩立新
　　译,中央编译出版社 1997 年版。

[印] 萨拉·萨卡:《生态社会主义还是生态资本主义》,张淑兰译,山东
　　大学出版社 2008 年版。

[英] 安德鲁·多布森:《绿色政治思想》,郇庆治译,山东大学出版社
　　2005 年版。

[英] 布莱恩·巴克斯特:《生态主义导论》,曾建平译,重庆出版社 2007
　　年版。

[英] 戴维·佩伯:《生态社会主义:从深生态学到社会正义》,刘颖译,
　　山东大学出版社 2005 年版。

[英] 克莱夫·庞庭:《绿色世界史——环境与伟大文明的衰落》,王毅译,
　　上海人民出版社 2002 年版。

中文论文

陈纯仁:《社会全面可持续发展与制度文明建设关系之思考》,《湘潭大学
　　学报》(哲学社会科学版) 2004 年第 6 期。

陈德钦:《论“五个文明”的内在关系结构》,《科学社会主义》2009 年第
　　2 期。

陈学明:《科学发展观与人类存在方式的改变》,《中国社会科学》2008 年
　　第 5 期。

陈学明:《在中国特色社会主义的旗帜下建设生态文明的战略选择》,《毛
　　泽东邓小平理论研究》2008 年第 5 期。

程秀波：《生态伦理与生态文明建设》，《中州学刊》2003 年第 4 期。

戴安良：《对建设生态文明几个理论问题的认识》，《探索》2009 年第 1 期。

单孝虹：《民生视阈下的中国特色社会主义生态文明建设》，《湖南社会科学》2013 年第 2 期。

方世南：《坚持社会主义和谐社会构建的整体文明观》，《苏州大学学报》（哲学社会科学版）2007 年第 3 期。

方世南：《马克思的环境意识与当代发展观的转换》，《马克思主义研究》2002 年第 3 期。

方世南：《生态价值与构建社会主义和谐社会的价值取向》，《福建师范大学学报》（哲学社会科学版）2005 年第 6 期。

方世南：《西方建设性后现代主义的生态文明理念》，《上海师范大学学报》（哲学社会科学版）2009 年第 2 期。

冯颜利：《以马克思主义为指导深化国外马克思主义研究——有机马克思主义研究批判》，《探索》2017 年第 1 期。

高群：《论经济、社会、生态环境的协调发展》，《吉林大学学报》1995 年第 3 期。

高文武、王虎成：《简论生态文明所需要的科学技术》，《江汉论坛》2012 年第 2 期。

郭尚花：《生态社会主义关于生态殖民扩张的命题对我国调整外资战略的启示》，《当代世界与社会主义》2008 年第 3 期。

郭学军：《论马克思恩格斯的生态理论与当代生态文明建设》，《马克思主义与现实》2009 年第 1 期。

何传启：《中国生态现代化的战略思考》，《中国科学基金》2007 年第 6 期。

何传启：《中国生态现代化的战略选择》，《理论与现代化》2007 年第 5 期。

何方：《以人为本构建人与自然和谐的社会》，《湖南农业大学学报》（社会科学版）2005 年第 4 期。

何林：《生态文明的科学技术支撑》，《求是学刊》2016 年第 2 期。

黄爱宝：《生态型政府理念与政治文明发展》，《深圳大学学报》（人文社会科学版）2006 年第 2 期。

黄娟：《生态民生化与民生生态化》，《鄱阳湖学刊》2012 年第 4 期。

黄志强：《从人与自然的关系看社会范型转向》，《经济与社会发展》2004 年第 9 期。

江畅：《和谐社会与优雅生存》，《哲学动态》2005 年第 3 期。

姜春云：《跨入生态文明新时代》，《求是杂志》2008 年第 21 期。

李红卫：《生态文明建设——构建和谐社会的必然要求》，《学术论坛》2007 年第 6 期。

李明华：《生态文明与中国环境政策的转型》，《浙江社会科学》2008 年第 11 期。

李楠、王磊：《深入解读社会主义核心价值观》，《学术论坛》2015 年第 2 期。

李咏梅：《社会资本理论视角下的生态民生建设之路》，《吉首大学学报》（社会科学版）2015 年第 2 期。

廖福森：《关于生态文明及其消费观的几个问题》，《福建师范大学学报》（哲学社会科学版）2009 年第 1 期。

刘恩云：《国内绿色发展研究前沿述评》，《贵州财经大学学报》2016 年第 3 期。

刘洪文：《生态发展观：从经济向政治的跨越》，《求索》2001 年第 2 期。

刘俊伟：《马克思主义生态文明理论初探》，《中国特色社会主义研究》1998 年第 6 期。

刘思华：《可持续发展理论几个基本问题的探讨》，《江淮论坛》1996 年第 4 期。

刘思华：《马克思主义文明理论新探》，《东南学术》2006 年第 2 期。

刘湘蓉：《现代文明发展的生态化趋势》，《湖南师大社会科学学报》1993 年第 6 期。

娄文月：《从科技的发展看人与自然关系的演变》，《东北大学学报》（社会科学版）2003 年第 1 期。

陆波、方世南：《绿色发展理念的演进轨迹》，《重庆社会科学》2016 年第 9 期。

吕薇洲：《马克思恩格斯论证资本主义发展趋势的逻辑视角及当代启示》，

《马克思主义理论学科研究》2017 年第 2 期。

罗尚贤:《论和谐社会与和生文明》,《学术研究》2004 年第 11 期。

罗文东:《论科学发展观对马克思主义文化理论的创造性运用和发展》,《思想战线》2009 年第 1 期。

罗文东:《马克思主义是社会主义核心价值体系的灵魂》,《思想理论教育导刊》2008 年第 1 期。

罗文东:《人的全面发展:社会主义发展的新境界》,《光明日报》2001 年 10 月 16 日。

罗文东:《中国特色社会主义道路的内涵和本质》,《光明日报》2010 年 1 月 19 日。

毛明芳:《论生态文明的技术构建》,《自然辩证法研究》2008 年第 10 期。

[美]小约翰·柯布:《论生态文明的形式》,董慧译,《马克思主义与现实》2009 年第 1 期。

潘岳:《发展我国环境文化应处理好的几个关系》,《长白学刊》2004 年第 1 期。

潘岳:《环境文化与民族复兴》,《管理世界》2004 年第 1 期。

潘岳:《可持续文化就是和谐文化》,《绿叶》2006 年第 8 期。

丘耕田:《大文明——人类文明的新走向》,《江苏社会科学》1998 年第 4 期。

沙占华:《民生建设与生态文明建设的耦合与互动》,《南方论刊》2015 年第 5 期。

申曙光:《生态文明——文明的未来》,《浙江社会科学》1994 年第 1 期。

宋刚:《基于生态文明建设的绿色发展研究》,《中南林业大学学报》2015 年第 1 期。

苏爱萍:《生态文明与全面建设小康社会》,《山东社会科学》2009 年第 1 期。

孙立侠:《生态文明的制度维度探析》,《前沿》2008 年第 11 期。

孙亚忠:《20 世纪 90 年代以来我国生态文明理论研究述评》,《贵州社会科学》2009 年第 4 期。

唐爱玲:《生态文明建设与发展循环经济》,《理论导刊》2008 年第 12 期。

唐叶萍:《论马克思主义的生态文明观及其当代价值》,《求索》2009 年第

3 期。

涂万春：《科学发展观与绿色 GDP：一个综述与评价》，《南方论丛》2006
年第 1 期。

万泽民：《论生态文明与科学执政》，《马克思主义与现实》2009 年第
1 期。

王宝林：《社会文明形态及其文明结构问题研究综述》，《理论前沿》2003
年第 22 期。

王红梅：《中国共产党生态文明思想的形成过程及重要意义》，《新疆社科
论坛》2008 年第 6 期。

王金红：《绿色意识与 21 世纪社会主义精神文明》，《科学社会主义》2001
年第 1 期。

王雨辰：《反对资本主义的生态学》，《国外社会科学》2008 年第 1 期。

王雨辰：《论西方生态学马克思主义的定义域与问题域》，《江汉论坛》
2007 年第 7 期。

王雨辰：《西方生态学马克思主义生态文明理论的三个维度及其意义》，
《淮海工学院学报》（社会科学版）2008 年第 4 期。

王雨辰：《消费批判与人的解放》，《哲学动态》2009 年第 1 期。

王雨辰：《制度批判、技术批判、消费批判与生态政治哲学》，《国外社会
科学》2007 年第 2 期。

吴孟超：《重塑社会与人的文明理念》，《南京政治学院学报》2005 年第
1 期。

谢光前：《社会主义生态文明初探》，《社会主义研究》1992 年第 3 期。

谢青松：《生态文明建设的道德支持与法律保障》，《云南社会科学》2008
年理论专辑。

徐春：《社会形态与文明形态辨析》，《郑州大学学报》（哲学社会科学版）
2006 年第 2 期。

许先春：《可持续发展战略及其在中国的实践》，《北京师范大学学报》
（社会科学版）1998 年第 3 期。

薛晓源：《生态风险、生态启蒙与生态理性》，《马克思主义与现实》2009
年第 1 期。

阎喜凤：《论生态文明意识》，《理论探讨》2008 年第 6 期。

阎增山：《确立人与自然和谐相处的理念》，《理论前沿》2006 年第 15 期。

杨灿：《国内外绿色发展动态研究》，《中南林业大学学报》（社会科学版）2015 年第 6 期。

杨通进：《从生态文明的基本理念看中国传统文化的现代价值》，《环境教育》2009 年第 5 期。

杨卫军：《习近平绿色发展观的哲学底蕴》，《学术论坛》2016 年第 9 期。

杨兴林：《关于绿色 GDP 的否定之否定思考》，《社会主义研究》2008 年第 2 期。

叶海涛：《绿色发展理念的生态马克思主义解析》，《思想理论教育》2016 年第 6 期。

易钢：《可持续发展：一种新的文明观》，《中国农业大学学报》（社会科学版）1999 年第 1 期。

余谋昌：《从生态文明到生态伦理》，《马克思主义与现实》2009 年第 2 期。

张华金：《可持续发展与现代社会文明》，《上海社科院学术季刊》1998 年第 2 期。

张剑：《生态殖民主义批判》，《马克思主义研究》2009 年第 3 期。

张梅：《绿色发展：全球态势与中国的出路》，《国际问题研究》2013 年第 5 期。

张仁寿：《绿色 GDP 核算与转变经济增长方式》，《广州大学学报》（社会科学版）2008 年第 2 期。

张瑜政：《马克思主义生态文明与构建社会主义和谐社会》，《西南大学学报》（人文社会科学版）2007 年第 1 期。

张云飞：《生态文明：和谐社会的新境界》，《思想理论教育导刊》2008 年第 11 期。

赵成：《马克思的生态思想及其对我国生态文明建设的启示》，《马克思主义与现实》2009 年第 2 期。

郑红霞：《绿色发展评价指标体系研究综述》，《工业技术经济》2013 年第 2 期。

郑吉林：《人和自然关系的否定之否定与人工自然的两重性》，《中国人民大学学报》1995 年第 1 期。

《2012 中国绿色发展指数报告摘编》,《经济研究参考》2012 年第 67 期。

周穗明:《从红到绿:生态社会主义的由来与发展》,《新视野》1995 年第
   3 期。

朱炳元:《关于〈资本论〉中的生态思想》,《马克思主义研究》2009 年第
   1 期。

诸大建:《关于可持续发展的几个理论问题》,《自然辩证法研究》1995 年
   第 12 期。

英文专著

Charles Taylor, *Modern Social Imaginaries*, Durham: Duke University Press, 2004.

Charles Taylor, *Sources of the Self: The Making of the Modern Identity*, Cambridge: Cambridge University Press, 1989.

Derek Wall, *Economics After Capitalism: A Guide to the Ruins and a Road to the Future*, London: Pluto Press, 2015.

Howard L. Parsons, *Marx and Engels on Ecology*, San Francisco: Greenwood Press, 1977.

John Bellamy Foster, *Ecology Against Capitalism*, New York: Monthly Review Press, 2000.

Jonathan Hughes, *Ecology and Historical Materialism*, Cambridge: Cambridge University Press, 2000.

Mark Elvin, *The Retreat of the Elephants: An Environmental History of China*, New Haven: Yale University Press, 2004.

Mathew Humphrey, *Ecological Politics and Democratic Theory: The Challenge to the Deliberative Ideal*, London; New York: Routledge, 2007.

Paul Burket, *Marxism and Ecological Economics: Toward a Red and Green Political Economy*, Leiden; Boston: Rill, 2006.

Reiner Grundmann, *Marxism and Ecology*, New York: Oxford University Press, 1991.

英文期刊

Andrea Migone, "Hedonistic Consumerism: Pattern of Consumption in Contemporary Capitalism", *Review of Radical Political Economics*, Vol. 39, No. 2, 2007.

Brett Clark and John Bellamy Foster, "The Environmental Conditions of the Working Class", *Organization and Environment*, Vol. 19, No. 3, 2006.

David Simon, "Dilemmas of Development and the Environment in a Globalizing World: Theory, Policy and Praxis", *Progress in Development Studies*, Vol. 3, No. 1, 2003.

Gavin Walker, "Sociological Theory and the Natural Environment", *History of the Human Sciences*, Vol. 18, No. 1, 2005.

Gorz A. , "Critique of Economic Reason", *Verso*, 2011.

Jeff Shantz, "Radical Ecology and Class Struggle: a Re-consideration", *Critical Sociology*, Volume 30, Issue 3, 2004 Koninklijke Brill NV, Leiden.

John Bellamy Foster, "The Crisis of the Earth", *Organization and Environment*, Vol. 10, No. 3, September 1997.

Kate Soper, "Re-thinking the Good Life—the Citizenship Dimension of Consumer Disaffection with Consumerism", *Journal of Consumer Culture*, Vol. 7, No. 2, 2007.

Marcel Wissenburg, "Globotopia: the Antiglobalization Movement and Utopianism", *Organization and Environment*, Vol. 17, No. 4, December 2004.

Nataraja, Gujjab, "Green Economy: Policy Framework for Sustainable Development", *Current Science*, Vol. 100, No. 7, 2011.

Sandra Moog & Rob Stones, "Nature, Social Relations and Human Needs: Essays in Honor of Ted Benton", *Palgrave Macmillan*, 2009.

后　记

　　2015 年 9 月，我有幸进入中国社会科学院研究生院学习，并师从著名学者吕薇洲研究员。吕老师严谨的治学态度、深厚的理论功底和高尚的道德情操都对我产生了重大的影响，使我受益匪浅。无论是在平时的学习研究中，还是在日常生活中，吕老师都对我关怀备至，既有师长的殷殷教诲，又有家人般的温暖。

　　书稿的完成要感谢我的导师吕薇洲研究员，从论文选题、框架设计、开题报告的思路以至论文的整个写作过程，都凝结着吕老师的心血。虽然我的理论功底较浅，论文的水平有限，但我还是尽力而为，现将这个仍显稚嫩的作品首先献给我的导师。并且，只有在将来的学术研究中不断地努力，积极进取，或许可以答谢师恩之一二。

　　感谢樊建新研究员、罗文东研究员、周新城教授、吴恩远研究员、冯颜利教授、辛向阳研究员、姜辉研究员在开题报告和中期考核报告中给予的悉心指导；感谢梁树发教授、季正矩教授、张云飞教授、陈曙光教授、刘志明教授，感谢诸位专家学者给我提出的有价值的建议，感谢刘晓欣老师在我的学习和生活上给予的关心和爱护。

　　在攻读博士学位期间，有时候难免在工作和学习方面有些冲突，感谢魏士国博士、赵斌博士、苗小露博士、郭国仕博士、田娇艳博士，感谢这些可爱的博士兄弟姐妹，正因为有了你们的帮助，我的学业才得以顺利进行，并取得满意的结果。

　　进入青岛理工大学工作以来，得到了学校、学院领导和老师的关怀与帮助，感谢科技处周红燕博士，马克思主义学院陈国庆教授、王菁华教授、华章琳教授、任颖卮教授的支持和帮助。感谢我的丈夫李龙强先生，他在我的书稿写作过程中，不但在学术上给予我很大的帮助，也在精神上给予了支持，使我能够顺利完成此书。也感谢我的漂亮女儿和帅气儿子给予我的鼓励，他们是我奋斗的目标和动力所在。

由于时间仓促，疏漏之处在所难免，敬请各位前辈学者和学界同仁批评指正为盼。

李桂丽

2020 年 5 月